Untersuchungen zur kleinräumigen Bevölkerungsbewegung

INHALTSVERZEICHNIS

		Seite
Vorwort		1
Monika Vanberg, Berlin	Ansätze der Wanderungsforschung — Folgerungen für ein Modell der Wanderungsentscheidung	3
Wolfgang Mälich, Freiburg i. Br.	Gegenüberstellung stochastischer und deterministischer Wanderungsmodelle	21
Ulrich Mammey, Wiesbaden	Versuch einer graphischen Analyse von Wanderungsrichtung und Wanderungsdistanz	31
Albert Harms, Bonn-Bad Godesberg	Regionale Faktoren und Bestimmungsgründe der Wohnortmobilität — Notizen zu Elementen der räumlichen Mobilität aus der Sicht der Bundesraumordnung	51
Gerd-Rüdiger Rückert, Wiesbaden, und Dieter Schmiedehausen, Auringen	Bestimmungsgründe der regionalen Unterschiede der Geburtenhäufigkeit	69
Karl Schwarz, Wiesbaden	Umfang des Geburtenrückganges aus regionaler Sicht	99
Gerhard Gröner, Stuttgart	Regionale Bevölkerungsvorausschätzungen in Baden-Württemberg	125

INHALTSVERZEICHNIS

Seite

Vorwort 1

Monika Vanberg, Berlin
Ansätze der Wanderungsforschung — Folgerungen für ein Modell der Wanderungsentscheidung 3

Wolfgang Mäder, Freiburg i. Br.
Gegenüberstellung stochastischer und deterministischer Wanderungsmodelle 21

Ulrich Maenner, Wiesbaden
Versuch einer graphischen Analyse von Wanderungsrichtung und Wanderungsdistanz 31

Albert Hans, Bonn-Bad Godesberg
Regionale Faktoren und Bestimmungsgründe der Wohnmobilität. — Notizen zu Elementen der räumlichen Mobilität aus der Sicht der Bundesraumordnung 51

Gerd-Rüdiger Rückert, Wiesbaden, und Dieter Schmiedel-ange, Tübingen
Bestimmungsgründe der regionalen Unterschiede der Geburtenhäufigkeit 69

Karl Schwarz, Wiesbaden
Umfang des Geburtenrückganges aus regionaler Sicht .. 99

Gerhard Grözer, Stuttgart
Regionale Bevölkerungsvorausschätzungen in Baden-Württemberg 125

Vorwort

Der Arbeitskreis „Soziale Entwicklung und regionale Bevölkerungsprognose", der aus dem Forschungsausschuß „Raum und Bevölkerung" hervorgegangen ist, hatte sich die Aufgabe gestellt, einen wissenschaftlichen Beitrag zur Lösung der Probleme zu leisten, die sich bei der Vorbereitung, Durchführung und Beurteilung regionaler Bevölkerungsprognosen ergeben. Er war sich dabei darüber im klaren, daß es nicht möglich sein würde, diese schwierige und umfassende Aufgabe rasch und in einem direkten Anlauf befriedigend zu lösen. Infolgedessen bestand Einvernehmen darüber, zunächst die Bestimmungsgründe der regionalen Bevölkerungsentwicklung, nämlich Fragen der Geburtenhäufigkeit, der Sterblichkeit und der Wanderungen mit ihren Bedingungen und Ursachen, zu behandeln. Dabei sollte das eigentliche Ziel nicht vernachlässigt, sondern ständig im Auge behalten werden.

Als Frucht dieser Bemühungen sind eine größere Zahl von Referaten gehalten worden und mehrere Beiträge entstanden, die zu der Aufgabenstellung einen direkten Bezug haben. Letztere werden in diesem Band der Öffentlichkeit vorgestellt. Die Beiträge

— Ansätze der Wanderungsforschung,
— Gegenüberstellung stochastischer und
  deterministischer Wanderungsmodelle,
— Versuch einer graphischen Analyse von Wanderungsrichtung und Wanderungsdistanz

behandeln vor allem theoretische Aspekte der regionalen Bevölkerungsverschiebungen. Der Bezug zur Praxis wird dann durch eine Auswertung mehrerer Mobilitätsuntersuchungen mit dem Beitrag

— Regionale Faktoren und Bestimmungsgründe der Wohnortmobilität

hergestellt.

Zwei weitere Beiträge mit den Titeln
— Bestimmungsgründe der regionalen Unterschiede der Geburtenhäufigkeit und
— Umfang des Geburtenrückgangs aus regionaler Sicht

befassen sich mit den Determinanten des generativen Verhaltens und der neueren Geburtenentwicklung in den Teilräumen des Bundesgebietes.

Eine gewisse Abrundung erfahren diese Beiträge durch die Darstellung der in Baden-Württemberg durchgeführten Bevölkerungsprognosen. Diese Darstellung macht zugleich die Behelfe deutlich, denen man sich heute bei der Durchführung von Bevölkerungsprognosen noch bedienen muß.

Bei den Überlegungen zur Fortsetzung der Arbeiten zeigte sich sehr bald, daß es wegen der Fülle des Stoffs und der Fülle der Probleme nicht möglich sein würde, den Forschungsgegenstand in absehbarer Zeit befriedigend zu behandeln. Es empfahl sich daher, die bisherige, sehr breit angelegte Zielsetzung unter Verwendung der vorliegenden Arbeitsergebnisse zugunsten eines begrenzteren Forschungsthemas aufzugeben. Diesen Überlegungen folgend, wird sich der Arbeitskreis „Soziale Entwicklung und regionale Bevölkerungsprognose" auf Anregung des Präsidiums, des Wissenschaftlichen Rats und des Koordinierungsausschusses der Akademie für Raumforschung und Landesplanung in Zukunft den Problemen zuwenden, die sich aus der Bevölkerungsentwicklung und den Zielen der Raumordnung ergeben.

Es besteht kein Zweifel, daß dieses Thema im Hinblick auf den in den letzten Jahren in allen Teilen des Bundesgebietes beobachteten Geburtenrückgang für die Raumordnung von erheblicher Bedeutung ist. Bisher konnte die Raumordnung von einem weiteren Wachstum der Bevölkerung und der Arbeitskräfte im Bundesgebiet ausgehen. Nunmehr ist jedoch eine Lage in Betracht zu ziehen, bei der das einheimische Bevölkerungs- und Erwerbspotential nicht mehr größer wird oder — auf längere Sicht — sogar schrumpft. Hinweise auf eine solche Lage und die Konsequenzen daraus finden sich bereits in den letzten Beiträgen dieses Bandes. Der Arbeitskreis kann bei seinen weiteren Arbeiten, die — theorie- und praxisbezogen — bereits voll im Gange sind, hieran anknüpfen.

Wiesbaden, im Oktober 1974

Karl Schwarz

Ansätze der Wanderungsforschung
— Folgerungen für ein Modell der Wanderungsentscheidung —

von
Monika Vanberg, Berlin

Kurzfassung

1. Das Schwergewicht der Wanderungsforschung lag beträchtliche Zeit — nicht nur in der BRD, sondern auch im Ausland — auf der Analyse von *Wanderungsströmen*. Die zu Aggregaten zusammengefaßten Wanderungen zwischen Regionen wurden durch den Rückgriff auf andere Aggregate, seien es die Bevölkerungzahl von Regionen, Wirtschaftsdaten, Wohnungsbesatz etc., „erklärt".

   Hier sind die ZIPF-STOUFFER-Modelle[1]), ihre verbesserten Versionen z. B. von SOMMERMEIJER[2]) oder ähnliche Versuche von JANSEN[3]) oder SCHÄFFER[4]) für die BRD zu erwähnen.

   Der Nachteil dieser Modelle liegt darin, daß sie sich bisher nur in ex-post Prognosen bewährt haben. Die unterschiedliche Größe der Parameter der inkorporierten Variablen für unterschiedliche Zeiten, Regionen, Bevölkerungsgruppen, konnte theoretisch noch nicht hinreichend interpretiert werden, so daß eine Verwendung der Gleichungen in ex-ante Prognosen möglich erschiene.

2. In dieser Situation erscheint es sinnvoll, eine Analyse der bei einer Wanderung tatsächlich wirksamen Kausalfaktoren auf der Ebene der *entscheidenden Individuen* weiteren massenstatistischen Operationen vorzulagern.

   Diese, die individuelle Wanderungsentscheidung bestimmenden Kausalfaktoren können u. U. mit solchen Merkmalen von Individuen oder Regionen eindeutig verbunden sein, die durch vorhandene oder zu erhebende regionalstatistische und bevölkerungssoziologische Daten zu belegen sind. Dies würde das Problem der Überführung von individuellen Entscheidungsdeterminanten in makrotheoretische Prognosefunktionen lösen.

3. Die in jüngster Zeit verstärkt betriebene *Motivforschung* von Gemeinden, Planungsregionen etc. ist zwar eine Form der hier geforderten Individualanalyse, sie wird aber zum Problem der *Prognose* von Wanderungen u. E. nur einen Teilbeitrag liefern können. Denn es ist davon auszugehen, daß „Motive" zwischen Wandernden und Seßhaften nicht ausreichend scharf diskriminieren, so daß auf ihrer Grundlage eine Prognose nicht möglich erscheint. So ist etwa der Wunsch nach sozialem Aufstieg als Motiv nicht nur bei Wandernden, sondern auch bei Seßhaften zu vermuten. Die beiden

---

[1]) S. A. STOUFFER: Intervening Opportunities: A Theory Relating Mobility and Distance. American Sociological Review. Vol. 6, 1940. — G. K. ZIPF: The P_1/P_2 Hypothesis. On the Intercity Movement of Persons. American Sociological Review. Vol. 11, 1946.

[2]) W. H. SOMMERMEIJER: Een analyse van de binnenlandse migratie in Nederland tot 1947 en van 1948—1957. In: Statistische en Econometrische Onderzoekingen, Heft 3, Zeist 1961, S. 114 und 174.

[3]) P. J. JANSEN: Zur Theorie der Wanderungen. In: Zur Theorie der allgemeinen und der regionalen Planung, Bielefeld 1969, S. 150—163.

[4]) K. A. SCHÄFFER: Mathematische Analyse der Wanderungsströme in der BRD. Köln 1968, MS, 24 S.

Personenkreise unterscheiden sich eher durch ihre Bewertung von Wanderung als geeignetes Mittel zur Befriedigung dieses Motivs. Aber nicht nur für die Wanderungsprognose sind Motivstudien dieser Art nur z. T. brauchbar, auch als Ansatzpunkt planerischen Handelns lassen sie sich nur beschränkt verwerten, da die tatsächlich wirkenden Motive mit den in den meisten Studien verwendeten eingeschränkten Motivkatalogen wahrscheinlich nicht hinreichend erfaßt sind.

4. Wir[5]) haben aus den geschilderten Gründen ein individual-theoretisches Modell entwickelt, in dem neben einer auf den Begriff der *Deprivation* spezifizierten Motivkategorie die Variablen *„Wahrnehmungen"* und *„Einstellungen"* die *„Mobilitätsbereitschaft"* eines Individuums erklären sollen. Es ist die Intention der Forschungsgruppe, in eingehenden Tests zu klären, welche statistisch faßbaren Faktoren als Indikator dieser Mobilitätsbereitschaft in Frage kommen, um so eine prognostische Verwendbarkeit des Modells zu ermöglichen. Dieser Schritt würde gleichzeitig den Übergang von der individualistisch orientierten Analyse zu den Aggregatdatenmodellen darstellen. Die durch die vorgelagerte individualistische Analyse gewonnenen Indikatoren für Mobilitätsbereitschaft sollen zur Bildung der Aggregate herangezogen werden, die in den prognostischen Funktionen Verwendung finden sollen. Allerdings werden die vorhandenen regional-statistischen Daten nicht in jedem Fall als statistischer Beleg für die ausgewählten Indikatoren geeignet sein. Dies schränkt gegenwärtig die Brauchbarkeit individualistischer Analysen zur theoretischen Fundierung von Aggregatdatenmodellen noch erheblich ein.

I. Kollektivistische versus individualistische Analyse von Wanderungen

Angesichts einer verstärkten Planungsorientierung in Wissenschaft und öffentlicher Verwaltung richten sich die Bemühungen verschiedener Disziplinen auf die Erstellung einer zuverlässigen Prognose der Bevölkerungsentwicklung. Letztlich bestimmen Größe und Struktur der Bevölkerung die Nachfrage und das Angebot von Gütern und Diensten, und insofern ist ein möglichst detailliertes Wissen über die Dynamik der Bevölkerungsentwicklung allgemeinste Voraussetzung von Planung.

Ein kritischer Bestandteil regionaler Bevölkerungsprognosen ist die Vorausschätzung der Wanderungen in und aus dem betrachteten Gebiet. Obwohl die Wanderungsforschung eines der traditionsreichsten Gebiete sozialwissenschaftlicher Forschung darstellt, ist weder die *Erklärung* des Phänomens noch das dafür günstigste methodische und theoretische Vorgehen unumstritten.

Die ersten Formulierungen von „Wanderungsgesetzen" durch RAVENSTEIN waren Aussagen über das Volumen von Wanderungsströmen zwischen Regionen und über die Selektivität von Wanderungen[6]). Die Frage der Ursachen der Wanderungsbewegungen stand damals und noch für lange Zeit im Hintergrund. Dies mag im historischen Charakter der betrachteten Bewegungen begründet sein. Die großen Binnenwanderungsbewegungen in der Phase der Industrialisierung, die Emigration aus Europa infolge des starken Gefälles der wirtschaftlichen und politisch-sozialen Entwicklung gegenüber Amerika, später die Bevölkerungsumverteilungen im Gefolge der beiden Weltkriege: dies alles waren charakteristische Bewegungen, die die Frage nach ihren Ursachen nur zu offensichtlich

---

[5]) Das heißt die Arbeitsgruppe Wanderungsforschung an der TU Berlin unter Leitung von Prof. Dr. R. MACKENSEN.

[6]) E. G. RAVENSTEIN: The laws of migration. Journal of the Royal Statistical Society, Vol. 48, 1885, S. 167—227.

selbst beantworten. Darüber hinaus war der Eindruck der *Massenhaftigkeit* der Wanderungsbewegungen u. U. mit ein Grund dafür, daß man die allgemeinen Gesetze zur Erklärung von Wanderungen nicht in bezug auf die wandernden Individuen selbst formulierte. Dies scheint mir ein hervorstechendes Merkmal der Wanderungsforschung, mit Ausnahmen, bis heute zu sein. Methodisch brachte dies eine vorzugsweise Orientierung auf Indikatoren und Maßzahlen zur Charakterisierung von Wanderungsströmen mit sich, theoretisch eine Konzentration auf die Potential- oder Gravitationsmodelle zur Erklärung und Prognose der Wanderungen. Gemeinsames Charakteristikum dieser Modelle und der sich daran anschließenden Varianten ist die Annahme, daß die Gesetze der Bewegungen von Bevölkerungsmassen analog zu den Gesetzen über die Bewegungen physikalischer Massen im Raume formulierbar seien, d. h. daß Anziehungs- und Abstoßungsfaktoren im Verhältnis ihrer Entfernung voneinander Wanderungsströme hervorbringen.

Diese einleitende Skizzierung des traditionellen theoretischen Schwerpunktes der Wanderungsforschung gibt Gelegenheit zu einer wichtigen Unterscheidung möglicher theoretischer Ansätze, die geeignet erscheint, Mißverständnissen und falschen Anforderungen vorzubeugen und die ich zum Rahmenthema dieses Beitrages machen möchte.

Es erscheint nützlich, nach der jeweiligen Einheit der Analyse zu differenzieren zwischen den Ansätzen, die sich auf Wanderungs*entscheidungen* beziehen und jenen Ansätzen, die sich auf Wanderungs*ströme* beziehen. Im ersten Fall beschäftigten wir uns mit Individuen und den Regelmäßigkeiten ihrer Entscheidungen, im zweiten Fall arbeiten wir mit Aggregaten, die von den individuellen Konstellationen zugunsten von Durchschnitten abstrahieren. In diesem Sinne könnte man die erste Form der Analyse als individualistisch orientiert, die letztere als kollektivistisch orientiert charakterisieren. Beide Ansätze bedingen ein jeweils spezifisches methodisches Werkzeug und besitzen ein je eigenes theoretisches Potential.

Die kollektivistisch orientierten Ansätze bedienen sich vorzugsweise massenstatistischer Daten zur Beschreibung und Interpretation der vorfindbaren Wanderungsströme. Die Art und die Möglichkeiten der Erhebung dieser Daten schränken dabei die methodischen Verfahren und die Fragestellungen zur Analyse der Ströme erheblich ein. Schwerwiegendster Mangel ist, daß die Wanderungsstatistik im allgemeinen nur die *Anzahl* Gewanderter pro Erhebungszeitraum ausweist. Wir kennen den Familienzusammenhang der Gewanderten nicht und können daher von der numerischen Anzahl der Wanderungsfälle nicht zu der einzelnen Wanderungsgeschichte und ihrer Verursachung kommen. Man sollte jedoch die Entscheidung einer Familie als Einheit betrachten können; die mitziehenden Kinder, und wohl auch die Ehefrau, können nicht im gleichen Sinne als Wandernde zählen wie der Haushaltsvorstand. Schon von daher sind Fehldeutungen in der Analyse der Wanderungsströme unvermeidlich.

Auf der Ebene kleinerer regionaler Einheiten werden Merkmale wie Geschlecht, Alter, Erwerbstätigkeit der Gewanderten ausgewiesen. Diese Gliederungen sind zweifellos von Wert für die Interpretation der Vorgänge. Dennoch, derartige Aggregate sind so zusammengesetzt, daß sie durchaus unterschiedliche Bewegungen, die gesonderter Analyse bedürfen und unterschiedliche Schlußfolgerungen nach sich ziehen müssen, verdecken. So ist z. B. deutlich, daß etwa eine minimale Untergliederung der Erwerbstätigen nach Beschäftigung in wachstumsstarken, -schwächeren, -durchschnittlichen Branchen über die Wanderungsströme der (nichtbeamteten) Erwerbstätigen sinnvollere und interessierendere Auskünfte geben könnte als dies die globale Erfassung ermöglicht. Die durch die vorhandenen statistischen Erhebungsprogramme aufgezwungene *Aggregationsebene* erscheint also zu hoch und, inhaltlich gesehen, zu dürftig.

Der Ausweg aus diesem Dilemma besteht für die kollektivistisch orientierten Ansätze darin, mit Hilfe von Korrelationen der Wanderungsstromdaten mit anderen regionalstatistischen Indikatoren für Wirtschaftslage, Wohnungsbesatz, Verkehrslage etc. zu befriedigenden Aussagen über die Ursachen des Wanderungsgeschehens und die notwendigen regionalpolitischen Schlußfolgerungen zu kommen. Über die Unzulänglichkeit einer allein auf Korrelationen basierenden Ursachenforschung besteht jedoch Konsens[7]). Abgesehen von den methodischen Mängeln des Verfahrens, ist es grundsätzlich ohne weitere Beweise unzulässig, von den Zusammenhängen in der Bewegung der Aggregate auf das Vorliegen gleicher Zusammenhänge bei der Bewegung der beteiligten Individuen zu schließen. So ist z. B. die Feststellung „Regionen hohen wirtschaftlichen Wachstums haben einen positiven Wanderungssaldo" nicht ohne weiteres durch die Annahme erklärbar, daß hohes wirtschaftliches Wachstum die Wandernden zu ihrer Entscheidung veranlasse. Es scheint wahrscheinlich, daß diese Erklärung zutrifft, weil das postulierte Verhalten als rational erscheint. Aber wie jede auf Aggregatdatenbasis operierende Aussage unterliegt auch eine rationalistische Deutung der Gefahr eines ökologischen Fehlschlusses. Jede in Regressionsansätzen signifikant erscheinende Variable muß auf ihre Bedeutung im individuellen Entscheidungsprozeß hin näher untersucht werden, bevor man sie – z. B. als Planungsinstrument – benutzen kann. Die mögliche Plausibilität der Deutung – und diese ist bei rationaler Interpretation immer gegeben – ist kein hinreichender Grund für ihre Stimmigkeit.

Auf Grund dieser Einschätzung würden wir kollektivistisch orientierte Ansätze in den Bereich der Deskription und der empirischen Verallgemeinerungen auf der Grundlage statistischer Methoden verweisen und die kausale Analyse der Vorgänge von einem individualistischen Vorgehen auf der Grundlage empirischer Untersuchungen von Wandernden und Seßhaften erwarten. Welche Implikationen ein solches Vorgehen hat, welchen Nutzen es für Prognose und Planung erwarten läßt, ist Gegenstand des folgenden Abschnitts.

II. Das Verhältnis eines individualistischen Ansatzes zu Erklärung, Prognose und Planung

Welche Aufgaben stellen sich der Wanderungsforschung und welchen Nutzen hat man zu erwarten, wenn man einen individualistischen Ansatz wählt? Rein methodologisch argumentiert, stellen sich folgende Aufgaben:

1. Eine vollständige Beschreibung der Bedingungen der individuellen Lage, also der singulären Tatbestände, die in eine Erklärung von Wanderung eingehen müssen;
2. eine vollständige Auflistung der Gesetze individuellen Verhaltens, die zum Zuge kommen, wenn eine beliebige Veränderung der Bedingungen der individuellen Lage stattfindet;
3. die inhaltliche Verknüpfung der Komponenten der Ausgangssituation und der allgemeinen Gesetze des Verhaltens zu einem System von Aussagen, das das Auftreten von Wanderung als Reaktion des Individuums auf Veränderungen in seiner Lage erfaßt.

Die Lösung dieser Aufgaben ist gleichzusetzen mit der Lösung des *Erklärungsproblems* im Rahmen der Wanderungsforschung. Würde es gelingen, die genannten Fragen zu beantworten, so hätten wir ein vollständiges, d. h. ein *deterministisches* Modell der Erklärung individueller Wanderungen erstellt.

---

[7]) Vgl. P. DREWE: Ein Beitrag der Sozialforschung zur Regional- und Stadtplanung. Meisenheim 1968.

Nun ist weder eine allgemeine Theorie menschlichen Verhaltens so weit ausgebaut, daß wir die für Wanderung relevanten Verhaltensgleichungen vollständig ableiten könnten, noch sind die empirischen Beobachtungen von Wandernden so lückenlos, daß wir einen Bezugsrahmen zur vollständigen Erfassung der relevanten Anfangsbedingungen hätten. Selbst wenn dies der Fall wäre, müßten wir uns dennoch die Frage stellen, ob es nicht eine Abschneidungsgrenze gibt, hinter die man eine individuelle Erklärung nicht mehr fortsetzen sollte. M. E. liegt diese Grenze dort, wo die zur Erklärung verwendeten Merkmale oder Tatbestände sich nicht mehr zur Gruppenbildung eignen. Werden solche Merkmale von Personen zur Erklärung ihres Verhaltens verwandt, die nicht auch bei einer für statistische Zwecke notwendigen, genügend großen Anzahl anderer Personen gegeben sind, so läßt sich die gefundene Erklärung nicht in ausreichendem Maße verallgemeinern. Damit wird die Erklärung für Problemstellungen, die sich auf größere statistische Massen beziehen, — und dies ist in der Wanderungsforschung in der Regel der Fall, — unbrauchbar.

Sich an den Aufbau eines deterministischen Wanderungsmodells zu begeben erscheint also aus den genannten Gründen nicht sinnvoll. Die Anstrengungen können sich realistisch nur darauf richten, ein *probabilistisches* Modell zu erstellen, d. h. darauf, Wahrscheinlichkeitsaussagen über das Auftreten von Wanderungsentscheidungen zu machen. Es gilt also die *typischen* Anfangsbedingungen herauszuarbeiten, die in Verbindung mit bestimmten, bekannten Verhaltensregelmäßigkeiten die *Wahrscheinlichkeit erhöhen*, daß ein Individuum eine Wanderungsentscheidung trifft.

Dabei wird die Sicherheit der Aussagen um so geringer anzusetzen sein, je bedeutender die nicht erfaßten individuellen Faktoren für die Wanderungsentscheidung sind. Die Tatsache, daß der Anteil dieser Faktoren nicht gering einzuschätzen ist (s. der hohe Anteil „persönliche Gründe" in Motivstudien), stellt wohl die Hauptursache für die Ungenauigkeiten bisheriger Erklärungen von Wanderungen dar. Dadurch ist die Prognose- und Planungsrelevanz der gefundenen Aussagen erheblich gemindert, und es ist nicht zu sehen, wie dies grundlegend geändert werden könnte. Die Wanderungsentscheidung erscheint so komplex determiniert, daß die möglichen Generalisierungen immer nur einen geringen Anteil der gesamten Variationsbreite des Verhaltens abdecken. Immerhin muß aus diesen Überlegungen dennoch die Folgerung gezogen werden, stärker als bisher Versuche zur Verallgemeinerung der Randbedingungen und Ursachen von Wanderung zu unternehmen, um diesen Anteil auszudehnen. Dies könnte ein spezifisch sozialwissenschaftlicher Beitrag zur Verbesserung der Wanderungstheorie sein.

Eine solche Theorie wäre im Ansatzpunkt individualistisch orientiert. Allerdings ist aus einem individualistischen Vorgehen für prognostische Funktionen nur eine mittelbare Hilfe zu erwarten. Dies mag an einem Beispiel erläutert werden. Eine zentrale Bedeutung innerhalb eines individualistischen Ansatzes hätte etwa folgender Satz über die Wahrscheinlichkeit der Perzeption von Wanderungschancen: „Sind für ein Individuum seine verwandtschaftlichen Beziehungen am Ort belohnend, so sinkt die Wahrscheinlichkeit dafür, daß es einen attraktiven Arbeitsplatz an einem anderen Ort wahrnimmt. Dies setzt die Wahrscheinlichkeit, daß dieses Individuum wandert, herab." Aus diesem Satz würde man gerne folgern, daß man die Tatsache verwandtschaftlicher Beziehungen am Ort als unabhängige Variable in eine Wanderungsprognose einführen könne. Dies wäre unzulässig. Nicht das *Bestehen* verwandtschaftlicher Bedingungen, sondern ihre *Bewertung* durch das Individuum ist entscheidend, d. h. wir müßten wissen: Schätzt ein Individuum seine verwandtschaftlichen Bindungen, könnte es die Kontakte missen, oder möchte es sie u. U. meiden? Diese individuellen „Nutzenfunktionen" für die Variable „verwandtschaftliche Beziehungen" müßten wir als unabhängige Variable in die Prognosefunktion einführen. Praktisch besteht dazu keine Möglichkeit. Gesetzt den Fall, es gelänge, für alle Individuen einer Region ihre Wertungen dieser Variablen zu ermitteln oder zu schätzen (andere müßten zusätzlich berücksichtigt werden) und daraus eine individuelle Wanderungswahrscheinlichkeit zu bestimmen, so bleibt das Problem, daraus einen Ausdruck für die Wanderungswahrscheinlichkeit der Gesamtpopulation herzuleiten, noch zu lösen. Es gibt dafür mathematische Formeln, deren einzelne Glieder jedoch (noch) nicht bestimmbar sind[8]).

Da, wie dargelegt, die Komplexität eines möglichst vollständigen Kausalmodells nicht in eine mathematische Formulierung zu übertragen ist, muß eine *Reduktion* des Modells angestrebt werden. Dies sollte geschehen, indem wir von Individuen und deren räumlichem Bezugsfeld zu Gruppen und Regionen, d. h. also zu Aggregaten als Einheiten der Analyse, übergehen, ohne dabei das Erklärungspotential eines individualistischen Ansatzes aufzugeben. In diesem Übergang zur Aggregierung liegt die Verbindung zwischen individualistischen und kollektivistischen Ansätzen innerhalb der Wanderungsforschung. Die auf der individuellen Ebene gewonnenen Erkenntnisse werden zum Hilfsinstrument für die Bestimmung der Aggregierungsmerkmale. Denn werden diese Merkmale so bestimmt, daß

a) die Merkmale, die zur Gruppenbildung dienen, für Wanderungsentscheidungen als Ursache oder Randbedingung in Frage kommen und

b) die Merkmale, die zur Diskriminierung der Regionen verwendet werden, als Ursache oder Randbedingung für eine Wanderungsentscheidung in Frage kommen,

so wäre eine mit diesen Merkmalen arbeitende Prognosefunktion theoretisch abgesichert. Beispiele für die unter a) genannten Merkmale sind Alter, Ausbildungsstand, Anzahl der bisherigen Wanderungen, Phase im Lebenszyklus, Kenntnisse über die geographische Verteilung in Frage kommender Arbeitsplätze, Häufigkeit von Kontakten mit Personen außerhalb des Wohnortes, Arbeitsbedingungen etc. Beispiele für die unter b) genannten Merkmale wären etwa: Erreichbarkeit von Erholungsgebieten, Ausstattung der näheren Wohnumgebung mit einem differenzierten Angebot an Gütern und Diensten, Lebenshaltungskostenniveau, Bekanntheitsgrad einer Region, differenziertes Arbeitsplatzangebot, Dichteziffern für Industrie, Landwirtschaft, bebauungsreifes Gelände, Erwerbsbevölkerung, Auspendler etc.

Die tatsächliche Bedeutung dieser Variablen für Wanderungen kann nur auf der Basis individueller Analysen geprüft werden. Korrelationsanalysen können — wie bereits ausgeführt wurde — die kausale Frage nicht eindeutig beantworten, insbesondere nicht, wenn sie mit hochaggregierten Merkmalen und Gruppen arbeiten. Wäre jedoch die Frage der Kausalität auf der individuellen Ebene geklärt, so könnten die Parameter einer mit derart geprüften Variablen arbeitenden Funktion über einen längeren Zeitraum hin bestimmt werden und dann in ex-ante Prognosen übernommen werden.

Dies ist durchaus ein der bisherigen Praxis entgegengesetztes Verfahren. Probeläufe, die ohne theoretisch motivierte Selektion der Daten durchgeführt werden, bis die einbezogenen Daten den Vergangenheitsdaten entsprechende Wanderungsströme „produzieren", können nur per Zufall auch eine für die Zukunft geltende Prognose erbringen. Im übrigen liefert ein solches Verfahren, wie jeder weiß, der damit bereits einen Versuch gemacht hat, durchaus willkürliche Ergebnisse. Die Größe der Parameter für die Regressoren,

---

[8]) Siehe z. B. M. B. MONTREAL: Four Models of Human Migration: An Exercise in Mathematical Sociology. Archiv für Rechts- und Sozialphilosophie 1969, Nr. 55, S. 451—466.

ebenso die Signifikanz der Ergebnisse können vom Autor in ziemlich weiten Grenzen manipuliert werden. Die Ergebnisse verändern sich, je nachdem wie viele und welche Variablen man in welcher Reihenfolge in die Regressionsfunktion einführt. Will man hier zumindest zu einer Einschränkung der Schwankungsbreite der Ergebnisse kommen, so müssen vor die Regression Überlegungen über die kausale Bedeutung der einzubeziehenden Variablen geschaltet werden.

So wünschenswert das geschilderte Vorgehen zur Verbesserung prognostischer Funktionen auch ist, weder die theoretische Vorarbeit im Bereich des individualistischen Ansatzes ist weit genug fortgeschritten, um die skizzierte Hilfsfunktion übernehmen zu können, noch ist es wahrscheinlich, daß die verfügbaren regionalstatistischen Daten den theoretischen Anforderungen an ihre Indikatoreigenschaften entsprechen werden.

Damit möchte ich mich der dritten Frage zuwenden: Wie ist das Verhältnis eines individualistischen Ansatzes zur Planung zu sehen? Hier sind die Erwartungen, bedenkt man etwa die Fülle gemeindlicher Motivstudien, wohl besonders hoch gespannt. Soweit in derartigen Erhebungen überhaupt theoretisch abgesicherte Wanderungsmodelle Verwendung finden, sind die in ihnen benutzten Variablen jedoch häufig nicht als Instrumentvariable regionalplanerischer Aktivitäten geeignet, da ihre Bedeutung im individuellen Entscheidungsprozeß nicht ausreichend geklärt ist. Selbst wenn dies der Fall wäre, müßten weitere systematische Untersuchungen zu der Frage angestellt werden, wie planende Maßnahmen die Entscheidungsdeterminanten beeinflussen könnten; auch die gegenwärtig laufenden regionalpolitischen und raumplanerischen Maßnahmen sollten zumindest durch begleitende Untersuchungen der folgenden Fragen fundiert werden:

1. Welche *Motive* eines Umzuges sind planenden Eingriffen oder Anreizen zugänglich bzw. nicht zugänglich?
2. Welche der *Randbedingungen*, die in eine Wanderungsentscheidung eingehen und die wahrscheinlich bei gegebener Wanderungsneigung die Richtung der Wanderung bestimmen, sind planenden Eingriffen zugänglich bzw. nicht zugänglich?
3. Welches *Instrumentarium* ist geeignet, jene Motive und Bedingungen der Wanderung, die planenden Eingriffen zugänglich sind, in der gewünschten Weise zu beeinflussen?

Gerade die Beantwortung der letzten Frage wirft besondere Schwierigkeiten auf. Die bestehenden Handlungszwänge (— die Raumordnung kann nicht auf die Ergebnisse der Forschungsarbeit verzichten, aber auch nicht immer auf sie warten —) wirken dahin, daß die von Experten auf Grund rationaler Erwägungen als bedeutsam angesehenen Einflußfaktoren als Mittel der Planung eingesetzt werden. Da die Voraussetzungen eines Modells rationalen Handelns bei Wanderungsentscheidungen jedoch häufig nicht gegeben sind, kann diese Vorgehensweise zu Fehlsteuerungen bzw. zu Ineffektivität der Maßnahmen führen. Beispiel ist etwa das Instrument des Lohnanreizes, das nach rationalen Kriterien wirksam sein müßte, es offenbar aber nicht ist[9]).

Diese Fragen sind für eine Regionalpolitik, die ein gegebenes Wanderungspotential in ihre Region lenken will bzw. die bei gegebener Wanderungsneigung eines Teils ihrer regionalen Bevölkerung ein Kompensationspotential zu den bestehenden Wanderungsursachen aufbauen will, von besonderem Interesse.

Die Planung eines solchen *Kompensationspotentials* scheint mir wesentlich, wenn man davon ausgeht, daß ein großer Teil insbesondere der ökonomischen Wanderungs-

---

[9]) Vgl. die Ergebnisse von F. WELTZ in: Bestimmungsgründe des Verhaltens von Arbeitnehmern auf dem Arbeitsmarkt. RKW-Projekt A 58, Frankfurt 1971.

ursachen u. U. nicht oder nur schwer abgebaut werden kann. Z. B. können die besseren Aufstiegschancen in der Zentrale eines Betriebes in einem größeren Ort aus einleuchtenden Gründen in der Zweigstelle des Betriebes in der Kleinstadt nicht angeboten werden. Ebenso werden andere ökonomische Vorteile in einem kleinen Ort schwerlich bereitgestellt werden können. In diesem Fall fehlender wirtschaftlicher Möglichkeiten wäre es für die Gemeinde zur Verhinderung von Abwanderungen u. U. erfolgversprechend, bei den Faktoren anzusetzen, die als hemmende Faktoren in eine Wanderungsentscheidung eingehen. Das könnten billiges Bauland, starke soziale Integration der Bürger, urbaner Charakter von Geschäften und Gaststätten, interessantes Freizeitangebot für Jugendliche etc. sein. Die Chance, mit einem derartigen Angebot die unmittelbaren Wanderungsanreize in ihrer Wirkung zu kompensieren, ist um so größer, als die verschiedenen Mitglieder einer Familie im Rahmen des Für und Wider einer Wanderungsentscheidung unterschiedliche Bedürfnisse artikulieren werden, so daß die Dominanz eines Motivs nicht von vornherein gesichert ist. Darüber hinaus muß bedacht werden, daß in den unterschiedlichen Lebensphasen der Familie ebenfalls unterschiedliche Bedürfnisse zum Tragen kommen, so daß durchaus Chancen gegeben sind, durch den Ausbau einiger ortsspezifischer Angebote die Bedürfnisse bestimmter Lebensphasen zu treffen und fehlende Möglichkeiten auszugleichen.

Eine derartige Politik des Ausgleichs erscheint auch deshalb praktikabel, weil sie auf eine *unspezifische* Erschwerung der Wanderung hinausläuft. Sehr viel konkretere Handlungsanweisungen für die Politik sind angesichts des gegenwärtigen Informationsstandes über die Determinanten von Wanderungsentscheidung nicht möglich.

Eine Verbesserung dieser Situation, gerade für die kommunalen Handlungsträger, wird angestrebt, und zwar insbesondere auf Kreisebene mit Hilfe von Zusatzbefragungen bei den An- und Abmeldevorgängen oder Interviews auf Stichprobenbasis. Allerdings werden hier noch erhebliche Verbesserungen bei der Informationsermittlung angestrebt. Als schwerwiegendster Mangel der Untersuchungen hat wohl zu gelten, daß ein geprüftes Modell der Wanderungsentscheidung noch fehlt. Es existieren Teilstücke solcher Theorien, wie etwa das „Entfernungsmodell" von ZIPF, das Modell der „konkurrierenden Wanderer" von STOUFFER, das Modell des „Beschwerde-Index verschiedener Lebensphasen" von ROSSI, das „Informationsmodell" von HÄGERSTRAND usf.[10]).

Es ist jedoch nicht entschieden, welche Bedeutung den in diesen Modellen verwendeten Variablen einzeln und in ihrer gemeinsamen Wirkung für die Wanderungsentscheidung zukommt, noch welche weiteren Variablen berücksichtigt werden müssen.

Folgende Zusammenstellung von bisher untersuchten Faktoren macht in ihrer Fülle und Heterogenität das Fehlen einer Theorie besonders deutlich[11]):

1. Persönliche Variable

1. Geschlecht
2. Bildung
3. Intelligenz/Bildung
4. Sozialisation
5. politische und religiöse Einstellung
6. allgemeine territoriale Mobilität der Person und Familie

---

[10]) G. K. ZIPF, a. a. O. — S. A. STOUFFER, a. a. O. — P. H. ROSSI: Why families move. Glencoe 1955. — T. HÄGERSTRAND: Innovation Diffusion as a Spatial Process. Chicago 1957 (1953).

[11]) G. SZELL: Wanderung als Gegenstand wissenschaftlicher Analyse. MS, 14 S., Berlin 1969, S. 9.

7. soziale Mobilität/Status
8. Familienstand
9. in Ausbildung/Erwerbstätigkeit/Rentner
10. Besitz
11. Einstellungen (traditional-rational; konservativ-innovativ)
12. Gesundheit
13. Vorlieben (Mode etc.)
14. Familiengröße
15. Beruf
16. Hautfarbe
17. Familienzyklus

2. Gesellschaftliche Variable

1. Bevölkerungsdruck
2. Industrialisierung
3. Konjunktur
4. Urbanisierung
5. Verhältnis Stadt/Land
6. Kommunikation
7. Informationsmöglichkeiten
8. Politische Verhältnisse
9. Sozialstruktur
10. Sexualproportion

3. Geographische Variable

1. Klima
2. Landschaftscharakter

Die hier dokumentierte Unverbundenheit der vorhandenen Informationen über das Wanderungsgeschehen hat zur Folge, daß die gegenwärtig durchgeführten Untersuchungen ohne eindeutige Kriterien für die Relevanz der gestellten Fragen und ohne systematische Anhaltspunkte für die fehlenden Fragen auskommen müssen. Der Weg zum optimalen Erhebungsinstrument ist immer ein Weg von Versuch und Irrtum. Dies wird auch bei vorhandenem theoretischen Bezugsrahmen der Fall sein. Dennoch scheint mir die Arbeit in der Wanderungsforschung inzwischen einen Stand erreicht zu haben, in dem man eine Zusammenfassung der vereinzelt und in einem speziellen Interesse gewonnenen Erkenntnisse zu einem allgemeinen Bezugsrahmen versuchen muß. Er wäre dann das Raster zur Ermittlung der notwendigen Tatbestände. Nichts anderes ist die Funktion eines Modells. Meines Erachtens hat das Fehlen eines solchen Modells neben den bereits genannten prinzipiellen Problemen bisher zur Vernachlässigung folgender inhaltlicher Fragestellungen erheblich beigetragen, die, vom Standpunkt der Planung aus betrachtet, besonders wichtig erscheinen:

1. Unterscheiden sich Seßhafte und Wandernde überhaupt durch die Bedürfnisse, die sie befriedigen wollen? D. h. haben die Wandernden andere Erwartungen über ihre Lebensbedingungen; sind diese Erwartungen so, daß sie unter keinen Umständen am Ort hätten befriedigt werden können? Wäre dies nicht der Fall, müßten zusätzliche, wanderungsauslösende Faktoren betrachtet werden.
2. Welche Bedingungen genau sind es, die den Wandernden zur Befriedigung ihrer Motive am Heimatort fehlten? Eine pauschale Klassifikation „Unzufriedenheit mit dem Ar-

beitsplatz" oder mit anderen Dingen enthält zu wenig Einzelheiten, als daß man daran anknüpfen könnte.

3. Gibt es Motive bzw. Präferenzen, die mit den unterschiedlichen Phasen des Lebenszyklus eindeutig verknüpft sind und die eher zu Mobilität führen als andere?
4. Wenn Wandernde und Seßhafte sich weniger in ihren Motiven unterscheiden, worin unterscheiden sie sich dann? Oder, wenn sie sich in ihren Motiven unterscheiden, worin unterscheiden sie sich zusätzlich? Sind diese Unterscheidungsmerkmale zur Abgrenzung größerer Gruppen geeignet, so daß man sie auch für prognostische Funktionen verwenden könnte?
5. Wie ist es zu erklären, daß die Wandernden im Unterschied zu den Seßhaften zur Befriedigung ihrer Motive ein anderes Spektrum von Handlungsmöglichkeiten in Erwägung ziehen, in das eben auch Wanderung als Alternative einbezogen ist?
6. Wie ist es zu erklären, daß einige Personen Wanderung als Mittel zur Lösung ihrer Probleme so positiv bewerten, daß sie es vor anderen Mitteln vorziehen? Welche Bedingungen fördern dieses Verhalten?
7. Kann Stadt- und Regionalplanung auf diese Bedingungen einwirken oder sie sich zunutze machen?
8. Wie gerät eine Stadt bzw. eine Region überhaupt in das Blickfeld einer Person, die eine Wanderungsneigung hat? Und — wenn man davon ausgeht, daß kein Ort den optimalen Standort zur Befriedigung aller Motive eines Individuums bietet — wie wird der Kompromiß zugunsten eines Ortes geschlossen?

Auf diese Fragen kann die Planung *nur* durch einen individualistischen Ansatz Antwort bekommen.

Diese Auffassung scheint sich auch durchzusetzen, wenn man etwa bemerken kann, daß im Raumordnungsbericht 1972 der Bundesregierung zum ersten Mal sehr ausführlich auf Motivstudien zu Fragen der Wohnwünsche der Bevölkerung eingegangen und die Absicht bekundet wird, diese Art der Analyse in Zukunft auszubauen[12]).

III. Folgerungen für ein Modell der Wanderungsentscheidung

Unsere eigenen Überlegungen zu einem Wanderungsmodell wurden bereits in einer Veröffentlichung vorgelegt, so daß ich hier nur die Hauptzüge unseres Gedankenganges darlegen möchte[13]):

Wir gehen von folgenden Überlegungen aus: Menschen wollen die Summe ihrer Motive befriedigen. Diese Motive wechseln in Zahl, Zusammensetzung und Intensität in den einzelnen Lebensabschnitten. Bei der Befriedigung ihrer Motive streben die Menschen keine Maximierung an, sondern schließen Kompromisse angesichts ihrer beschränkten Möglichkeiten. Die individuellen Grenzen der Motivbefriedigung werden bei der Herausbildung von Erwartungen schon immer mit berücksichtigt.

Tritt mindestens für eines der Motive ein Absinken oder eine Stagnation im Niveau der Motivbefriedigung ein, so wird das Individuum dazu tendieren, diesen Zustand zu verbessern. Nur unter bestimmten Voraussetzungen führt dieses Bestreben zu einer *Wan-*

---
[12]) Raumordnungsbericht 1972. Deutscher Bundestag, 6. Wahlperiode, Drucksache VI, 3793.
[13]) G. KOTTWITZ u. M. VANBERG: Ein Modell der Wanderungsentscheidung. AH 4, TU Berlin 1971/72.

derung als Mittel zur Verbesserung der Lage. Diese Voraussetzungen sollen in unserem Modell benannt werden. Zu seiner Formulierung benötigen wir die folgenden Definitionen[14]):

Definition (1): Motive sollen jene „seelischen Vorgänge und Zustände heißen, welche als ‚Beweggründe' das Verhalten des Individuums in Gang setzen, in Gang halten und auf Ziele ausrichten. Dazu gehört die Gesamtheit der bewußten und unbewußten, angeborenen und erlernten Bedürfnisse, Antriebe, Strebungen, Willensregungen, Affekte und Gefühle."

Definition (2): Eine *Belohnung* sei der Bestandteil einer Situation, der dem Individuum die Befriedigung eines Motivs erlaubt.

Definition (3): Die psychische Verfaßtheit, in der sich ein Individuum befindet, wenn die in seiner Situation gegebenen Belohnungen den erwarteten Belohnungen nicht entsprechen, wollen wir *Deprivation* nennen.

Definition (4): Der *Ertrag* einer Handlungsalternative ist der Zugewinn an Belohnungen, den diese Alternative, gemessen an den Belohnungen der möglichen Handlungsalternativen, erbringt.

Definition (5): Die *Kosten* einer Handlungsalternative sind der *Entgang* von Belohnungen, den diese Alternativen, gemessen an den Belohnungen der möglichen Handlungsalternativen, bewirkt.

Definition (6): „*Wahrnehmungen* sind die vom Individuum *empfangenen* Informationen."

Definition (7): *Information* soll definiert werden „als die Eigenschaft von Signalen, welche ein Nichtwissen oder eine Unsicherheit beseitigt oder reduziert."

Definition (8): *Einstellung* definieren wir als ein „durch Erfahrung geprägtes ... Reaktionsmuster, das auf alle Handlungen des Individuums ... einen steuernden und dynamischen Einfluß hat."

Diese Definitionen und die oben angegebenen allgemeinen Annahmen benutzen wir zur Darstellung unseres Entscheidungsmodells, dessen formale Struktur folgende Abbildung beschreibt (siehe Seite 14).

Das Modell zerfällt in drei Teile:

Teil I und Teil II enthalten die allgemeinen Annahmen über das Verhalten von Menschen, die wir benötigen, um eine Handlungsdisposition zu erklären. Teil III führt die spezifischen Bedingungen ein, die in Verbindung mit den in Teil I und II entwickelten Annahmen eine Überführung dieser allgemeinen Handlungsbereitschaft in eine Wanderungsbereitschaft bewirken.

Zu Teil I gehört etwa eine Hypothese derart:

I, 1. Die Deprivation eines Individuums ist um so stärker, je größer die Anzahl negativer Veränderungen in Struktur und Intensität seiner Belohnungen
oder:

I, 2. je positiver die Einstellung des Individuums gegenüber den wahrgenommenen alternativen Belohnungen ist, um so wahrscheinlicher ist seine Deprivation.

Zu Teil II, Erklärung einer allgemeinen Handlungsbereitschaft, gehört folgende Hypothese:

---

[14]) Siehe dies., a. a. O., S. 62—68.

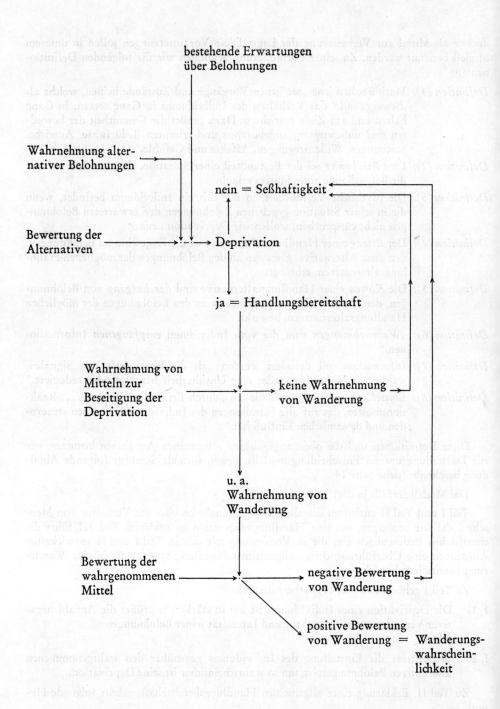

Abbildung 1

II, 1. Die Handlungsbereitschaft eines Individuums ist um so größer, je mehr Wahrnehmungen das Individuum über alternative Handlungsmöglichkeiten hat

oder:

II, 2. die Handlungsbereitschaft eines Individuums ist um so größer, je positiver seine Einstellung gegenüber einer oder mehrerer der wahrgenommenen Handlungsmöglichkeiten ist.

Teil III, die Erklärung der Wanderungsbereitschaft bei bestehender Deprivation, geht von folgenden allgemeinen Hypothesen aus:

III, 1. Die Wanderungsbereitschaft eines Individuums ist um so größer, je stärker die relative Intensität der Perzeption von Wanderung im Vergleich zu anderen Handlungsmöglichkeiten ist.

III, 2. Die Wanderungsbereitschaft eines Individuums ist um so größer, je positiver seine Einstellung zu Wanderung ist.

Die Bedingungen zu spezifizieren, unter denen die Perzeption von Wanderung intensiv ist (Hypothese III, 1), sowie die Bedingungen zu nennen, unter denen eine positive Einstellung zu Wanderung als Handlungsmöglichkeit (Hypothese III, 2) wahrscheinlich ist, ist der eigentliche Kern des Wanderungsmodells. Da dies hier am stärksten interessiert, werden die folgenden Beispiele von Hypothesen sich auf diesen Teil des Modells beschränken.

Über die Bedingungen der Perzeption von Wanderung formulieren wir folgende Annahmen:

W 1: Die Perzeption von Wanderung als Mittel zur Reduktion einer Deprivation ist um so wahrscheinlicher, je stärker die Deprivation mit *örtlichen* Faktoren in Zusammenhang steht.

Dies ist z. B. der Fall für

a) krankheitsförderndes Klima,
b) Lärmbelästigung, Verschmutzung etc.,
c) Deprivation in persönlichen Beziehungen, denen am Ort nicht ausgewichen werden kann,
d) Fehlen eines Arbeitsplatzes am Ort, Unsicherheit des Arbeitsplatzes,
e) Gefahr der Entdeckung oder ständigen Erinnerung unliebsamer Tatbestände am bisherigen Wohnort.

Die weitere Operationalisierung dieser Hypothese müßte den gesamten Motivkatalog, der sich aus bisherigen Wanderungsstudien als bedeutsam herauskristallisiert hat, berücksichtigen.

W 2: Die Perzeption von Wanderung als Mittel der Reduktion einer Deprivation ist um so wahrscheinlicher, je größer die *Häufigkeit* von Wanderungen in der persönlichen Vergangenheit und der sozialen Umwelt des Individuums.

W 3: ... je größer der *Erfolg*, den Wanderungen in der eigenen Erfahrung und in der sozialen Umwelt bisher gezeigt haben.

W 4: ... je größer die *Wertschätzung*, die „Wanderung" durch die Bezugspersonen des Individuums erfährt.

W 5: ... je größer die Wertschätzung, die das Individuum jener *Informationsquelle* entgegenbringt, die „Wanderung" als Handlungsmöglichkeit aufzeigt.

Wenn die genannten Determinanten: Häufigkeit, Erfolg, Wertschätzung der Wanderung, Wertschätzung der Informationsquelle eine positive Ausprägung haben, ist die Perzeption von „Wanderung" als mögliche Handlungsweise intensiv. Die Intensität der Perzeption eines Mittels ist jedoch noch keine ausreichende Basis für eine Entscheidung zur Wahl der wahrgenommenen Alternative. Vielmehr fällt diese Entscheidung auf Grund der Einschätzung von Ertrag und Kosten des Mittels im Vergleich mit anderen Mitteln. Diese Einschätzung ist Ausdruck der Einstellung gegenüber Wanderung. Wir haben dazu z. B. folgende Annahmen formuliert:

W 6: Ein Individuum glaubt um so eher, daß die Handlungsmöglichkeit „Wanderung" den erwarteten Ertrag haben wird,

a) je positiver seine vergangenen Erfahrungen mit „Wanderung" waren;
b) je positiver entsprechende Erfahrungen seiner Bezugspersonen waren;
c) je weniger alternative Handlungsmöglichkeiten es wahrnimmt. Im Falle des Fehlens anderer Möglichkeiten ergibt sich ja praktisch ein Zwang zum Erfolg, an den das Individuum dann um so eher glaubt:
d) je konkreter die Alternative „Wanderung" sich abzeichnet, d. h. je bekannter ihm bereits die Details seiner neuen Situation sind.

Außerdem gilt, daß man eher an den Ertrag der Wanderung glaubt, wenn

e) die Neigung zu wandern auf dem *Entzug* von Belohnungen beruht, die man bereits besessen hat (und weniger auf der Erwartung des *Zugewinns* neuer Belohnungen).

Im Falle des Entzuges von aktuellen Belohnungen wird die Neigung, an den Erfolg der Wanderung zu glauben, größer sein, da von dieser Situation ein stärkerer Druck zur Änderung ausgeht. Muß ein Individuum z. B. eine Verschlechterung seiner bisherigen Arbeitsbedingungen hinnehmen, und denkt es aus diesem Grunde an die Möglichkeit eines Arbeitsplatzwechsels, so wird eine stärkere Neigung bestehen, den Erfolg des Wechsels anzunehmen, als wenn ein Individuum eine Verbesserung seiner in keiner Weise angetasteten Verhältnisse erreichen will. Für letzteres ist der „Zwang" zum Erfolg in der Regel geringer, da der bisherige Status erhalten bleibt.

W 7: Ein Individuum schätzt die Kosten der Alternative „Wanderung" um so höher ein,

a) je mehr ortsspezifische Belohnungen es besitzt, z. B.
   1. Haus, langjährige Wohnung
   2. langjährigen Arbeitsplatz mit persönlichem Verhältnis zum Arbeitgeber, zu Kollegen; betriebliche Pensionsansprüche; besondere Gratifikationen
   3. Nachbarschafts- und Freundesbeziehungen; Verwandte; traditioneller Wohnsitz der Familie
   4. emotionale Beziehungen zu Ortssymbolen wie historischen Plätzen, Parks, Kirchturm etc.
   5. Teilnahme an kommunalen Einrichtungen.

b) je größer der Unterschied zwischen dem neuen und dem alten Standort
   1. sprachlich
   2. landschaftlich
   3. kulturell usf.,

   es sei denn, eine dieser Eigenschaften ist Mitursache der Deprivation am alten Standort gewesen (z. B. wird die bayerische Landschaft, wenn man aus dem Ruhrgebiet dorthin zieht, sicher nicht als Kostenfaktor empfunden, u. U. aber die sprachliche Umgebung).

c) je größer die räumliche Entfernung ist, da erstens zeitlicher und materieller Aufwand größer sind und zweitens höhere Kosten der Aufrechterhaltung alter Bindungen entstehen.

Hypothese 7 b) und 7 c) könnten unter die allgemeinere Hypothese gefaßt werden, daß „Distanz" im weitesten Sinne ein Kostenfaktor ist.

d) je geringer die Selbsteinschätzung des Individuums im Hinblick auf seine Fähigkeit zum Aufbau einer neuen sozialen Umwelt ist. (Es sei denn, das Individuum wünscht keine sozialen Kontakte.)

e) je weniger Erfahrungen es im Wechsel von Teilen seiner Umwelt bisher gemacht hat.

f) je negativer Erfahrungen im Wechsel von Teilen seiner Umwelt waren.

Wenn die genannten Kostenfaktoren vom Individuum geringer veranschlagt werden als die von der Wanderung erwartete und subjektiv als möglich erachtete neue Belohnung, besteht für dieses Individuum eine Wahrscheinlichkeit zu wandern.

Die vorgelegte Auswahl von Hypothesen enthält im Grunde keine neuen Informationen über die Determinanten von Wanderung. Der Vorteil des Konzepts liegt m. E. jedoch darin, daß hier eine systematische Deduktion von Annahmen über Wanderungsverhalten aus einer allgemeinen Handlungstheorie versucht wird. Eine solche Ableitung klärt den Stellenwert der einzelnen Variablen und erleichtert eine Überprüfung der Erklärung auf ihre Vollständigkeit und Richtigkeit.

IV. Der Übergang von der Analyse individuellen Handelns zu aggregierten Größen und Aggregatmodellen

Es bleibt das Problem der Überführung der Ergebnisse eines empirischen Tests der aufgeführten Hypothesen in ein prognostisch und planerisch verwendbares Aggregatdatenmodell, also der Verbindung zu dem eingangs erwähnten kollektivistisch orientierten Ansatz. Es kann kein Zweifel darüber bestehen, daß die Möglichkeit dieser Verbindung über den Nutzen eines individualistisch orientierten Vorgehens entscheiden wird.

Überlegungen dazu werden sinnvoll erst nach Abschluß unserer empirischen Erhebungen angestellt werden können. Hier kann das notwendige Vorgehen daher zunächst nur exemplarisch und skizzenhaft dargestellt werden.

Als Schätzfunktion für Wanderungen kann man folgende allgemeine Formel wählen:

$$M_{ij} = f(x_1, x_2 \ldots x_n)$$

wobei M die Zahl der Wandernden von der Region i in die Region j ist, und $x_1 \ldots x_n$ die diese Zahl „erklärenden" Faktoren sind. Im allgemeinen werden für $x_1 \ldots x_n$ Merkmale der Regionen i und j (Attraktions- und Abstoßungsfaktoren) sowie die Entfernung d_{ij} eingesetzt, M_{ij} wird nicht nach verschiedenen Gruppen von Wandernden differenziert[15].

Unsere bisherige Argumentation sollte zeigen, daß die Faktoren $x_1 \ldots x_n$ zu einem Wanderungsstrom nur beitragen, wenn die in der Region lebenden Individuen diese Faktoren auf Grund ihrer Motivationen *wahrnehmen* und sie in eine Präferenzordnung bringen. Ergibt sich dann ein subjektiv negatives Bild für die Faktorenausstattung der

---

[15]) Siehe dazu meine „Kritische Analyse der Wanderungsforschung in der BRD". AH 3, TU Berlin 1971, S. 76 ff.

eigenen Region, so wird nur bei einer positiven Einstellung zur Wanderung u. U. eine Wanderung in eine andere Region erfolgen.

Diese Punkte unseres Modells:

1. Wahrnehmung und positive bzw. negative Bewertung regionaler Ausstattungsmerkmale
2. Einstellung gegenüber Wanderung (Ertrag-Kosten-Einschätzung von Wanderung)

sollten daher bei der Operationalisierung der Formel Beachtung finden. Außerdem müßte — drittens — die Tatsache Berücksichtigung finden, daß Motive, Wahrnehmungen und Einstellungen in unterschiedlichen Bevölkerungsgruppen eine unterschiedliche Ausprägung haben, d. h. auch der Ausdruck Mij sollte differenziert werden, um die unterschiedlichen Koeffizienten- und Parametergrößen für die Faktoren x_1 bis x_n für verschiedene Gruppen von Wandernden erkennbar zu machen. Eine solche Disaggregierung könnte zu einer informativeren Anwendung der Kollektivansätze beitragen. Das vorgeschlagene Verfahren würde eine einheitliche Schätzung der Wanderungen zugunsten einer Reihe von Schätzfunktionen auflösen, und zwar Schätzfunktionen für die Gruppen M_1 bis M_n der Regionen i und j mit den gleichen Faktoren x_1 bis x_n, deren Regressionskoeffizienten und Parameter unterschiedlich sein würden. Wir erhielten im Ergebnis dieser Disaggregierung eine Matrix der Regressionskoeffizienten, ihrer Fehlerbreiten und der Parameter der Regressoren für unterschiedliche Gruppen M_1 bis M_m.

Die Bestimmung der Gruppen M_1 bis M_m sowie der einzubeziehenden Faktoren x_i bis x_n sollte auf Grund der Ableitungen aus den Hypothesen des Modells erfolgen können.

Mögliche Vorschläge dazu enthält die folgende Aufstellung:

1. Differenzierungsvorschläge für die Größe Mij

Gruppe		Differenzierungsmerkmal
M_1	Erwerbstätige	Stellung zum Erwerbsleben
M_2	in Ausbildung Befindliche	
M_3	Rentner	
M_4	Ledige, Verheiratete ohne Kinder	Familienzyklus
M_5	Verheiratete mit schulpflichtigen Kindern	
M_6	Verheiratete mit nichtschulpflichtigen Kindern	
M_7	bisher seßhafte Personen	Anzahl der Wanderungen
M_8	bereits mobil gewesene Personen	

Auf Grund unserer Hypothesen ist anzunehmen, daß die vorgeschlagenen Gruppierungsmerkmale für die Wahrscheinlichkeit einer Wanderungsentscheidung von großer Bedeutung sind.

Insofern müßten sich für diese Gruppen charakteristische und informative Ausprägungen für die Gewichte der in die Regression einbezogenen Variablen ergeben. Andere Gruppierungsmerkmale wie Alter, Branchenzugehörigkeit, Hauseigentümer/Mieter, Pendlerstatus, Berufsposition etc. sind u. U. bedeutsam. Da die statistische Basis zur Ermittlung der genannten Gruppen gleichermaßen fehlt, ist es vordringlich, die für die Wanderungsneigung wichtigsten Gruppierungsmerkmale zu bestimmen, um für jene dann Vorschläge ihrer künftigen statistischen Erfassung vorlegen zu können.

Aus unseren Hypothesen über typische Deprivationen (Motive) von Wandernden können wir Vorschläge für die in die Regression einzubeziehenden erklärenden Faktoren ableiten.

2. Vorschläge zur Belegung der Faktoren $x_1 \ldots x_n$

Faktoren		Indikatoren
x_1	Ausbildungsinstitutionen	Variationsbreite vorhandener Schultypen, Erreichbarkeit
x_2	Freizeitgestaltungsmöglichkeiten	Anzahl der Gaststätten, Kinos, Diskotheken, Tanzlokale, Vergnügungsveranstaltungen in bestimmtem Radius
x_3	Erholungswert	Sportanlagen, Spazier- und Wanderwege, Variationsbreite der Natur (Berge, Wasser, Wald etc.), Klima
x_4	kulturelles Angebot	Vortragsveranstaltungen, Theater, Museen, Konzerte; Dichte der Veranstaltungen; eigene oder Gastvorstellungen, Erreichbarkeit
x_5	Wohnatmosphäre — soziale Integration	Alter des zentralen Ortes = Historischer Charakter; Anteil neuer Wohnviertel; Trabantenstädte; Kriminalität; Bestehen von Volksfesten — Traditionen etc.; Anteil örtlicher Zeitungen

Zur Exemplifizierung des Vorgehens wurden absichtlich diese Faktoren gewählt. Bisher wurden einseitig die Wirtschaftskraft der Regionen und — was als tautologisch angesehen werden muß — das Neubauvolumen von Regionen als erklärende Faktoren beachtet. Demgegenüber zeichnet sich jedoch immer deutlicher ab, daß die Wahl des Wohnstandortes nicht mehr dominant von der Arbeitsplatzfrage gesteuert wird. Im Zeichen einer starken Nachfrage nach jüngeren, qualifizierten Arbeitskräften — und diese sind unter den inländischen Wanderern stark vertreten — ist die Möglichkeit gegeben, unter Orten verschiedener Lebensqualitäten zu wählen. Diese Verschiebung in den Richtungsdeterminanten der Wanderung sollte in der Anlage der Regression Berücksichtigung finden.

Der Beitrag des individualistischen Ansatzes liegt in der Bereitstellung eben dieser Informationen über die aktuell wirkenden, die Entscheidung bestimmenden Faktoren, aber auch in der kompetenteren Auswahl der diese Faktoren belegenden Indikatoren. Veränderungen müßten in empirischen Erhebungen laufend ermittelt werden.

Die Durchführung des hier vorgeschlagenen verbesserten, weil informativeren Ansatzes hängt indessen von der Datenbasis ab. Es ist schon jetzt deutlich, daß — sollte man die Arbeit in der vorgeschlagenen Richtung vertiefen wollen — daraus Vorschläge für die zusätzliche Erhebung regionalstatistischer Indikatoren erwachsen müßten. Angesichts der auf die staatlichen Instanzen zukommenden Planungsaufgaben wären die Ergebnisse einer derartigen Auffüllung der Erhebungsprogramme jedoch vielfältig zu nutzen.

Literaturhinweise

Außer den in den Fußnoten genannten Arbeiten möchte ich noch auf folgende theoretische Beiträge zu der hier erörterten Fragestellung eines individualistischen Ansatzes hinweisen:

ATKINSON, G. W.: An Introduction to Motivation. London 1964.

KATONA, G.: Rational Behavior and Economic Behavior. Psychological Review. Vol. 60, 1953, Nr. 5.

LANGENHEDER, W.: Ansatz zu einer allgemeinen Verhaltenstheorie in den Sozialwissenschaften. Köln und Opladen 1968.

MALEWSKI, A.: Verhalten und Interaktion. Tübingen 1967.

OPP, K. D.: Soziales Handeln, Rollen und soziale Systeme. Stuttgart 1970.

SIMON, H. A.: Theories of Decision-Making in Economics and Behavioral Science. The American Economic Review. Vol. 49, 1959, Nr. 3.

Der Beitrag wurde im Dezember 1972 abgeschlossen.

Gegenüberstellung stochastischer und deterministischer Wanderungsmodelle

von

Wolfgang Mälich, Freiburg i. Br.

I. Vorbemerkungen

Es ist nicht beabsichtigt, in diesem Beitrag auf die Fülle der vorhandenen Wanderungsmodelle stochastischer und deterministischer Art im einzelnen einzugehen[1]); vielmehr sollen grundlegende Unterschiede zwischen den beiden Arten von Modellen herausgearbeitet und an einigen einfachen Beispielen illustriert werden. Insbesondere soll gezeigt werden, daß in vielen Fällen stochastische Ansätze zur Erklärung des Wanderungsverhaltens von Individuen bzw. Gruppen von Individuen besser geeignet sind als deterministische Ansätze.

II. Erörterung verschiedener Modelltypen

Zunächst soll an Hand eines kleinen Beispiels der Unterschied zwischen stochastischen und deterministischen Wanderungsmodellen verdeutlicht werden. Dies scheint notwendig, da insbesondere der Begriff des stochastischen Modells in der Literatur keineswegs in einheitlicher Weise verwendet wird[2]).

Im Beispiel sei angenommen, daß in einem Zwei-Regionen-Modell in der ersten Region (R_1) Löhne (l_1) bezahlt werden, die gerade ausreichen, das physische Existenzminimum der entsprechenden Lohnempfänger zu gewährleisten. In der zweiten Region (R_2) mögen die Löhne (l_2) wesentlich höher liegen. Man beobachtet einen starken Wanderungsstrom (w_{12}) von R_1 nach R_2. Es liegt nun nahe, diesen Wanderungsstrom mit Hilfe des Lohnunterschiedes zu erklären. Man würde also etwa wie folgt ansetzen:

(1) $w_{12} = f(l_1, l_2)$[3])

Diese Gleichung ist Ausdruck für ein streng deterministisches Modell, da jedem Wertepaar (l_1, l_2) durch die im konkreten Fall zu explizierende Funktion in eindeutiger Weise *ein* Wert w_{12} zugeordnet ist. Wenn also das physische Existenzminimum l_1 sowie die Löhne der zweiten Region l_2 bekannt sind, läßt sich die Anzahl der von R_1 nach R_2 wandernden Individuen exakt, d. h. bis auf ein Individuum genau, bestimmen.

Meines Wissens existiert in der Literatur, die sich mit Wanderungsproblemen beschäftigt, kein einziger Versuch, einen tatsächlich beobachteten Wanderungsstrom mit Hilfe eines streng deterministischen Modells zu erklären. Der Grund dafür dürfte in der Tatsache zu sehen sein, daß ein Zusammenhang, wie er z. B. durch die obige Gleichung beschrieben wird, selbst im günstigsten Fall nur im Durchschnitt[4]) gilt. Auch wenn die

---

[1]) Einen guten Überblick bietet der Sammelband: J. SUTTER (Hrsg.): Les Déplacements Humains (Human Displacements), Monaco 1962.

[2]) Vgl. W. STIER: Makroökonomische Anwendungen von Operations Research-Methoden, Meisenheim am Glan 1969, Teil I, S. 3.

[3]) Der Begriff „Lohnunterschied" ist hier im weitesten Sinne zu verstehen. Wie aus der Gleichung hervorgeht, wird nur gefordert, daß der Lohnunterschied eine Funktion von l_1 und l_2 ist.

[4]) Je nach Art des Modells ist ein Durchschnitt über verschiedene Jahre (Längsschnittanalyse) oder über verschiedene Regionen (Querschnittanalyse) oder eine Kombination aus beiden gemeint.

Voraussetzungen des obigen Modells erfüllt sind, wie etwa bei den Wanderungen von Süd- nach Norditalien oder im letzten Jahrhundert bei den Auswanderungen aus Irland in die Vereinigten Staaten, ist es unmöglich, die Anzahl der wandernden Individuen exakt vorherzusagen. Wenn man jedoch zugesteht, daß der obige Zusammenhang nur im Durchschnitt gilt, muß man wie folgt ansetzen:

(2) $w_{12} = g(l_1, l_2, \varepsilon)$,

wobei ε eine Zufallsvariable mit beliebiger, im konkreten Fall näher zu spezifizierender Verteilung mit Mittelwert Null darstellt. Da in diesem Fall jedem Wertepaar (l_1, l_2) *mehrere* Werte von w_{12} zugeordnet sind, liegt ein stochastisches Modell vor. Die Wanderungsgröße w_{12} ist eine Zufallsvariable, deren Wahrscheinlichkeitsverteilung durch die Verteilung von ε bestimmt ist.

Untersucht man die Begründungen, die im allgemeinen in der Literatur für die Einführung der Zufallsvariablen ε gegeben werden, stellt sich heraus, daß in vielen Fällen trotz eines formal stochastischen Ansatzes eine deterministische Erklärung der Zusammenhänge beabsichtigt ist. Besonders deutlich wird dies bei der — historisch gesehen — ältesten Begründung, bei der unterstellt wird, daß eine oder mehrere der in der Gleichung (1) vorkommenden Variablen nicht exakt gemessen werden können. Offensichtlich kann in diesem Fall Gleichung (1) nur im Durchschnitt über viele Messungen gelten; wobei angenommen wird, daß die Meßfehler zu keiner systematischen Verzerrung führen[5]), eine Annahme, die jedem, der sich mit Problemen der praktischen Statistik beschäftigt, zumindest problematisch erscheinen muß. Gegenwärtig ist es üblich, die Einführung der Zufallsvariablen nicht durch Meß-, sondern durch sogenannte Spezifikationsfehler zu begründen. Dabei wird unterstellt, daß die Variablen zwar exakt gemessen[6]), jedoch durch den Modellansatz nicht vollständig erfaßt sind[7]). Im obigen Beispiel ist das der Fall, wenn es Individuen gibt, die aus anderen Gründen als dem des Lohnunterschiedes von R_1 nach R_2 wandern. Zu denken wäre dabei etwa an Selbständige, die in R_2 bessere Verdienstmöglichkeiten erwarten, an Frauen aus R_1, die Männer mit Wohnsitz in R_2 heiraten, oder an Individuen, deren Einkommen aus Kapitaleinkünften stammt und die wegen einer besseren Versorgung mit öffentlichen Dienstleistungen nach R_2 wandern, usw. Zu beachten ist, daß die genannten Gründe zu einer systematischen Unterschätzung des Wanderungsstromes von R_1 nach R_2 führen, was der Annahme widerspricht, daß der Mittelwert von ε Null beträgt. Man muß also Gründe dafür finden, daß trotz des Lohnunterschiedes auch Individuen in R_1 bleiben, d. h. nicht wandern, damit Gleichung (1) im Durchschnitt erfüllt ist. Hier könnte man an verschiedene Arten von Transferzahlungen aus R_2 nach R_1 oder an unvollständige Information der in R_1 wohnenden Individuen über die tatsächlichen Lohnunterschiede denken.

Unabhängig davon, welche der beiden diskutierten Begründungen für die Einführung der Zufallsvariablen ε gegeben wird (Meß- oder Spezifikationsfehler), erfolgt die Interpretation des durch Gleichung (2) gegebenen Zusammenhanges in deterministischer Weise. Dies impliziert einerseits, daß die Wanderungen wenigstens im Prinzip eindeutig bestimmt sind, andererseits, daß es keine grundsätzliche Grenze für eine immer genauere Erfassung

---

[5]) Dies entspricht der Annahme, daß der Mittelwert von ε Null beträgt.

[6]) Die Annahme, daß Meß- *und* Spezifikationsfehler auftreten, führt zu erheblichen mathematischen Komplikationen und wird deshalb im allgemeinen ausgeschlossen.

[7]) Eine zweite Art von Spezifikationsfehler durch die Wahl einer falschen Form der Funktion soll hier außer acht gelassen werden.

der Zusammenhänge, sei es durch Verbesserung der Meßverfahren oder sei es durch die Einführung weiterer erklärender Größen, gibt. Die Zufallsvariable spielt bei derartigen Ansätzen die Rolle eines „Lückenbüßers" für die grundsätzlich behebbare Unwissenheit der Wissenschaft[8]). Modelle dieser Art werden im folgenden stochastisch im weiteren Sinne genannt, da sie zwar vom formalen Aufbau gesehen stochastisch sind, im Grunde jedoch auf eine deterministische Erklärung abzielen.

Unterstellt man, daß die Wanderungen grundsätzlich *nicht* eindeutig bestimmt sind oder daß es prinzipiell Grenzen für die Steigerung der Meßgenauigkeit bzw. für die Einführung immer weiterer erklärender Variablen gibt — eine Unterstellung, die im nächsten Abschnitt näher begründet wird —, so wird man einen Ansatz der folgenden Art wählen:

(3) $w_{12} = h(\mu_i), i = 1, 2, \ldots, N$,

wobei die μ_i Parameter einer im konkreten Fall genau zu spezifizierenden Wahrscheinlichkeitsverteilung darstellen. Selbstverständlich werden in dem oben gegebenen Beispiel einige oder alle μ_i Funktionen von l_1 bzw. l_2 sein, so daß der Lohnunterschied auch bei diesem Ansatz eine Rolle für die Erklärung der Wanderungen spielt. Es besteht jedoch ein grundlegender Unterschied zu den Ansätzen (1) und (2), bei denen der Lohnunterschied direkt als die wichtigste, die Wanderungen verursachende Größe betrachtet wird. Bei dem Ansatz (3) beeinflußt der Lohnunterschied einen stochastischen Prozeß, dessen Ergebnis durch die Wahrscheinlichkeitsverteilung $h(\mu_i)$ dargestellt werden kann. Modelle der Art des Ansatzes (3) werden im folgenden stochastische Modelle im engeren Sinne genannt, da hier der Stochastik eine zentrale Bedeutung zukommt und sie nicht nur die Rolle des „Lückenbüßers" in einem grundsätzlich als determiniert aufgefaßten Zusammenhang spielt.

III. Begründungen für die Verwendung stochastischer Wanderungsmodelle

In diesem Abschnitt soll untersucht werden, ob es überhaupt sinnvoll ist, zu versuchen, Wanderungsbewegungen mittels eines stochastischen Modells im engeren Sinne zu erklären. Bei der Diskussion stochastische versus deterministische Modelle ist es zweckmäßig, aus Gründen der Darstellung verschiedene Ebenen der Argumentation zu unterscheiden, obwohl diese Ebenen — wie später noch an Hand eines Beispiels gezeigt — sehr eng zusammenhängen.

Zunächst ist es möglich, daß die untersuchten Phänomene tatsächlich stochastischer Natur sind. Dies trifft etwa nach der vorherrschenden physikalischen Lehrmeinung für das Gebiet der Quantenmechanik zu. Ein Beispiel für den Bereich der Wanderungsforschung wird weiter unten gegeben. Zweitens kann es sein, daß die in Frage stehenden Zusammenhänge zwar grundsätzlich determiniert, jedoch so komplex sind, daß sie durch den menschlichen Geist *prinzipiell* nicht mehr erfaßt werden können. Als Beispiel sei das Ergebnis eines Wurfes mit einem „echten" Würfel genannt. Der berühmte *Laplace'sche* Dämon könnte das Ergebnis voraussagen, da es nur von streng deterministischen physikalischen Gesetzmäßigkeiten abhängt, dem menschlichen Denken ist dies jedoch auf Grund seiner begrenzten Komplexität nicht möglich. Schließlich ist es denkbar, daß streng deterministische Zusammenhänge vorliegen, die auch erfaßbar sind, daß jedoch die Genauigkeit der Messung der zur Beschreibung der Zusammenhänge verwendeten

---

[8]) Vgl. W. STIER, a. a. O.

Variablen an eine grundsätzliche Grenze stößt. Hierfür lassen sich Beispiele aus der Atomphysik nennen. In allen drei genannten Fällen müssen aus grundsätzlichen Erwägungen heraus stochastische Modelle im engeren Sinne verwendet werden.

Ein mehr pragmatisch orientiertes Argument für die Verwendung stochastischer Modelle ist darin zu sehen, daß in vielen Fällen zwar grundsätzlich ein deterministisches Modell verwendet werden könnte, daß jedoch der Stand der Wissenschaft auf dem betreffenden Gebiet noch nicht weit genug fortgeschritten ist, um die Konstruktion eines derartigen Modells zu rechtfertigen. Das Gewicht dieses Argumentes sollte insbesondere in den Sozialwissenschaften nicht unterschätzt werden.

Es soll noch kurz ein Problem erwähnt werden, das mit den oben diskutierten Fragen eng zusammenhängt. Häufig wird von Verfechtern deterministischer Ansätze zugestanden, daß stochastische Modelle zur Erklärung aggregierter Größen, wie etwa Wanderungsströmen, ohne weiteres herangezogen werden könnten, da Verhaltensannahmen über Aggregate nur im Durchschnitt gelten können. Zur Erklärung des individuellen Verhaltens jedoch sei immer auf deterministische Zusammenhänge zurückzugreifen. Je nachdem, für wie schwerwiegend man die Aggregationsproblematik hält, ist ein derartiges Argument, was die aggregierten Größen betrifft, den grundsätzlichen oder den pragmatisch orientierten Begründungen für die Verwendung stochastischer Modelle zuzurechnen. Daß das Argument in bezug auf die individuelle Verhaltensweise nicht notwendigerweise zutrifft, sollen die folgenden Beispiele zeigen.

Angenommen, ein Individuum habe die Möglichkeit, seinen Wohnort aus vier Regionen (R_1, R_2, R_3, R_4) zu wählen. Das Individuum soll für *jedes* geordnete Paar von Regionen (R_i, R_j) angeben können, ob es seiner subjektiven Meinung nach durch einen Umzug von R_i nach R_j schlechter gestellt wird oder nicht. Um das Beispiel nicht unnötigerweise zu komplizieren, wird unterstellt, daß in einer derartigen Bewertung die Nachteile eines Umzuges, wie etwa die Umzugskosten, schon enthalten sind. Wenn das Individuum der Meinung ist, daß ein Umzug von R_i nach R_j unter Berücksichtigung aller Umstände keine Verbesserung bedeutet, so wollen wir sagen, das Individuum präferiert R_i gegenüber R_j und schreiben $R_i \geq R_j$. Um eine gewisse Rationalität der Bewertungen des Individuums zu garantieren, sei angenommen, daß die Präferenzrelation transitiv ist, d. h. wenn für das Individuum gilt $R_i \geq R_j$ und $R_j \geq R_k$, so gilt auch $R_i \geq R_k$. Zusammen mit der schon oben gemachten Annahme, daß die Präferenzrelation vollständig ist, wird damit sichergestellt, daß es immer *mindestens* eine Region gibt, die von dem Individuum gegenüber allen anderen Regionen präferiert wird. Schließlich sei noch unterstellt, daß das Individuum diejenige Region als Wohnort wählt, die auf seiner Präferenzskala am höchsten steht und, wenn es in einer solchen Region wohnt, nicht weiter umzieht, d. h. es wird angenommen, daß sich das Individuum rational verhält. Es ist nun zu fragen, ob das Wanderungsverhalten des Individuums unter den getroffenen Annahmen[9]) in jedem Fall streng determiniert ist.

Nehmen wir an, die Präferenzskala des Individuums sei wie folgt:

(4) $R_1 \geq R_2 \geq R_3 \geq R_4$.

Aus dieser Präferenzskala läßt sich zusammen mit der Annahme rationalen Verhaltens die folgende Übergangsmatrix herleiten:

---

[9]) Dies sind die üblichen Annahmen, die in der Theorie der Wahlakte gemacht werden. Vgl. z. B. K. Arrow: Social Choice and Individual Values. New York 1951.

(5)

von nach	R_1	R_2	R_3	R_4
R_1	1	0	0	0
R_2	1	0	0	0
R_3	1	0	0	0
R_4	1	0	0	0

Die Matrix ist folgendermaßen zu interpretieren:

Wenn das Individuum in R_1 wohnt, so wird es dort bleiben und niemals nach R_2, R_3 oder R_4 wandern. Wohnt das Individuum in R_2, so wird es immer nach R_1 wandern, nicht jedoch in R_2 bleiben oder in eine andere Region wandern. Entsprechend sind auch die anderen Zeilen der Matrix aufzufassen. Angenommen, das Individuum wohne zum Zeitpunkt t in der Region R_4, was durch folgenden Vektor symbolisiert werden soll:

$$\begin{matrix} R_1 & R_2 & R_3 & R_4 \end{matrix}$$
(6) (0, 0, 0, 1)

so läßt sich das Wanderungsverhalten des Individuums zwischen t und t+1 durch Multiplikation von (6) und (5) ohne weiteres darstellen:

(7) $(0, 0, 0, 1) \begin{vmatrix} 1 & 0 & 0 & 0 \\ 1 & 0 & 0 & 0 \\ 1 & 0 & 0 & 0 \\ 1 & 0 & 0 & 0 \end{vmatrix} = (1, 0, 0, 0)$

Wie man aus (7) leicht ersieht, ist der Wohnort des Individuums zum Zeitpunkt t+1 durch Angabe seines Wohnortes zum Zeitpunkt t sowie durch die aus den Annahmen über Präferenz und Verhalten abgeleitete Übergangsmatrix vollständig und eindeutig bestimmt, was formal darin zum Ausdruck kommt, daß der aus (7) resultierende Vektor den Grenzfall einer Wahrscheinlichkeitsverteilung beschreibt, bei dem ein bestimmtes von vier möglichen Ereignissen mit Sicherheit eintritt. Hier liegt demnach ein streng deterministischer Fall vor.

Die bisherigen Voraussetzungen sollen nun in einem Punkt modifiziert werden, und zwar wird unterstellt, daß zusätzlich zu der durch (4) gegebenen Präferenzskala noch gilt:

(8) $R_2 \geq R_1$

Es sei darauf hingewiesen, daß sich (4) und (8) unter den genannten Annahmen über die Bewertungen des Individuums *nicht* widersprechen. In (4) wird in bezug auf R_1 und R_2 nur ausgesagt, daß sich das Individuum durch einen Umzug von R_1 nach R_2 nicht schlechter gestellt fühlt, während in (8) dasselbe für einen Umzug von R_2 nach R_1 ausgesagt wird. Beide Annahmen zusammen besagen lediglich, daß das Individuum R_1 als Wohnort genau so hoch einschätzt wie R_2, daß es sich also, in der Sprache der Theorie der Wahlakte ausgedrückt, zwischen R_1 und R_2 indifferent verhält. Die Übergangsmatrix sieht dann wie folgt aus:

(9) $\begin{vmatrix} 1 & 0 & 0 & 0 \\ 0 & 1 & 0 & 0 \\ \frac{1}{2} & \frac{1}{2} & 0 & 0 \\ \frac{1}{2} & \frac{1}{2} & 0 & 0 \end{vmatrix}$

und der Gleichung (7) entspricht die Gleichung

$$(10) \quad (0, 0, 0, 1) \begin{vmatrix} 1 & 0 & 0 & 0 \\ 0 & 1 & 0 & 0 \\ \frac{1}{2} & \frac{1}{2} & 0 & 0 \\ \frac{1}{2} & \frac{1}{2} & 0 & 0 \end{vmatrix} = (\frac{1}{2}, \frac{1}{2}, 0, 0)$$

Obwohl der Wohnort des Individuums zum Zeitpunkt t sowie seine Präferenzen und seine Verhaltensweisen genau bekannt sind, läßt sich nicht mehr mit Sicherheit sagen, in welcher Region das Individuum zum Zeitpunkt t+1 wohnen wird. Es läßt sich nur noch mit einer Wahrscheinlichkeit von jeweils ¹/₂ aussagen, daß es sich in einer der beiden Regionen R_1 oder R_2 aufhalten wird. Hier liegt also ein Fall vor, bei dem es sich um einen grundsätzlich stochastischen Zusammenhang handelt.

Offensichtlich hat man in dem zuletzt genannten Beispiel durch den Kunstgriff der Einführung einer Indifferenzrelation das Problem der Indeterminiertheit bestimmter Vorgänge von der Ebene des erklärenden oder prognostizierenden Wissenschaftlers auf die Ebene des handelnden Individuums verlagert. Dies wird besonders deutlich, wenn man sich fragt, warum es überhaupt zu einer Indifferenz in bezug auf die Bewertungen des Individuums kommen kann. Als Antwort auf diese Frage können wieder dieselben Argumente herangezogen werden, die oben für die Verwendung stochastischer Modelle angeführt wurden. So ist es möglich, daß es im Prinzip indifferente Bewertungen gibt; es kann aber auch sein, daß die Indifferenz auf mangelnde Unterscheidungsfähigkeit des Individuums, also auf Grenzen der Meßbarkeit, zurückzuführen ist. Schließlich ist es denkbar, daß die Zusammenhänge zwischen den Größen, auf denen die Bewertung beruht, so komplex sind, daß sie von dem Individuum nicht mehr durchschaut werden können und daß daraus die Indifferenz zwischen verschiedenen Alternativen resultiert. Ohne auf diese schwierigen Fragen näher einzugehen, kann man sich auf den Standpunkt stellen, daß es nicht Aufgabe der Wissenschaft ist, dem Individuum die Art und Weise seiner Bewertungen vorzuschreiben. Wenn man jedoch zugibt, daß es Indifferenz in bezug auf die Bewertungen geben kann, eine Frage, die selbstverständlich nur empirisch entschieden werden kann, so muß man auch die Möglichkeit stochastischer Modelle zur Erklärung des Verhaltens des einzelnen Individuums in Betracht ziehen. Daß in diesem Fall das Verhalten von Gruppen von Individuen, hier also die Wanderungsströme, nur noch stochastisch erklärt werden kann, ist nach dem bisher Gesagten offensichtlich.

IV. Zusammenhänge zwischen dem Grad der Unbestimmtheit eines Modells und der für die Prognose benötigten Information

Die bisherigen Ausführungen bezogen sich auf *qualitative* Unterschiede zwischen deterministischen und stochastischen Modellen. Es soll nun kurz gezeigt werden, daß es auch möglich ist, *quantitative* Aussagen über den Grad der Unbestimmtheit eines Systems bzw. des das System beschreibenden Modells zu machen. Dabei soll insbesondere verdeutlicht werden, daß deterministische Modelle ohne weiteres als Spezialfall der stochastischen Modelle aufgefaßt werden können. Außerdem soll kurz auf den Zusammenhang zwischen dem Grad der Unbestimmtheit eines Systems und der für Prognosezwecke benötigten Information eingegangen werden.

Als Maß für den Grad der Unbestimmtheit eines Systems kann die Entropie der dem System zugeordneten Wahrscheinlichkeitsverteilung herangezogen werden. Die Entropie einer Wahrscheinlichkeitsverteilung ist als der negative Erwartungswert der Einzelwahrscheinlichkeiten dieser Verteilung definiert:

$$(11) \quad H(p) = -\sum_{i=1}^{N} p_i \log p_i = \sum_{i=1}^{N} p_i \log \frac{1}{p_i}$$

$$i = 1, 2, \ldots N$$

wobei p_i die Wahrscheinlichkeit des Auftretens des i-ten Ereignisses bedeutet. Die Wahl der Basis der Logarithmen ist grundsätzlich willkürlich. Im folgenden wird als Basis die Zahl 2 verwendet, so daß die Entropie in der Maßeinheit „bit" (binary digits) angegeben wird.

Betrachten wir als erstes Beispiel den im letzten Abschnitt in Gleichung (7) erläuterten Vektor (1, 0, 0, 0), dem zu entnehmen war, daß sich das Individuum mit Sicherheit zum Zeitpunkt t+1 in der Region R_1 befindet. Die Entropie dieser Verteilung beträgt

$$(12) \quad H_1 = 1 \log 1 + 0 \log \frac{1}{0} + 0 \log \frac{1}{0} + 0 \log \frac{1}{0} = \log 1 = 0 \text{ bit,}\ ^{10})$$

d. h. der Grad der Unbestimmtheit beträgt 0 bit, was der Tatsache entspricht, daß wir es hier mit einem streng determinierten Modell zu tun haben.

Betrachten wir als anderen Extremfall den Vektor

$$(13) \quad (\frac{1}{4}, \frac{1}{4}, \frac{1}{4}, \frac{1}{4},),$$

was im Beispiel des letzten Abschnittes auf indifferente Bewertung aller vier Regionen zurückgeführt werden kann, so erhalten wir als Entropie:

$$(14) \quad H_2 = \frac{1}{4} \log 4 + \frac{1}{4} \log 4 + \frac{1}{4} \log 4 + \frac{1}{4} \log 4 = \log 4 = 2 \text{ bit.}$$

Es sei schließlich noch die Entropie für die in Gleichung (10) hergeleitete Verteilung

$$(10) \quad (\frac{1}{2}, \frac{1}{2}, 0, 0) \text{ berechnet:}$$

$$(15) \quad H_3 = \frac{1}{2} \log 2 + \frac{1}{2} \log 2 + 0 \log \frac{1}{0} + 0 \log \frac{1}{0} = \log 2 = 1 \text{ bit,}$$

d. h. der Grad der Unbestimmtheit ist in diesem Fall größer als im ersten Beispiel und kleiner als im zweiten Beispiel, was darauf zurückzuführen ist, daß zwar der Wohnort des Individuums zum Zeitpunkt t+1 nicht mit Sicherheit vorausgesagt, zwei von vier Wohnorten jedoch ausgeschlossen werden können. Wie man aus dem Beispiel schon ersieht und wie sich auch exakt nachweisen läßt[11]), existiert eine kontinuierliche Skala von möglichen Graden der Ungewißheit, die vom vollständig determinierten Fall auf der

---

[10]) Bei der Definition der Entropie wird festgelegt, daß $0 \log \frac{1}{0} = 0$, was dem bekannten Grenzwert $\lim_{x \to 0} x \log \frac{1}{x} = 0$ entspricht. Vgl. z. B. E. SCHULTZE: Einführung in die mathematischen Grundlagen der Informationstheorie. Berlin/Heidelberg/ New York 1969.

[11]) Vgl. E. SCHULTZE, a. a. O., S. 6 ff.

einen bis zu dem Fall der Gleichverteilung wie in (13) auf der anderen Seite reicht. Offensichtlich ist also das deterministische Modell nur ein ganz spezieller Fall stochastischer Modelle.

Betrachten wir die drei Beispiele noch kurz vom Standpunkt des Prognostikers aus. Ein derartiger Prognostiker, der keinerlei Information über das Wanderungsverhalten des Individuums besitzt, sieht sich immer einer Gleichverteilung gegenüber, d. h. sein subjektiver Grad der Ungewißheit über den zukünftigen Wohnort des Individuums beträgt in den obigen Beispielen, wie aus (13) und (14) ersichtlich ist, 2 bit. Liegt *tatsächlich* der Fall des streng determinierten Wanderungsverhaltens vor, so muß er, um eine exakte Prognose stellen zu können, den Grad der Ungewißheit von 2 auf 0 bit reduzieren, d. h. er benötigt eine Informationsmenge von 2 bit[12]). Im anderen Extremfall, der durch den Vektor (13) dargestellt wird, sind subjektiver Grad der Ungewißheit und tatsächlicher Grad der Unbestimmtheit des Wanderungsverhaltens gleich, d. h. die maximal zu erreichende Informationsmenge beträgt 0 bit. In dem dazwischenliegenden, durch den Vektor (½, ½, 0, 0) gegebenen Fall, wird für eine Prognose eine Informationsmenge von 1 bit benötigt. Wie man diesen Beispielen entnehmen kann, steigt die für eine Prognose erforderliche Informationsmenge mit dem Grad der Bestimmtheit des Wanderungsverhaltens an und erreicht für den Fall eines streng determinierten Verhaltens ihr Maximum.

V. Beispiel für ein deterministisches und ein stochastisches Wanderungsmodell

Im vorigen Abschnitt wurde schon angedeutet, daß es in vielen Fällen möglich ist, deterministische Modelle als Grenzfall stochastischer Ansätze zu interpretieren. Aus dieser Möglichkeit folgt, daß der formale Aufbau deterministischer und stochastischer Modelle oft sehr ähnlich ist. Häufig gleicht die Lösung eines stochastischen Ansatzes sogar einem entsprechenden deterministischen Modell in formaler Hinsicht vollständig. Das in der Literatur wohl meistzitierte Beispiel für diese Aussage liefert das Potential- oder Gravitationsmodell. Die in diesem Modell enthaltene Hypothese über das Wanderungsverhaltens läßt sich beispielsweise formal wie folgt ausdrücken[13]):

(16) $\quad w_{ij} = a \dfrac{B_i B_j}{d_{ij}}$,

wobei w_{ij} die Anzahl der Wandernden zwischen Region R_i und Region R_j, d_{ij} die Entfernung zwischen diesen beiden Regionen, B_i und B_j die Bevölkerungszahlen der Regionen und a eine Konstante darstellen.

Bei deterministischer Interpretation kann man den in Gleichung (16) behaupteten Zusammenhang verbal wie folgt ausdrücken: „Die Anzahl der wandernden Individuen zwischen zwei Regionen ist den Bevölkerungszahlen dieser Regionen direkt und der Ent-

---

[12]) Die Zusammenhänge können hier nur angedeutet werden. Streng genommen gilt die obige Aussage nur für den Durchschnitt mehrerer Prognosen. Außerdem darf keine redundante Information vorliegen, d. h. die Information darf sich nur auf das zu prognostizierende Ereignis beziehen. — Für eine ausführliche Diskussion vgl.: A. M. Jaglom/I. M. Jaglom: Wahrscheinlichkeit und Information, 3. Aufl., Berlin 1967, Teil II u. III.

[13]) Gleichung (16) stellt einen einfachen, empirisch sicherlich nicht zutreffenden Fall eines Potentialmodells dar. Dieser Ansatz wurde hier gewählt, weil sich mit seiner Hilfe die formale Gleichheit eines stochastischen und eines deterministischen Wanderungsmodells relativ einfach, d. h. ohne Verwendung komplizierter mathematischer Verfahren, zeigen läßt.

fernung zwischen den Regionen umgekehrt proportional." Bei dieser Interpretation ist die Anzahl der Wanderungsfälle zwischen den Regionen R_i und R_j eindeutig bestimmt. Treten Differenzen zwischen den durch Gleichung (16) vorausgesagten und den tatsächlich beobachteten Wanderungsfällen auf, so müssen diese — will man obige deterministische Interpretation aufrechterhalten — durch Fehler bei der Messung der Variablen w_{ij}, B_i, B_j oder d_{ij} bzw. durch Ungenauigkeiten bei der Bestimmung der Konstanten a erklärt werden. In diesem Fall läge ein stochastisches Modell im weiteren Sinne vor.

Bei einem stochastischen Ansatz im engeren Sinn könnte man z. B. annehmen, daß für jedes Individuum aus einer untersuchten Gesamtbevölkerung B Wahrscheinlichkeiten für ein bestimmtes Verhalten existieren:

— p(i) sei die Wahrscheinlichkeit, daß ein Individuum zum Zeitpunkt t in der Teilregion R_i wohnt;
— p(j) sei die Wahrscheinlichkeit, daß ein Individuum zum Zeitpunkt t+1 in der Teilregion R_j wohnt;
— p(ij) sei die Wahrscheinlichkeit, daß ein Individuum während einer Periode eine bestimmte Entfernung d_{ij} innerhalb der untersuchten Gesamtregion zurücklegt.

Es sei ferner unterstellt, daß die drei den obigen Wahrscheinlichkeiten zugrunde liegenden Ereignisse unabhängig voneinander sind[14]). In diesem Fall läßt sich die Wahrscheinlichkeit p, daß die drei Ereignisse simultan auftreten, wie folgt bestimmen:

(17) $p = p(i) \cdot p(j) \cdot p(ij)$

Der Erwartungswert für die Anzahl der Personen, für welche die obigen drei Ereignisse simultan zutreffen, ergibt sich aus:

(18) $p \cdot B = p(i) \cdot p(j) \cdot p(ij) \cdot B = w_{ij}$,

wobei w_{ij} als die erwartete oder durchschnittliche Anzahl der Wanderungsfälle zwischen den in einer Entfernung von d_{ij} lokalisierten Teilregionen R_i und R_j interpretiert werden kann.

Für eine große Gesamtbevölkerungszahl B kann man als Schätzwert für p(i) den Anteil der in R_i wohnenden Bevölkerung an der Gesamtbevölkerung verwenden:

(19) $\hat{p}(i) = \dfrac{B_i}{B}$.

Entsprechend für p(j):

(20) $\hat{p}(j) = \dfrac{B_j}{B}$.

Als Schätzwert für p(ij) wird

(21) $\hat{p}(ij) = \dfrac{b}{d_{ij}}$

verwendet, was besagt, daß die Wahrscheinlichkeit, eine bestimmte Entfernung zurückzulegen, mit der Entfernung abnimmt oder — was dasselbe bedeutet — daß die durchschnittliche oder erwartete Wanderungsdistanz konstant ist ($p_{ij} \cdot d_{ij} = b$).

---

[14]) Diese Unterstellung trifft sicherlich nicht zu, da bei gegebenem p(i) die Wahrscheinlichkeit p(j) von p(ij) abhängt. Man müßte streng genommen mit bedingten Wahrscheinlichkeiten arbeiten, was hier jedoch aus Vereinfachungsgründen unterbleibt.

Setzt man die drei Schätzwerte in Gleichung (18) ein, so erhält man:

$$(22) \quad \hat{w}_{ij} = \frac{B_i}{B} \cdot \frac{B_j}{B} \cdot \frac{b}{d_{ij}} \cdot B = \frac{b}{B} \cdot \frac{B_i \cdot B_j}{d_{ij}}.$$

Nimmt man ferner an, daß die Gesamtbevölkerung des untersuchten Gebietes konstant ist, so kann man

$$(23) \quad a = \frac{b}{B} \quad \text{setzen,}$$

was zusammen mit (22)

$$(24) \quad \hat{w}_{ij} = a \, \frac{B_i B_j}{d_{ij}} \quad \text{ergibt.}$$

Gleichung (24) entspricht Gleichung (16) in formaler Hinsicht vollständig. Allerdings ist die Interpretation von (24) eine völlig andere, was insbes. darin zum Ausdruck kommt, daß Abweichungen der tatsächlich beobachteten Wanderungsfälle von der Größe $\hat{w}_{ij}$ nicht wie in Gleichung (16) durch Meß- oder Spezifikationsfehler, sondern durch das grundsätzlich nur wahrscheinlichkeitstheoretisch zu erfassende Verhalten der einzelnen Individuen begründet werden.

VI. Zusammenfassung

Faßt man die Überlegungen der vorangegangenen Abschnitte zusammen, so läßt sich feststellen, daß aus grundsätzlichen Erwägungen heraus die Notwendigkeit der Aufstellung stochastischer Wanderungsmodelle im engeren Sinn zumindest nicht ausgeschlossen werden kann. Dies gilt sowohl für Modelle, die auf das individuelle Wanderungsverhalten abstellen, als auch — wegen der an dieser Stelle nicht erörterten Aggregationsproblematik sogar in verstärktem Maße — für Modelle zur Erklärung oder Prognose von interregionalen Wanderungsströmen. Berücksichtigt man zusätzlich den erreichten bzw. den in absehbarer Zeit erreichbaren Stand der Wanderungsforschung — also den pragmatischen Aspekt —, so scheint die Aufstellung derartiger Modelle sogar geboten. Zwar erfordert die Konstruktion stochastischer Wanderungsmodelle, wie am Beispiel eines einfachen Potentialmodells gezeigt wurde, im allgemeinen einen höheren mathematischen Aufwand als die Entwicklung der entsprechenden deterministischen Modelle; dafür benötigt man jedoch bei stochastischen Modellen, wie in Abschnitt IV. angedeutet, weniger Informationen in bezug auf das Wanderungsverhalten als im deterministischen Fall.

Versuch einer graphischen Analyse von Wanderungsrichtung und Wanderungsdistanz

von

Ulrich Mammey, Wiesbaden

I. Einleitung

Trotz ständiger Verfeinerung von Migrationsmodellen und einigen Fortschritten bei den Bemühungen um die Formulierung von Wanderungstheorien hat die Migrationsforschung die Relevanz ihrer Ergebnisse für die Regionalplanungspraxis kaum steigern können. Erst seit Ende der sechziger Jahre wird in stärkerem Maße von Soziologen, vor allem aber von Wirtschaftswissenschaftlern, der Versuch unternommen, durch praxisorientierte Forschung den Erfordernissen der Raumplanung gerecht zu werden[1]). Diese Neuorientierung und die Aktualisierung der regionalen Wirtschaftsplanung lenkten den Blickwinkel der Wanderungsforschung in jüngster Zeit vor allem auf jenen Schwerpunkt, in welchem Migration in erster Linie als Mobilität des Produktionsfaktors Arbeit verstanden wird.

Angesichts des wachsenden Interesses auch der staatlichen Entscheidungsträger an den auslösenden Faktoren und den regionalen Auswirkungen der räumlichen Mobilität erschien es notwendig, ein Verfahren zu entwickeln, welches es ermöglicht, Wanderungsrichtung und -distanz als Parameter von Wanderungsströmen graphisch darzustellen, zu messen und zu beschreiben.

Die Entwicklung eines geeigneten Verfahrens zur allgemeinen Darstellung von räumlichen Bewegungen — also nicht nur von Wanderungsbewegungen — schien auch deswegen sinnvoll, weil mit ihm auch alle anderen in den Raumwissenschaften interessierenden Aktions- und Interaktionsfelder abbildbar und beschreibbar gemacht werden könnten, wie z. B. der Einzugsbereich von öffentlichen und privaten Einrichtungen, Verbreitung von Kommunikationsmitteln, Reichweite von Informationen usw.

Genauere Kenntnisse über die Verortung von Wanderungsströmen, ihre Struktur und ihre Veränderungen im Zeitablauf können auch für die Vorbereitung von weitergehenden Untersuchungen, beispielsweise zur Ergründung von Einstellungen und Motivationen von Migranten oder für funktionale Analysen, den örtlich-geographischen Bezugsrahmen liefern. Ohne Berücksichtigung der räumlichen Komponente — das gilt auch für die Mobili-

---

[1]) P. Drewe: Ein Beitrag der Sozialforschung zur Regional- und Stadtplanung. Kölner Beiträge zur Sozialforschung und Angewandten Soziologie, Bd. 7, Meisenheim 1968. — P. G. Jansen: Zur Theorie der Wanderungen. In: Zur Theorie der allgemeinen und der regionalen Planung, Bielefeld 1969. — H. Siebert: Regionales Wirtschaftswachstum und interregionale Mobilität, Tübingen 1970. — K. Schwarz: Bestimmungsgründe der räumlichen Bevölkerungsbewegung und ihre Bedeutung für die Raumforschung und Landesplanung. In: Bevölkerungsverteilung und Raumordnung, Veröffentlichungen der Akademie für Raumforschung und Landesplanung, Forschungs- und Sitzungsberichte, Bd. 58, Hannover 1970. — K. Anderseck: Innerfamiliäre Wanderungsentscheidungen. Der Einfluß der Ehefrau in seiner Bedeutung für das regionalpolitische Instrumentarium. Schriftenreihe der Gesellschaft für Regionale Strukturentwicklung (GRS), Bd. 2a, Bonn 1973. — K. Reding: Wanderungsdistanz und Wanderungsrichtung. Regionalpolitische Folgerungen aus der Analyse von Wanderungsprozessen in der BRD seit 1960. Schriftenreihe der GRS, Bd. 2b, Bonn 1973. — H. Zimmermann: Regionale Präferenzen. Wohnortorientierung und Mobilitätsbereitschaft der Arbeitnehmer als Determinanten der Regionalpolitik. Schriftenreihe der GRS, Bd. 2, Bonn 1973.

tät *innerhalb* räumlicher Einheiten wie Städten oder Stadtregionen — bleiben Untersuchungen über Bevölkerungsbewegungen für die planerische Praxis unbefriedigend. „Es ist unbestritten, daß diese zwei Untersuchungsrichtungen für die Wanderungsforschung unentbehrlich sind: Einerseits benötigen wir weitere Einsichten in die Kräfte, welche Wanderungen auslösen. In hohem Maße sind jedoch parallel hierzu Anstrengungen nötig, die Techniken zu entwickeln, welche die geometrischen Elemente der Wanderungsströme zusammenfassen"[2]).

Die Aufgabe dieser Arbeit ist es deswegen, unter Verwertung von in Nordamerika und Skandinavien entwickelten theoretischen und praktischen Grundlagen ein instrumentelles Verfahren zur Messung, Beschreibung und graphischen Darstellung von Wanderungsströmen in dichtbesiedelten Gebieten zu erarbeiten.

Die Anwendbarkeit des in mehreren Stufen entwickelten Deskriptionsmodells soll gleichzeitig anhand einer empirischen Untersuchung mit Datenmaterial aus dem Rhein-Main-Gebiet überprüft werden. Dieser empirische Teil mit nur sehr grob gegliederten demographischen Daten der Wandernden soll — das sei ausdrücklich betont — lediglich als Illustrations- und Testobjekt dienen.

II. Die geometrisch-technischen und theoretischen Grundlagen des Deskriptionsmodells

Wanderungsströme zwischen fest abgegrenzten Raumeinheiten werden gelegentlich in Form von Pfeilpaaren dargestellt, wobei die Richtung und die Länge der beiden gegenläufigen Bewegungen durch die Lage der Ziel- und der Herkunftsorte auf der Karte mit gegebenem Kartenmaßstab eindeutig bestimmt sind. Das Volumen eines Wanderungsstromes wird in der Regel durch die Stärke des Pfeiles angegeben. Solch eine Darstellung ist bei einer großräumigen Analyse durchaus angebracht, versagt aber bei kleinräumigen Betrachtungen — insbesondere dann, wenn die Zahl der in eine Untersuchung einbezogenen und zueinander in Wanderungsbeziehung stehenden Ziel- und Herkunftsgebiete über fünf bis acht hinausgeht. Wollte man z. B. auf einer Karte der Bundesrepublik den Bevölkerungsaustausch zwischen den 10 Bundesländern durch solche Pfeile darstellen, dann hätte man es schon mit 45 Pfeilpaaren zu tun. Eine solche Darstellung hätte den Vorteil der Übersichtlichkeit, den thematische Karten gegenüber Tabellen haben sollen, eingebüßt.

Als noch schwieriger zeigt sich dieses Problem bei der Analyse der intraregionalen Mobilität, wie z. B. bei den Wanderungsbewegungen in der Kernzone eines Verdichtungsgebietes, in welchem das räumliche Bezugssystem — unabhängig von administrativen und historisch bedingten Grenzen — eine möglichst kleinräumige Analyse der Wanderungsbewegungen ermöglichen sollte. Denn die augenblicklichen Entwicklungsrichtungen, wie z. B. die Entleerung der Kernstädte und die Verdichtung der Randzonen, sind zwar bekannt, die Bahnen jedoch, auf denen sich dieser Umschichtungsprozeß selektiv abspielt, bleiben weitgehend im dunkeln.

Als neutrales räumliches Bezugssystem, in welchem die Größe der Raumeinheiten frei wählbar ist, bietet sich das bereits z. B. von HÄGERSTRAND verwendete Rastersystem aus gleichgroßen Quadraten mit konstanter Seitenlänge an[3]). Durch ein Paar von Koordinaten x/y ist die räumliche Lage jeder dieser Einheiten eindeutig bestimmt.

---

[2]) J. WOLPERT: Distance and directional bias in inter-urban migratory streams. In: Annals of the Association of American Geographers, 57, 1967, S. 605—616.

[3]) T. HÄGERSTRAND: Migration and area. In: D. HANNERBERG, T. HÄGERSTRAND, B. ODEVING: Migration in Sweden, Lund Studies in Geography, Serie B, Nr. 13, Lund 1957, 27—158.

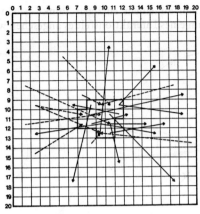
Abbildung 1

In Abb. 1 ist solch eine gerasterte Fläche skizziert: Jedes der 400 Quadrate dieses Systems ist durch einen Abszissenwert und einen Ordinatenwert bestimmt. Das bezüglich seines Mobilitätsverhaltens untersuchte Wohngebiet liegt ungefähr im Zentrum des Systems und besteht aus 15 Einzelquadraten. Eine Anzahl von Zu- und Fortzugsfällen in das und aus diesem Wohngebiet ist durch Pfeile (Vektoren) dargestellt. Herkunfts- und Bestimmungsort einer jeden Bewegung sind durch die Lage von Pfeilspitze bzw. -ende festgelegt. Hat die Pfeilspitze z. B. die Koordinaten x_1/y_1 und das Pfeilende die Koordinaten x_2/y_2, dann kann die Richtung der Bewegung als Kreiswinkel interpretiert und durch trigonometrische Gleichungen berechnet werden.

In empirischen Analysen mit bis zu mehreren tausend Wanderungsfällen ist eine solche kartographische Darstellung bezüglich ihres Aussagewertes mit einer statistischen Urliste vergleichbar und wie diese wegen ihrer Unübersichtlichkeit lediglich als Ausgangsmaterial für die weitere Aufbereitung geeignet.

Im ersten Schritt der Aufbereitung soll von der realen Kartenebene, auf welcher räumliche Bewegungen als ein Muster von sich vielfach schneidenden Linien abgebildet sind, derart abstrahiert werden, daß sämtliche Zielpunkte der Zuzüge in das und alle Herkunftspunkte der Fortzüge aus dem untersuchten Wohngebiet zu einem einzigen Punkt zusammengefaßt werden. Durch diese von PRICE beschriebene und u. a. auch von WOLPERT angewandte Aufbereitungstechnik schrumpft das untersuchte Wohngebiet zum Mittelpunkt eines konzentrischen räumlichen Systems zusammen[4]). Die Koordinaten des Zentrums lassen sich als das gewogene arithmetische Mittel aus den Einzelkoordinaten der Vektoren im originären Rastersystem berechnen; die Koordinaten der außenliegenden Pfeilenden müssen entsprechend ihrer durch die Zentrierung veränderten Lage um die gleichen Werte erhöht oder vermindert werden wie ihre im Zentrum liegenden Enden. Diese zum Kartogramm transformierte Karte abstrahiert die Wanderungsbewegungen von allen räumlichen Merkmalen außer von der Bewegungsrichtung und der Distanz. Das heißt: jeder Vektor in Abb. 2 hat die gleiche Länge und die gleiche Richtung wie in Abb. 1, lediglich die Pfeilenden, die auf der Karte im untersuchten Wohngebiet

---

[4]) D. O. PRICE: Distance and direction as vectors of internal migration, 1935—1940. Social Forces, 27, 1948, 48—53. — J. WOLPERT: Distance and directional bias in inter-urban migratory streams, a. a. O.

liegen, sind im Kartogramm zu einem einzigen Punkt gebündelt. Dieser Punkt kann als das Gravitationszentrum eines Interaktionsfeldes angesehen werden.

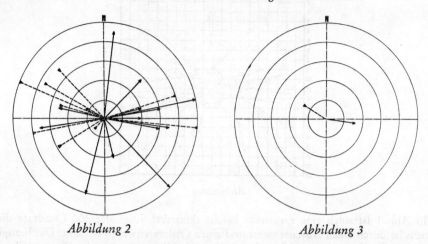

Abbildung 2 *Abbildung 3*

In einer isotropen Ebene — einem „elementaren abstrakten Raum, in dem weder von Ort zu Ort noch in irgendeiner Richtung Unterschiede festzustellen sind, d. h. in dem nicht nur alle Orte, sondern auch die Größen des Bewegungsaufwands von irgendeinem Ort in jeder Richtung gleich sind"[5]) — ist das aus den Naturwissenschaften entlehnte Gravitationsgesetz bei räumlich wirksamen Interaktionen nicht anwendbar.

Da ein Interaktionsfeld theoretisch keine endliche Begrenzung hat, sind die Punkte auf der Ebene, die durch Aktivitäten mit dem Zentrum verknüpft sind, gleichmäßig auf dieser unendlichen Fläche verteilt. Von einem „Feld" zu sprechen, wäre dann unrichtig, weil ein solches nach der Definition von HAGGETT durch einen Intensitätsabfall der Interaktionen vom Zentrum nach außen charakterisiert ist[6]).

Bringt man in die isotrope Ebene die erste einschränkende Bedingung ein, nämlich die der Gravitation, die mit wachsender Entfernung vom Zentrum eine Abnahme der Interaktionen — und zwar zunächst nach allen Richtungen im gleichen Maße — bewirkt, dann bleibt die Verteilung der Punkte, die mit dem Zentrum durch Interaktionen verbunden sind, weiterhin ohne Begrenzung (absolutes Interaktionsfeld). Jedoch lassen sich durch die abnehmende Dichte dieser Punktewolke von innen nach außen Schwellenwerte verschiedener Intensitätsgrade mit genau kreisförmiger Anordnung als Begrenzung des Feldes festlegen.

Theoretisch haben ausschließlich Felder mit nach allen Richtungen gleichverteilten Interaktionsmöglichkeiten und unter der Bedingung des Vorhandenseins einer mehr oder weniger ausgeprägten, aber nach allen Richtungen gleichmäßig wirkenden Gravitation, eine exakt kreisförmige Gestalt. Dabei ist es gleichgültig, ob es sich um Interaktionsfelder von Individuen oder Gruppen handelt. In der Empirie wird man allerdings exakt kreisförmige Felder als Sonderfälle betrachten müssen, weil sich eine in allen Richtungen gleichverteilte Streuung von Möglichkeiten in der Realität kaum finden lassen wird.

---

[5]) J. D. NYSTUEN: Zur Bestimmung einiger fundamentaler Raumbegriffe. In: D. BARTELS: Wirtschafts- und Sozialgeographie, Köln und Berlin 1970.

[6]) P. HAGGETT: Einführung in die kultur- und sozialgeographische Regionalanalyse, Berlin und New York 1973.

Um Verständnisschwierigkeiten vorzubeugen, sei schon an dieser Stelle auf folgendes hingewiesen: Wenn im folgenden alle Wanderungsbewegungen bis zu einer Distanz von 7 bzw. 10 km in die Analyse einbezogen werden, dann soll das nicht etwa heißen, daß — abweichend von dem bisher ausgeführten — nun doch eine kreisförmige Gestalt des Wanderungsfeldes unterstellt wird. Diese Kreislinie gibt — das soll noch einmal betont werden — lediglich einen Ausschnitt aus dem absoluten oder potentiellen Wanderungsfeld wieder. In diesem begrenzten Ausschnitt soll das spezifische Wanderungsfeld einer *Teilmasse* der gesamten Wanderer, nämlich der *Nahwanderer* mit bis zu 7 bzw. 10 km langen Wanderungsdistanzen, bestimmt werden. Oder genauer: Nicht das Wanderungsfeld selbst, sondern die gruppenspezifischen Irregularitäten, die Abweichungen von der idealen kreisrunden Gestalt, sollen graphisch dargestellt werden. Aus diesen Abweichungen soll dann auf Wanderungsströme von Gruppen geschlossen werden.

III. Abgrenzung des Testgebietes

Die bezüglich ihres Wanderungsverhaltens zu untersuchenden Gemeinden wurden nach folgenden Gesichtspunkten ausgewählt: Hinsichtlich ihrer räumlichen Position sollten sie einerseits möglichst im Spannungsfeld zwischen Wohngebieten mit unterschiedlicher Siedlungsform und Qualität der Bebauung (und damit auch unterschiedlich hohem Wohn- und Prestigewert) liegen, andererseits mußte die Möglichkeit gegeben sein, während eines längeren Zeitraums den Zugang zu ihren Einwohnerkarteien zu haben, aus welchen die benötigten demographischen Daten von mobilen und immobilen Haushalten gewonnen werden sollten. Diese Gemeinden wurden gefunden am nordwestlichen Stadtrand von Frankfurt/M. zwischen den als Wohnstandorten bevorzugten Taunusstädten Königstein, Oberursel und Bad Homburg und dem größten Industriestandort des Rhein-Main-Gebiets, Frankfurt-Höchst, und sind von Norden nach Süden:

Stierstadt (Einwohnerzahl am 31. 12. 69: 3547),
Weißkirchen (3365),
Niederhöchstadt (4474),
Schwalbach (14 228),
Eschborn (10 725) und
Salzbach (6550) (s. Abbildung 4).

Bei der Abgrenzung des Testgebietes waren folgende Überlegungen maßgebend: Die Kernstadt Frankfurt/M./Offenbach sollte wegen der zu erwartenden Hauptrichtung der Wanderungsströme in diese beiden Nachbarstädte ein- und der weitgehend unbesiedelte Hochtaunus ausgeschlossen sein. Damit waren die östliche und die nördliche Begrenzung gegeben. Im Westen wurde die Grenze aus Gründen der Arbeitsersparnis so festgelegt, daß von sämtlichen Untersuchungsgemeinden alle Wanderungsbewegungen zumindest bis zu einer vorgegebenen Luftliniendistanz von 7 bzw. 10 km in die Analyse einbezogen werden konnten. Der so abgegrenzte Raum hat eine Nord-Süd-Erstreckung von 25 km und mißt in der Breite 27 km (s. Abb. 5 am Schluß des Bandes).

Über diese 675 km² große Fläche wurde das in das GAUSS-KRÜGERsche Koordinatensystem eingehängte Gitternetz mit gleichgroßen Quadraten mit jeweils 100 m Kantenlänge gelegt. Dieses Rastersystem wurde maßstabsgetreu auf die Katasterkarten aller im Testgebiet liegenden Gemeinden übertragen. Die Adressen sämtlicher Wohngebäude erhielten ihren Koordinaten im Gitternetz entsprechende sechsstellige Rasternummern, die anschließend gemeindeweise katalogisiert wurden. Auf diese Weise konnten die Stand-

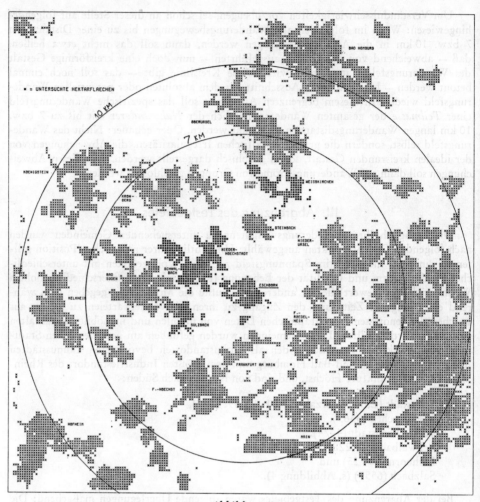
Abbildung 4

orte der polizeilich gemeldeten Haushalte und — falls sie in den Jahren 1965 bis 1969 innerhalb des Testgebiets umgezogen waren — ihre Zuzugs- bzw. Herkunftsadresse unabhängig von administrativen Grenzen kleinräumig verortet werden.

IV. Das Datenmaterial

Die Auswahl der erhobenen Merkmale beschränkte sich auf diejenigen wichtigsten demographischen Merkmale und Daten, die in den Einwohnerkarteien enthalten waren. Es waren dies die Adresse des Haushaltsvorstandes, sein Geburtsjahr, Familienstand und Beruf, weiterhin das Jahr der Eheschließung und das Geburtsjahr der Ehefrau und der Kinder. Zusätzlich mit der Angabe des Jahres, in welchem eine Wanderung stattgefunden hatte, wurden Herkunfts- bzw. Bestimmungsadresse in Form von Gitternetz-Koordinaten erfaßt. Das Alter, der Familienstand und die Haushaltsgröße zum Zeitpunkt der Wanderung konnten aus den demographischen Angaben berechnet werden. Die Klassifizierung des Berufsmerkmals in sechs Gruppen konnte naturgemäß lediglich einen ungefähren Hinweis auf die Zugehörigkeit zu einer sozialen Schicht, auf den Grad der formalen Bildung und die relative Einkommenshöhe eines Haushaltsvorstands geben.

Zur Gruppe 1 zählten wir alle, die durch ihre Berufsbezeichnung oder die Angabe besonderer Titel eindeutig zu den Akademikern gerechnet werden konnten, ferner die Inhaber größerer Gewerbebetriebe, die in der Regel auch vom Personal in den Meldeämtern als solche bezeichnet werden konnten. In Gruppe 2 fallen die Beamten des gehobenen Dienstes, leitende Angestellte und Personen, die z. B. „Ing. grad." als Berufsbezeichnung angaben. Zur Gruppe 3 gehören die mittleren Selbständigen, also Landwirte, selbständige Handwerker und Inhaber kleiner Einzelhandelsgeschäfte usw. Die zahlenmäßig stärkste Gruppe ist die Gruppe 4 mit den Beamten der unteren und mittleren Laufbahn, den Facharbeitern und unselbständigen Handwerkern. Weiterhin wurden alle diejenigen dieser Gruppe zugeordnet, die als Berufsbezeichnung lediglich „Angestellter" angaben, da wir die Erfahrung gemacht haben, daß solche pauschalierten Angaben in den meisten Fällen von „einfachen" Angestellten gemacht wurden. Gruppe 5 sind die Nichterwerbspersonen und Gruppe 6 schließlich die ungelernten und angelernten Arbeiter. Die inhomogenste Gruppe ist sicherlich die Gruppe 4, die homogensten die Gruppen 1 und 6. Trotz aller Vorsicht, die bei der Interpretation der gruppenspezifischen Unterschiede im Wanderungsverhalten angebracht ist, kann man doch wenigstens bei der Gegenüberstellung der Parameter dieser beiden Extremgruppen sich etwa herausstellende Unterschiede als für unsere Untersuchungsgemeinden interpretierbar betrachten.

V. Die Hauptwanderungsrichtungen im Polardiagramm

In den Abbildungen 5 und 6 (am Schluß des Bandes) sind die räumlichen Verteilungen der empirisch festgestellten Wanderungsfälle von und nach Eschborn entsprechend der Abbildung 1 abgebildet. Aus Gründen der Arbeitsersparnis soll die Fortentwicklung des Modells zunächst auf die Wanderungsfälle mit einer maximalen Distanz von bis zu 7 km beschränkt werden.

Die Wanderungsbeziehungen Eschborns sind erwartungsgemäß in starkem Maße auf Frankfurt ausgerichtet. Ein weiterer starker Strom kann von und nach Schwalbach im Nordwesten festgestellt werden. Dagegen sind die Taunusrandstädte Bad Homburg und Oberursel im Norden als Ziel- und Herkunftsgemeinden für Eschborn ohne Bedeutung. Während Frankfurt für die Zuwanderungen den Hauptteil der Migranten lieferte, hatte es als Zielgebiet für fortgezogene Haushalte ein weit geringeres Gewicht; allenfalls das nahe Höchst weist bei den Zu- wie Weggezogenen eine ähnlich dichte Punktewolke auf. Demgegenüber haben die nordwestlichen und östlichen Nachbargemeinden Eschborns ein gegenüber den Zuzügen relatives Übergewicht der Wegzugsfälle zu verzeichnen.

Die Anzahl der in Abb. 2 zentrierten Vektoren kann für verschiedene Richtungen ausgezählt und in einem *Polardiagramm* entweder als *absolute* oder als *relative* Häufigkeitsverteilung dargestellt werden. In unserem Fall ist die Kreisfläche (der Ausschnitt aus dem absoluten Wanderungsfeld) in 12 Sektoren mit jeweils 30 Winkelgraden – damit also in 12 Richtungen – gegliedert. Zur Kennzeichnung der relativen Zahl von Wanderungsfällen, die auf einen Kreissektor entfallen, sind 4 Kreislinien mit einer Äquidistanz von 5 % eingezeichnet (s. Abb. 7). Die äußere Kreislinie entspricht damit einem Wert von 20 %.

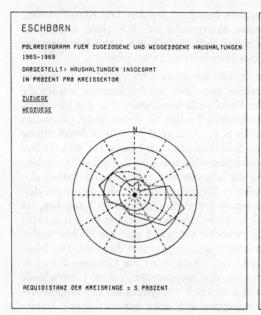

Abbildung 7   *Abbildung 8*

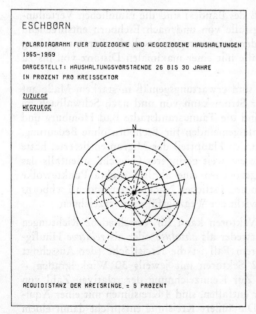

Abbildung 9   *Abbildung 10*

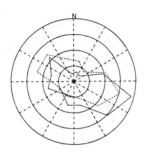
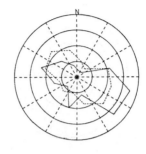

Abbildung 11   *Abbildung 12*

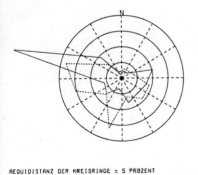
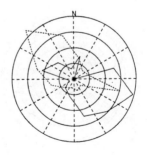

Abbildung 13   *Abbildung 14*

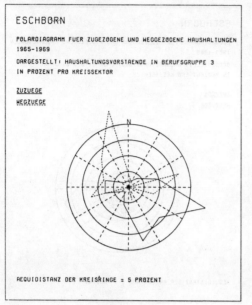

Abbildung 15

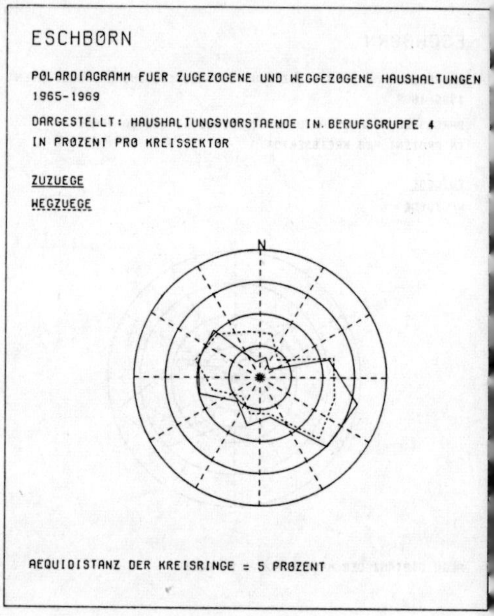

Abbildung 16

Abbildung 17

Abbildung 18

In jedem Diagramm sind zwei Verteilungen dargestellt: Mit dem glatten Polygonzug die Zuzüge in das untersuchte Wohngebiet und mit dem gerissenen Polygonzug die Fortzüge aus diesem Gebiet.

Der informative Gehalt der Polardiagramme ist der von Häufigkeitsverteilungen, wobei die Distanz von den Ecken des Polygonzuges zum Polarzentrum den Ordinatenwerten und die Winkel, den diese Distanzstrecken mit der Nordrichtung, im Uhrzeigersinn gelesen, bilden, den Abszissenwerten einer graphisch dargestellten Verteilung im kartesischen Koordinatensystem entsprechen.

Die Winkelgrade auf der Abszisse sollen hierbei nicht etwa als metrisch, sondern lediglich als nominalskaliert verstanden sein, denn ein Winkel von 60° hat nicht etwa doppeltes Gewicht in der Beurteilung der Wanderungsrichtung als ein Winkel von 30°. Auch die Richtung selbst hat selbstverständlich keinen Deskriptionswert, wenn das Diagramm nicht in das Untersuchungsgebiet, also in die topographische Karte, projiziert gedacht wird.

Solche Diagramme sind u. E. geeignet zur Beurteilung der Selektivität der Wanderungen. Bei Darstellung der absoluten Werte könnte auf die aus den Wanderungen resultierenden Strukturveränderungen der Bevölkerung der untersuchten Wohngebiete geschlossen werden; die Differenzierung nach 12 Richtungen lieferte Hinweise auf benachbarte Gebiete, die durch den Bevölkerungsaustausch mit der Untersuchungsgemeinde den Hauptteil der Gefügeveränderungen verursachten. Bei Darstellung der relativierten Werte dagegen wird der Wanderungssaldo eliminiert und dadurch eine positive oder negative Attraktivität des untersuchten Gebietes gegenüber den benachbarten Wohngebieten sichtbar gemacht.

Die in den Abbildungen 5 und 6 festgestellten Wanderungsbeziehungen zwischen Eschborn und den Frankfurter Stadtteilen und den gewissermaßen auf der Leeseite liegenden Siedlungsschwerpunkten kommt in dem abstrakteren Polardiagramm noch stärker zum Ausdruck. Beide Polygone der Abbildung 7 haben eine mehr oder weniger gestreckte Form entlang der Hauptwanderungsachsen. Vergleicht man die der Zuzüge mit denen der Fortzüge, dann stellt man fest, daß die Zuzugspolygone stärker gegen die Kernstadt Frankfurt exponiert sind als die Wegzugspolygone. Letztere sind dagegen im stärkeren Maße in die Gegenrichtung verschoben.

Die Untergliederung des für die Gesamtheit der in den Jahren 1965 bis 1969 mobilen Haushalte gezeichneten Diagramms nach verschiedenen demographischen Merkmalen soll die gruppenspezifischen Abweichungen bei der Wahl der Wanderungsrichtung aufzeigen. Diese Untergliederung geschah in 6 Altersgruppen, 6 Berufsgruppen, 4 Familienstandsgruppen und 5 Haushaltsgrößenklassen. Eine Auswahl gruppenspezifischer Polardiagramme in den Abbildungen 8 bis 18 kann folgendermaßen interpretiert werden:

Die Polygone der altersspezifischen Diagramme (Abbildungen 8 bis 13) zeigen hinsichtlich ihrer Ausrichtung nur geringe Abweichungen gegenüber denen der Gesamtzahl der gewanderten Haushalte in Abbildung 7. Gegenüber der Kernstadt besteht ein mehr oder weniger stark ausgeprägtes relatives Wanderungsplus, während gegenüber den Wohngebieten im Nordosten ein relatives Wanderungsdefizit zu verzeichnen ist. Lediglich die Gruppe der über 65jährigen weist nur geringe Wanderungsbeziehungen zu Frankfurt auf; dagegen ist ein deutliches Wanderungsgefälle in Richtung Schwalbach und Bad Soden — und zwar sowohl bei den Zu- als auch bei den Fortzügen — festzustellen. Hieraus kann geschlossen werden, daß diese Testgemeinde, die sich durch eine systematisch betriebene Gewerbeansiedlung gegenüber der Kernstadt Frankfurt wirtschaftlich

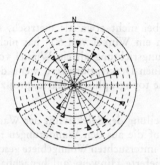
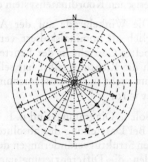

Abbildung 19

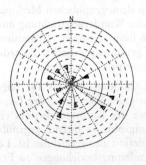
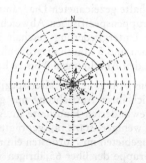

Abbildung 20

und politisch behaupten konnte, von Frankfurter Wanderungswilligen eher als Arbeits- und Wohnstandort für im Erwerbsleben stehende Personen denn als Altersruhesitz angesehen wird.

Dagegen weisen die berufsspezifischen Diagramme (Abb. 14 bis 18) größere Differenzierungen auf: Bei den Berufsgruppen 1 und 2 wie auch bei der Gruppe der mittleren Selbständigen ist eine deutliche Tendenz aus Richtung Frankfurt gegen die Taunusrandgemeinden festzustellen. Während die Diagramme für die Gruppe der unteren Angestellten, Handwerker und Facharbeiter (Berufsgruppe 4) und der Nichterwerbspersonen (Gruppe 5) ein weitgehend ausgeglichenes Bild bezüglich der Zu- und Wegzugsrichtungen aufweisen, ist entgegen der bei den Berufsgruppen 1, 2 und 3 festgestellten Tendenz bei den ungelernten Arbeitern (Gruppe 6) ein deutliches relatives Wanderungsplus gegenüber den westlichen Gemeinden zu erkennen.

In diesen Polardiagrammen sind sowohl die relative Stärke der Wanderungsströme als auch ihre Richtung enthalten. Die Ergebnisse der in diesem Kapitel durchgeführten Analyse der *Gesamtzahl* der Wanderungsfälle decken sich weitgehend mit den formalen Kalkülen der aus den Naturwissenschaften entlehnten Gravitations- oder Distanzmodelle, denen die Beobachtung RAVENSTEINS zugrunde liegt, daß die Zahl der Wanderungen zwischen zwei Bevölkerungsagglomerationen direkt proportional zur Bevölkerungsgröße und umgekehrt proportional zur Entfernung zwischen den beiden Agglomerationen ist. Untergliedert man jedoch — wie hier geschehen — die Gesamtzahl der Wanderungsfälle nach den demographischen Merkmalen Alter, Familienstand, Haushaltsgröße und Beruf des Haushaltsvorstands, dann zeigen diese spezifischen Diagramme doch ein vom Durchschnitt stark abweichendes räumliches Verhalten der verschiedenen Gruppen. Die Richtungskomponente muß deshalb weitere Modifikationen erfahren, wenn diese Modellansätze für die Planung effektiver werden sollten.

VI. Die Hauptwanderungsrichtung im Vektordiagramm

Die im vorangegangenen Kapitel vorgestellten Polardiagramme bilden zwar die Richtung und die relative Stärke des Wanderungsstromes ab, sie reichen zur Beschreibung von Wanderungsströmen jedoch nicht aus, weil ihnen die Dimension „Distanz" fehlt.

Ausgangspunkt für die Weiterentwicklung des Modells ist der in 12 Sektoren gegliederte kreisförmige Ausschnitt aus dem zentrierten Wanderungsfeld. Für alle der in einen der 12. Sektoren fallenden Ziel- bzw. Herkunftspunkte können die Koordinaten des gemeinsamen Schwerpunktes ($\bar{x}/\bar{y}$) durch Mittelwertsberechnung bestimmt werden.

Ist z. B. der Schwerpunkt für alle Zielpunkte der vom Zentrum ausgehenden Fortzüge berechnet worden, dann kann der Abstand zwischen Zentrum und Schwerpunkt als die mittlere Wanderungsdistanz für die in diese bestimmte Richtung Gewanderten angesehen werden. Diese Interpretation des Abstandes zwischen Zentrum und Schwerpunkt gilt jedoch nur für Sektoren mit kleinem Winkel, denn bei größerem Winkel bewirkt die größere Streuung der Wanderungsrichtungen eine Verminderung des Abstandes zwischen den beiden Punkten, welcher dann in der Regel erheblich kürzer als das arithmetische Mittel aus den einzelnen Wanderungsdistanzen ist.

Dieses Verfahren, das in ähnlicher Form bereits in den vierziger Jahren von PRICE entwickelt wurde, analysiert also die räumliche Bewegung des mehreren Migranten zugehörigen Schwerpunktes.

In den nebenstehenden Abb. 19 und 20 sind die durchschnittlichen Distanzen innerhalb der 12 Sektoren für die beiden extremen Altersgruppen dargestellt — und zwar je-

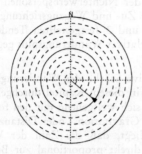 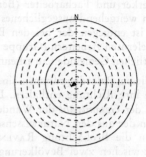

Abbildung 21

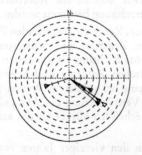 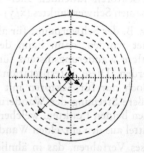

Abbildung 22

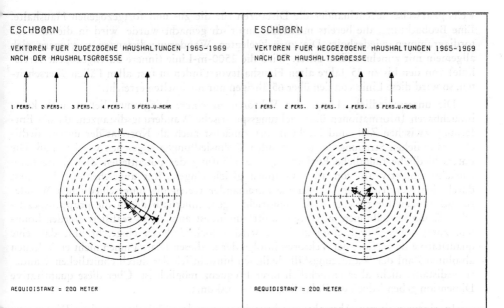

Abbildung 23

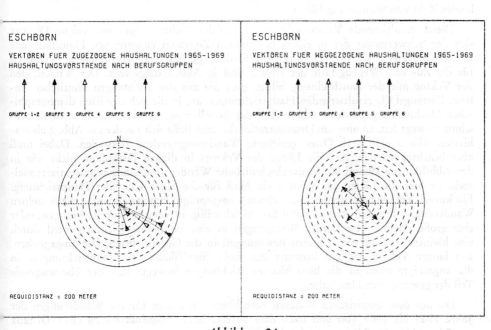

Abbildung 24

weils paarweise nebeneinander die Distanzen für die zu- und fortgezogenen Haushalte. Eine Beobachtung, die bereits mehrfach empirisch gemacht wurde, wird in diesen Vektordiagrammen wiederholt: Die zurückgelegten Wanderungsdistanzen verringern sich allgemein mit zunehmendem Alter. Wird die 2500-m-Linie (innere durchgezogene Kreislinie) von den bis zu 25 Jahre alten Haushaltsvorständen in fast allen Fällen überschritten, so wird diese Linie von den über 65jährigen nur noch selten erreicht.

Die unterschiedliche Länge der Vektoren in *einem* Diagramm liefert noch keine brauchbaren Informationen über richtungsspezifische Wanderungsdistanzen, da die Entfernung zwischen Ziel- und Herkunftsort zunächst noch als Korrelat der unterschiedlichen räumlichen Streuung der umliegenden Wohnsiedlungen angesehen werden muß. Die unterschiedliche räumliche Entfernung und Häufung der potentiellen Zielgebiete kann zunächst objektiv als von allen Gruppen gleich eingeschätzt angesehen werden. Erst durch den Vergleich der Diagramme miteinander treten die unterschiedlichen Wanderungsdistanzen für gleiche Wanderungsrichtungen, innerhalb denen die gruppenspezifischen Wohnvorstellungen im Durchschnitt zumindest annähernd realisiert werden konnten, zutage. Die Vergleichsmöglichkeit wird jedoch dadurch eingeschränkt, daß eine quantitative Bewertung der Vektoren infolge der in diesen Diagrammen nicht enthaltenen absoluten Zahl der Wanderungsfälle lediglich hinsichtlich der durchschnittlichen Wanderungsdistanz, nicht aber hinsichtlich ihrer Frequenz möglich ist. Über diese quantitative Dimension geben jedoch die Polardiagramme Auskunft.

In einem weiteren Abstraktionsschritt kann aus den 12 Vektoren eines Diagramms ein neuer Vektor berechnet werden, welcher die Verlagerung des Schwerpunkts sämtlicher bis zu einer Distanz von 7 km gewanderten Haushalte beschreibt. Die Koordinaten dieses Schwerpunktes berechnen sich als das gewogene arithmetische Mittel aus den Koordinaten der 12 Sektorenschwerpunkte — gewogen mit der in jeden der 12 Sektoren fallenden Zahl von Wanderungsfällen.

Dieser resultierende Vektor gibt an, in welche Richtung und um welche Distanz sich der Schwerpunkt der in einem bestimmten Zeitraum zugezogenen Haushalte auf den Zielort zu- bzw. vom Herkunftsort fortbewegt hat. Die resultierenden Vektoren für die Zu- und Wegzugsfälle der Abb. 2 sind in Abb. 3 dargestellt. Der Winkel, den der Vektor mit der Nordrichtung bildet, gibt die aus den Richtungen sämtlicher Zu- bzw. Fortzugsfälle resultierenden Hauptrichtungen an, in die sich der nach demographischen Merkmalen gegliederte mobile Teil der Bevölkerung in einem bestimmten Zeitabschnitt bewegt hat. In unserem Demonstrationsbeispiel ließe sich aus der aus Abb. 2 abstrahierten Abb. 3 eine nach Osten gerichtete Wanderungstendenz feststellen. Dabei muß aber beachtet werden, daß die Länge des Vektors in diesem Diagramm nicht wie in den Abbildungen 19 und 20 die durchschnittliche Wanderungsdistanz repräsentiert; vielmehr ist hier die Länge des Vektors ein Maß für die Signifikanz der Hauptrichtung. Ein kurzer Vektor bedeutet eine nur schwach ausgeprägte Hauptrichtung — die einzelnen Wanderungsrichtungen streuen dann fast gleichmäßig in verschiedene Richtungen, oder eine große Anzahl von kurzen Bewegungen in eine bestimmte Richtung wird durch eine kleinere Anzahl von längeren Bewegungen in die Gegenrichtung fast ausgeglichen. Ein langer Vektor dagegen bedeutet eine hohe Signifikanz der Hauptrichtung — in die angezeigte bzw. in die benachbarten Richtungen bewegte sich der überwiegende Teil der gewanderten Haushalte.

Die aus dem empirischen Material berechneten Vektoren für die Wanderungen der Jahre 1965 bis 1969 von und nach dem untersuchten Testgebiet bis zu einer Distanz von 7 km (Abb. 21—24) lassen sich folgendermaßen interpretieren:

In Abb. 21 sind zunächst die Vektoren für die Gesamtzahl der Wanderungsfälle dargestellt. Der Zuzugsvektor ist deutlich aus Richtung des nächstliegenden Frankfurter Stadtteils Rödelheim gegen Eschborn gerichtet, während bei den Fortzügen keine signifikanten Richtungspräferenzen festzustellen sind.

In den folgenden Diagrammen ist die Gesamtzahl der gewanderten Haushalte der fünf untersuchten Wohngebiete wiederum nach Gruppen gegliedert dargestellt (Abb. 22—24).

Differenziert man die Gesamtwanderungen nach 6 Altersklassen (Abbildung 22), dann fällt bei den Zuzügen der über 25jährigen Haushaltsvorstände die eindeutige Hauptwanderungsrichtung aus den Frankfurter Stadtteilen auf. Lediglich der Vektor der bis zu 25jährigen weicht stark von dieser Tendenz ab — seine Richtung ist durch die große Anzahl von Umzügen zwischen den Lehrlingswohnheimen der Farbwerke Höchst in Frankfurt-Höchst, Sulzbach und Eschborn bestimmt. Die Vektoren für die Fortzüge streuen demgegenüber in verschiedene Richtungen, besitzen jedoch — den Vektor der bis zu 25jährigen ausgenommen — eine zu geringe Signifikanz, als daß aus ihnen auf Hauptfortzugsrichtungen geschlossen werden könnte.

Die Differenzierung nach der Haushaltsgröße zeigt ein ähnliches Bild wie diejenige nach dem Alter (Abb. 23). Lediglich die Vektoren für die Gliederung nach dem Beruf (Abb. 24) weisen deutliche Unterschiede auf. Sie bestätigen die Vermutung, daß die Angehörigen des oberen Teils der Berufsskala am ehesten die Möglichkeit haben, die Kernstadt zu verlassen, um in den bevorzugten Taunusrandstädten ihren Wohnsitz zu nehmen, während die am unteren Ende der Berufsskala rangierenden ungelernten Arbeiter am ehesten in Richtung Frankfurt-Höchst wandern.

Die Verortung der Wanderungsbewegungen mit Hilfe eines neutralen kleinmaschigen räumlichen Bezugssystems hat vor allem den Vorteil, daß nicht nur geschlossene administrative Gebietseinheiten, sondern auch Teilgebiete hinsichtlich ihrer räumlichen Verhaltensmuster analysiert werden können. Es könnten z. B. die Vektoren von Bewohnern bestimmter sozialer Viertel, von Gebieten mit vom Durchschnitt abweichender Altersgliederung oder von Siedlungsfraktionen aus verschiedenen Bauperioden untersucht und miteinander verglichen werden.

VII. Möglichkeiten der Abgrenzung des Ausschnitts aus dem absoluten Wanderungsfeld

Aus der spezifischen Lage der Testgemeinde im Untersuchungsgebiet und ihrer besonderen räumlichen Konstellation zu den umliegenden mehr oder weniger stark geballten potentiellen Ausgangs- und Zielpunkten von Wanderungen resultiert ein für dieses Wohngebiet spezifischer Ausschnitt aus dem allgemeinen realen Wanderungsfeld. Um die Vergleichbarkeit der Exzentrizität der Wanderungsfelder mit anderen Wohngebieten zu erleichtern, wurden bisher nur diejenigen Wanderungsfälle in die Analyse einbezogen, deren Distanz die 7-km-Grenze nicht überschritt. Diese Distanz — willkürlich gewählt und in den Abbildungen 5 und 6 als Kreislinien mit einem Radius von 7 km eingezeichnet — sollte eine für alle Testgemeinden gleichstarke Wirkung der intervenierenden Kraft des Distanzfaktors gewährleisten. Für Demonstrationszwecke wäre auch jeder andere kreisförmige Ausschnitt aus dem potentiellen Wanderungsfeld möglich gewesen. Es müßte sich allerdings z. B. bei Vergrößerung des Radius die Verlagerung des Feldes in Richtung Kernstadt ergeben, weil dieser Ballung von potentiellen Ziel- bzw. Herkunftsgebieten in allen Richtungen kein entsprechend starkes Gewicht entgegenwirken würde. Die allge-

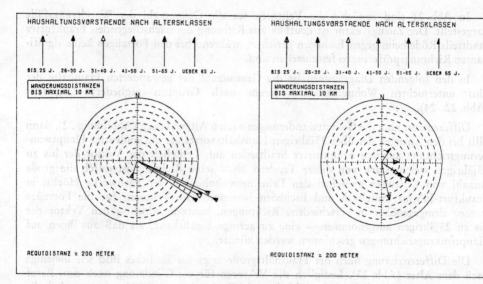

Abbildung 25

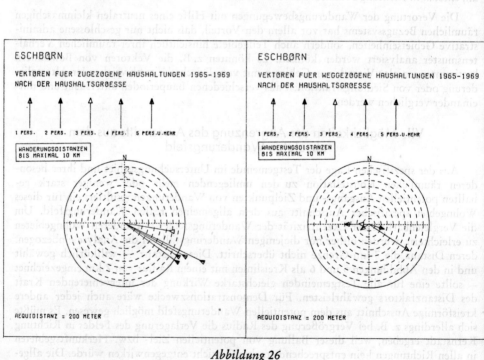

Abbildung 26

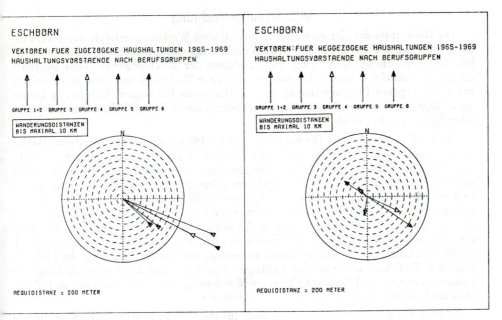

Abbildung 27

meinen Tendenzen und vor allem die Abweichungen zwischen den gruppenspezifischen Vektoren dürften sich jedoch auch in diesem Falle nicht wesentlich von denen unterscheiden, die im 7-km-Ausschnitt ermittelt wurden.

Zur Illustration dieses Sachverhalts wurden die Vektordiagramme aller Wanderungen von und nach Eschborn mit Distanzen bis maximal 10 km gezeichnet (s. 2. Kreislinie in Abbildungen 5 und 6). Der Vergleich dieser Diagramme (Abb. 25—27) mit denen für die Distanzen bis maximal 7 km zeigt, daß sich aus den o. g. Gründen zwar alle Vektoren, sowohl die der Zu- als auch die der Fortzüge, in Richtung Kernstadt verschoben haben. Die Differenz zwischen den Vektoren für die Zuzüge und den entsprechenden Vektoren für die Fortzüge ist jedoch weitgehend gleichgeblieben. Abweichungen von diesem allgemeinen Bild deuten auf ein spezifisches Wanderungsverhalten derjenigen hin, die eine Distanz von 7 bis 10 km gewandert waren. So ist — um nur auf ein Beispiel hinzuweisen — erst durch die Einbeziehung sämtlicher Bewegungen bis zu einer Distanz von 10 km in das Vektordiagramm die mit wachsender Haushaltsgröße von Osten nach Westen schwenkende Hauptwanderungsrichtung der von Eschborn fortgezogenen Haushalte deutlich zu erkennen.

Wie groß der Ausschnitt aus dem potentiellen Wanderungsfeld gewählt wird, wird im einzelnen Fall vom Untersuchungsziel und von der Größe des Untersuchungsgebietes abhängen. Dieser Ausschnitt muß nicht unbedingt kreisförmig sein. Wenn z. B. Wanderungbewegungen innerhalb desselben Gebietes, aber in verschiedenen Zeitabschnitten, analysiert werden sollen, dann kann jede beliebige Abgrenzung, auch die nach administrativen Raumeinheiten, gewählt werden, weil dann die *Veränderung* eines Vektors im Zeitablauf interessiert und nicht, wie in unserem Falle, der Vergleich zwischen Vektoren der gleichen Gruppe, aber verschiedener — und deswegen möglichst gleichgroßer — Räume.

VIII. Schlußbetrachtung

Die Illustration des hier entwickelten analytischen Werkzeugs erfolgte unter Verwendung empirischen Datenmaterials, welches nach kategorialen demographischen Merkmalen gegliedert wurde. Wenn auch die Ergebnisse der durchgeführten Tests sicherlich als positiv bezeichnet werden können, werden diese Techniken nur dann einen Beitrag zur Erklärung und Prognostizierung des vielschichtigen Phänomens Wanderung leisten, wenn Migration in enger Beziehung zum sozialen, ökonomischen, kulturellen und politischen System gesehen wird.

Die Projizierung der hier für die Jahre 1965 bis 1969 festgestellten Wanderungsintensitäten, -richtungen und -distanzen in die Zukunft ist deshalb kaum möglich, weil die geographische Mobilität gerade in Ballungsgebieten weitgehend an Eigengesetzlichkeit verloren hat, nicht nur, weil die Projektion selbst ein Instrument der Raumplanung zu werden beginnt, sondern weil sich im Spannungsfeld zwischen individuellen Wohnvorstellungen einerseits und privatwirtschaftlicher und raumordnungspolitischer Intervention in Form von Kapitaleinsatz andererseits der Schwerpunkt entscheidend nach der Seite der privaten und öffentlichen Groß-Investoren verschoben hat. Damit sind aber zugleich die Möglichkeiten für die Raumplanung aufgezeigt, anhand der Ergebnisse der hier entwickelten Verfahren unerwünschte Ballungen oder räumliche Strukturen als Folge der Zusammensetzung und Stärke bestimmter Wanderungsströme zu erkennen und durch gezielten Einsatz von Planungsmitteln zu beeinflussen.

Sowohl für die Theoriebildung als auch für die Planungspraxis ist eine geeignetere soziale Schichtung der Wanderungsfälle notwendig. Neben den hier verwendeten Merkmalen müssen weitere demographische und ökonomische Variablen wie Schul- und Berufsausbildung, Einkommenshöhe und soziale Stellung im Beruf, aber auch sozialpsychologische und soziale Dimensionen wie z. B. Einstellungen und Motivationen, Identifikation mit dem Wohnstandort sowie personelle und institutionelle Einflüsse im Zusammenhang mit Mobilitätsprozessen gesehen werden. Da sowohl Wanderung als auch Planung raumwirksame Prozesse sind, müssen diese personellen Variablen mit denen des Raumes, in welchem diese Prozesse ablaufen, verknüpft werden. Die räumlichen Merkmale wie Höhenlage, Klima, Erholungs- und Freizeitwert, Wohnungsbeschaffenheit und Siedlungsdichte, Verkehrserschließung, Arbeitsplatzangebot und Bildungsmöglichkeiten können in makroanalytischen Untersuchungen — wenn auch unter schwierigen Bedingungen — ermittelt werden.

Nicht nur für klein-, sondern eher noch für großräumige Untersuchungen sind die Polar- und Vektordiagramme brauchbare Interpretationshilfen. In großräumigen Analysen böte sich der Vorteil, daß Vektoren für verschiedene Distanzen in *einem* Diagramm dargestellt werden könnten. Solch ein Diagramm gäbe zunächst Aufschluß darüber, welche Gruppen, aber auch welche Wanderungsdistanzen z. B. die allgemein zu beobachtende Nord-Süd-Wanderung in der Bundesrepublik verursachen.

Regionale Faktoren und Bestimmungsgründe der Wohnortmobilität*)
– Notizen zu Elementen der räumlichen Mobilität aus der Sicht der Bundesraumordnung –

von
Albert Harms, Bonn-Bad Godesberg

I. Vorbemerkungen

Dem folgenden Beitrag sind zwei Vorbemerkungen hinsichtlich des Erklärungswertes der Aussagen und Forderungen vorauszuschicken:

1. Das Raumordnungsgesetz vom 8. April 1965 kennt den Begriff „Räumliche Mobilität" nicht. Das gleiche gilt für die im Rahmen der Landesentwicklungspläne und -programme formulierten Ziele[1]). Gleichwohl stellt die Mobilität eines der wichtigsten Handlungselemente dar, um die Ziele und Grundsätze der Raumordnung überhaupt verwirklichen zu können (vgl. § 2 Abs. 1 Nr. 1 und Nr. 2 ROG).

2. Das Bundesraumordnungsprogramm ist noch nicht fertiggestellt. Zum derzeitigen Stand der Verhandlungen mit den Bundes- und Länderressorts gibt der Raumordnungsbericht 1972 der Bundesregierung einige Hinweise[2]). Daher ist dieser Beitrag als persönliche Meinungsäußerung zu betrachten. Das soll weniger eine Einschränkung als eine Aufforderung sein, den Raum für die weitere Diskussion über dieses Programm zu verbreitern[3]).

II. Zum Verhältnis von Wanderungsforschung und Raumordnungspolitik

Wer die aktuelle Diskussion über die räumliche Mobilität in der Bundesrepublik Deutschland aufmerksam verfolgt hat, stellt zunächst zwei Sachverhalte fest:

---

*) Dieser Beitrag beruht auf einem am 9. 2. 1973 gehaltenen Vortrag. Daher entsprechen die Ausführungen nicht mehr vollständig dem derzeitigen Verhandlungsstand beim Bundesraumordnungsprogramm.

[1]) Vgl. F. WAGENER u. a.: Ziele der Raumordnung nach Plänen der Länder. Mitteilungen aus dem Institut für Raumordnung, H. 71, Bonn-Bad Godesberg 1972. — Institut für Raumordnung: Zielsetzungen in den Entwicklungsprogrammen und -plänen der Länder. Mitteilungen aus dem Institut für Raumordnung, H. 73, Bonn-Bad Godesberg 1972; eine Ausnahme bildet das Landes-Raumordnungsprogramm Niedersachsen vom 18. März 1969.

[2]) Vgl. Raumordnungsbericht 1972 der Bundesregierung, Bundestags-Drucksache VI/3797, S. 76 ff.

[3]) Vgl. B. DIETRICHS/K. H. HÜBLER: Bundesraumordnungsprogramm — Inhalt und Methoden. In: Die öffentliche Verwaltung, 22. Jg./1969, S. 657. — K. H. HÜBLER: Freizeitplanung und Raumordnung. In: Freizeit und Erholungswesen als Aufgabe der Raumplanung, Forschungs- und Sitzungsberichte der Akademie für Raumforschung und Landesplanung, Bd. 73, Hannover 1972, S. 1—13. — Derselbe: Instrumente der Infrastrukturplanung — Beispiel Bundesraumordnungsprogramm. In: Raumordnung und Infrastrukturplanung bei Bund, Ländern und Gemeinden, hrsg. vom Kommunalwissenschaftlichen Forschungszentrum Berlin, Berlin 1972.

1. Die amtliche, die universitäre und die demoskopische Wanderungsforschung sind erstaunlich rührig, kosten viel Geld und bewirken scheinbar recht wenig. Diese Aktivitäten überraschen um so mehr, als jede neue empirische Studie zum Problem „Räumliche Mobilität" mit der einleitenden Feststellung beginnt: Gegenwärtig gibt es keine Theorie der Wanderungen. Und die meisten Untersuchungen schließen mit dem Ergebnis, daß der Untersuchungsgegenstand allzu komplex sei, um eindeutige Schlußfolgerungen zu erlauben. Tatsächlich ist der Erkenntnisfortschritt nur selten über den empirischen Nachweis bestimmter Fakten, Verhaltensweisen und Einstellungsmuster hinausgekommen. Die Einsicht, daß dieser Zustand weder den Theoretiker noch den Praktiker befriedigen kann, hebt die ständig wiederholte Forderung der politischen Planungspraxis nach der Erarbeitung theoretischer Grundlagen der räumlichen Mobilität deutlich hervor.

2. Die Transformation wissenschaftlicher Ergebnisse aus dem Bereich der Wanderungsstatistik, der Demographie und der empirischen Sozialforschung in politische Planungsprozesse ist unbefriedigend. Diese Aufgabe ist bisher weder von den intensiv arbeitenden Mobilitätsforschern noch von den politischen Entscheidungsträgern, einschließlich jener der Raumordnungspolitik, gelöst worden. Dabei ist die unzureichende Artikulierung und Präzisierung der Wünsche und Erwartungen beider Interaktionspartner nur ein Symptom der zunehmenden Diskrepanz zwischen den Zielvorstellungen und Erfordernissen der Forschung und der Praxis. Soll also eine zielgerichtete und problemorientierte Mobilitätsforschung in Gang gesetzt werden, so muß diesem Mangel an Zusammenarbeit und Koordinierung ein Ende bereitet werden. Dabei ist die Suche nach Verantwortlichen für die bisherige Entwicklung der Mobilitätsforschung müßig: An die Stelle einer historischen Ursachenanalyse ist alle Energie auf die Annäherung der unterschiedlichen Theorie- und Praxisstandpunkte zu richten.

Gleichwohl sind beide Forderungen schneller formuliert als erfüllt. Der Anfang ist schwierig; und daß es Irrtümer geben kann, ist ebenfalls sicher.

Diese risikoreiche Bereitschaft zur Auseinandersetzung, Anpassung und Veränderung wird nicht nur von jenen, die an der Erarbeitung komplexer Planungsinstrumentarien mitwirken, sondern mit zunehmender Planungsintensität von uns allen verlangt. Dieser Reformwille ist eine unumgängliche und notwendige Bedingung einer rationalen Gesellschaftspolitik, in der sich das dialektische Spannungsverhältnis zwischen Wissenschaft und Politik — die „Verwissenschaftlichung der Politik" und die „Politisierung der Wissenschaft" — widerspiegeln muß.

Angesichts dieser Ausgangslage wäre es vermessen, ein Patentrezept über Ziel, Richtung und Intensität der zukünftigen Mobilitätsforschung zu entwerfen. In diesem Beitrag soll auch nicht versucht werden, eine Theorie der Wanderungen aufzustellen. Allenfalls ist eine Interpretation des vielfältigen Datenmaterials aus raumordnungspolitischer Sicht zu erwarten, die günstigstenfalls Denkanstöße für zukünftige Untersuchungen zu geben vermag. Denn die ersten Versuche der Raumordnung, empirische Ansätze einer Mobilitätsforschung zu initiieren, sind — wie noch zu zeigen sein wird — über die bisherigen Erkenntnisse und Erfahrungen kaum hinausgegangen. Die punktuellen Ansatzstellen und die pragmatische Art der Studien haben folglich auch nur marginale Anpassungen und Veränderungen raumordnungspolitischer Überlegungen bewirkt.

*

Was hier angeboten werden kann, sind einige kurze Anmerkungen zu Teilstücken einer Theorie der Wanderungen, soweit sie in theoretischen und prognostischen sowie in partialanalytischen Ansätzen formalisiert worden sind. Des weiteren werden die politische Ausgangslage und die Rahmenbedingungen, die sich im gegenwärtigen Verhandlungsstadium des Bundesraumordnungsprogrammes abzeichnen, in ihrer Bedeutung für die räumliche Mobilität dargestellt. In diesem Abschnitt werden auch die wichtigsten Ergebnisse neuerer empirischer Studien, die für Zwecke des Bundesraumordnungsprogrammes durchgeführt worden sind, wiedergegeben. Das Schlußkapitel stellt einen unvollständigen Wunschkatalog der Raumordner an die zukünftige Wanderungsforschung dar[4]). Insbesondere der letztgenannte Punkt schließt die Aufforderung an die Wissenschaftler ein, die Raumordner auf die mangelhafte Konkretheit und Akzentuierung ihrer Vorstellungen und Wünsche aufmerksam zu machen. Zu ergänzen ist, daß dieser Beitrag sich auf einen Teilaspekt der räumlichen Mobilität, auf die Wohnortmobilität, beschränkt.

III. Bemerkungen zur Theorie der Wanderungen

1. Theoretische und prognostische Ansätze

In theoretischen Modellen der Raumwirtschaftslehre und in regionalen Prognosen werden Bevölkerungswanderungen häufig nur unzulänglich beachtet. Das überrascht, da räumliche Unterschiede in der Entwicklung des Arbeitsangebotes — bei interregional zumeist indifferenter natürlicher Bevölkerungsentwicklung — insbesondere auf Wanderungen zurückzuführen sind[5]). Mit der Integration der Wanderungsdaten in Bevölkerungsprognosen entstehen für die Raumordnungspolitik spezifische Probleme: Vielfach werden trotz der prognostizierten rückläufigen Bevölkerungsentwicklung die vorgelegten Zielprojektionen stark überhöht, die anschließend in langwierigen Abstimmungsverfahren korrigiert werden müssen.

Die Integration der Bevölkerungswanderungen in die Modelle der Raumwirtschaftstheorie kann in diesem Zusammenhang nicht ausführlich dargestellt werden[6]). Während die Mobilitätskomponente für die ersten raumwirtschaftlichen Modelle ohne Bedeutung war[7]), berücksichtigten die Außenhandelsmodelle in vereinfachter Form die Wirkungen von Faktorbewegungen[8]). Diese Modelle deuteten bereits auf die Fragwürdigkeit der Hypothese hin, daß ausschließlich ökonomische Determinanten für die Faktorbewegungen maßgebend seien[9]).

---

[4]) Einen Problemkatalog der Statistik s. bei K. Schwarz: Demographische Grundlagen der Raumforschung und Landesplanung, Abhandlungen der Akademie für Raumforschung und Landesplanung, Bd. 64, Hannover 1972, S. 224—270.

[5]) Vgl. O. Boustedt: Stabilität und Dynamik in der Bevölkerungsentwicklung. In: Raum und Siedlung, 1967, S. 254.

[6]) Vgl. J. Wulf: Ergebnisse der Wanderungsforschung und ihre Integration in raumwirtschaftliche Modelle. In: Zeitschrift für die gesamte Staatswissenschaft, 128. Bd./1972, S. 473—497.

[7]) Vgl. E. von Böventer: Die Struktur der Landschaft. Versuch einer Synthese und Weiterentwicklung der Modelle J. H. vonThünens, W. Christallers und A. Löschs. In: Optimales Wachstum und optimale Standortverteilung, hrsg. von E. Schneider, Schriften des Vereins für Socialpolitik, N. F. Bd. 27, Berlin 1962, S. 91 f. — J. Wulf: Ergebnisse der Wanderungsforschung..., a. a. O., S. 475 f.

[8]) Vgl. z. B. die Studien von B. Ohlin, E. F. Heckscher, P. A. Samuelson, H. G. Johnson.

[9]) Die bisher ausführlichste Formalanalyse interregionaler Gleichgewichtslösungen der Faktorallokation unter Einbeziehung von Wanderungsströmen findet sich bei M. Termote: Migration et Equilibre Economique Spatial, Louvain 1969, S. 27 ff. — Zu nennen ist auch das Zwei-Regionen-Modell von H. Siebert: Regionales Wachstum und interregionale Mobilität, Tübingen 1970, S. 154 ff.; diese Studie Sieberts ist die 2., veränderte Auflage seiner Arbeit „Zur Theorie des regionalen Wirtschaftswachstums", Tübingen 1967. — Vgl. auch D. Biehl/E. Hussmann/S. Schnyder: Zur regionalen Einkommensverteilung in der Europäischen Wirtschaftsgemeinschaft. In: Die Weltwirtschaft, 1972, H. 1, S. 70 ff.

Heute ist unbestritten, daß Verschiebungen im regionalen Standortgefüge der Wirtschaft nicht „automatisch" die Siedlungsstruktur korrigieren. Faktoren wie Agglomerationsvorteile und Infrastrukturausstattung haben das Theorem des tendenziellen Faktorenausgleichs in Frage gestellt. Hinzu kommt, daß Unterschiede im Realeinkommen für die Mobilität der Arbeitskräfte an Bedeutung verlieren[10]); damit erweisen sich deren interregionale Wanderungsbewegungen zunehmend als wachstums- und regionalpolitische Einsatzstellen[11]).

Bei den Vorarbeiten zum Bundesraumordnungsprogramm wurde die praktische Verwendbarkeit der theoretischen Raummodelle durch deren unzureichende Operationalisierbarkeit relativiert. Die analysierten Gleichgewichtszustände entsprachen nicht der Realität; allenfalls als normativer Maßstab bzw. Mindeststandard sind sie sinnvoll. Der Aggregationsgrad der Modelle war zu hoch; erforderlich sind dagegen strukturelle Differenzierungen der Variablen. Nicht der hypothetische Endzustand, sondern das Aufzeigen der Ungleichgewichtssituationen sollte den Raumordner interessieren.

Empirische Prognosemodelle — auf Ungleichgewichtssituationen ausgerichtet — können sich also nur teilweise auf die Raumwirtschaftstheorie stützen. Die regionale Entwicklung wird auf ökonomische (u. a. Nachfrageentwicklung, Standortbedingungen), aber auch auf demographische Faktoren (u. a. Zahl und natürliche Entwicklung der Bevölkerung, Erwerbsquote) zurückgeführt[12]). In Ergänzung der isolierten Analyse der Subsysteme werden deren wechselseitige Beziehungen über Plausibilitätserwägungen herbeigeführt, so daß zumindest eine formale Konsistenz besteht. Gleichwohl erweisen sich die Bevölkerungswanderungen, deren Bestimmungsfaktoren verschiedenen Subsystemen zuzuordnen sind, als die schwächste Stelle der Regionalprognosen[13]).

Eine relativ differenzierte Betrachtung von Determinanten der Wanderungsströme bietet das regionale Prognosemodell von SCHRÖDER[14]), das der „Prognose der Bevölkerung und Arbeitsplätze bis 1985" des Bundesraumordnungsprogrammes zugrunde liegt. Der Vorteil dieses Ansatzes ist darin zu sehen, daß SCHRÖDER zusätzliche erklärende Variablen einführt: auf der Angebotsseite mehrere Wohnortfaktoren, auf der Nachfrageseite eine Reihe von Standortfaktoren. Beide Bereiche werden durch je einen gewogenen Index bewertet. So setzt sich der Gesamtindex der Wohnortfaktoren aus Kennziffern für das Wohnungs- und Ausbildungswesen, für die soziale Infrastruktur, für das Klima,

---

[10]) Vgl. D. SCHRÖDER: Der Mensch: Objekt oder Subjekt der Standortwahl? In: Polis und Regio — Von der Stadt- zur Regionalplanung, hrsg. von E. Salin/N. Bruhn/M. Marti, Basel und Tübingen 1967, S. 52. — Vgl. auch Sachverständigenrat zur Begutachtung der gesamtwirtschaftlichen Entwicklung: Stabilität im Wachstum (Jahresgutachten 1967/68), Stuttgart und Mainz 1967, S. 163.

[11]) Vgl. R. THOSS: Ein Vorschlag zur Koordinierung der Regionalpolitik in einer wachsenden Wirtschaft. In: Jahrbücher für Nationalökonomie und Statistik, Bd. 182/1969, S. 490 ff. — Zur Kontroverse um die vom Sachverständigenrat vorgeschlagene passive Sanierung ländlicher Rückstandsgebiete vgl. B. DIETRICHS: Eine Analyse der Wanderungsbewegungen in der BRD unter besonderer Berücksichtigung der Infrastruktur. In: Theorie und Praxis der Infrastrukturpolitik, hrsg. von R. Jochimsen/U. E. Simonis, Berlin 1970, S. 511 f.

[12]) Zu den Techniken regionaler Prognosen vgl. J. WULF: Über einige Probleme arbeitsmarktbezogener Regionalprognosen. In: Mitteilungen aus der Arbeitsmarkt- und Berufsforschung, H. 2/1970. — Zu den Phasen der Wanderungsbewegungen in der BRD seit 1950 vgl. B. DIETRICHS: Analyse der Wanderungsbewegungen..., a. a. O., S. 514—520.

[13]) Vgl. J. WULF: Ergebnisse der Wanderungsforschung..., a. a. O., S. 480 f.

[14]) Vgl. D. SCHRÖDER u. a. (Prognos/Basel): Strukturwandel, Standortwahl und regionales Wachstum, Stuttgart 1968. — Vgl. B. DIETRICHS: Analyse der Wanderungsbewegungen..., a. a. O., S. 525 ff.

für Möglichkeiten der Naherholung und für kulturelle Darbietungen zusammen[15]). Allerdings sollte nicht übersehen werden, daß Ungleichgewichtssituationen — als langfristiger regionaler Angebots- oder Nachfrageüberhang — nach diesem Ansatz nicht entstehen können: Die entstehenden Einkommensunterschiede bringen über ihren Einfluß auf Wohnort- und Standortentscheidungen die regionalen Arbeitsmärkte stets zum Ausgleich.

2. Partialanalytische Wanderungsforschung

Theoretische Analysen und empirische Erklärungen der Wanderungsbewegungen ohne Integration in umfassende Raummodelle liegen in unübersehbarer Vielzahl vor[16]). Wegen der teilweise widersprechenden Resultate war eine Zusammenfassung zu einer „Theorie der Wanderungen" bisher nicht möglich.

Gemeinsam haben diese Untersuchungen lediglich bestimmte Typen von Hypothesen über die Determinanten der Wanderungen. Es muß allerdings darauf hingewiesen werden, daß die nachgewiesenen Regelmäßigkeiten „jeweils nur für einen begrenzten Zeitraum und für eine bestimmte wirtschaftliche, soziale und kulturelle Situation gelten und überdies von zahlreichen Ausnahmen gekennzeichnet sind. In veränderten Situationen würden sich auch die zwischen einzelnen Variablen nachweisbaren regelmäßigen Zusammenhänge ändern"[17]).

a) Makroanalysen der Bevölkerungswanderung

Viele Wanderungsmodelle basieren auf den sog. Gravitationsmodellen[18]). Eine hinreichende Erklärung der Wanderungen liefern diese Modelle nicht, da die Variablen allenfalls allgemeine Indikatoren für wanderungsrelevante Faktorenkomplexe sind. Die Eignung des einfachen Gravitationsansatzes für Regionalprognosen von Wanderungen ist unzureichend.

Diesen theoretischen Ansatz hat STOUFFER mit der Einfügung der räumlichen Verteilung der potentiellen Wanderungsziele erweitert[19]). Später fügte er die Konzeption der konkurrierenden Wanderungen hinzu[20]).

Überprüft man dieses Modell anhand des Zahlenmaterials für die USA im Jahre 1960, so ergeben sich brauchbare Ergebnisse[21]); diese Ergebnisse wurden durch weitere Untersuchungen bestätigt[22]). Dagegen behauptet TERMOTE[23]), daß STOUFFER lediglich

---

[15]) Vgl. D. SCHRÖDER u. a.: Strukturwandel, Standortwahl und regionales Wachstum, a. a. O., S. 116 ff.
[16]) Vgl. die kritische Darstellung bei W. LANGENHEDER: Ansatz zu einer allgemeinen Verhaltenstheorie in den Sozialwissenschaften — dargestellt und überprüft an Ergebnissen empirischer Untersuchungen über Ursachen von Wanderungen, Köln und Opladen 1968. — H. J. HOFFMANN-NOWOTNY: Migration, Stuttgart 1970.
[17]) B. DIETRICHS: Analyse der Wanderungsbewegungen in der BRD, a. a. O., S. 513.
[18]) Vgl. J. WULF: Ergebnisse der Wanderungsforschung, a. a. O., S. 487 f. — K. SCHWARZ: Demographische Grundlagen der Raumforschung und Landesplanung, a. a. O., S. 230 ff.
[19]) Vgl. S. A. STOUFFER: Intervening Opportunities: A Theory Relating Mobility and Distance. In: American Sociological Review, Vol. 5/1940, S. 845—867.
[20]) Vgl. Ders.: Intervening Opportunities and Competing Migrants. In: Journal of Regional Science, Vol. 2/1960, S. 1—26.
[21]) Ders.: S. 12 ff.
[22]) Vgl. u. a. O. R. GALLE/K. E. TAEUBER: Metropolitan Migration and Intervening Opportunities. In: American Sociological Review, Vol. 31/1966, S. 5—13.
[23]) Vgl. M. TERMOTE: Les modèles de migration. Une perspective d'ensemble, Recherches économiques de Louvain, 33. Jg./1967, S. 420.

die empirischen Gegebenheiten durch die beobachteten Fakten „erklärt". Tatsächlich liegt eine Zirkularität insofern vor, als STOUFFER die erklärenden Faktoren (die potentiellen Wanderungsziele und die konkurrierenden Wanderungen) durch die tatsächlichen Wanderungsbewegungen bestimmt.

Damit ist die Überprüfungsmöglichkeit der Hypothesen ausgeschlossen: Sie können durch die Realität nicht widerlegt werden, d. h. sie erklären weder die Ursachen der beobachteten Wanderungsbewegungen völlig noch ermöglichen sie eine vollständige Prognose der zukünftigen Wanderungsströme.

Auf die Darstellung multipler Regressionsansätze, probabilistischer Ansätze und der Simulationsmodelle muß in diesem Beitrag verzichtet werden[24]).

b) Mikroanalysen der Wanderungsforschung

Im Gegensatz zu den stark aggregierten Makro-Modellen werden in den Mikroanalysen die für das Wanderungsverhalten relevanten Motivationsstrukturen der Individuen untersucht. Bei der Analyse der individuellen Wanderungsentscheidungen können zwei Determinantenkomplexe abgegrenzt werden:

— die Bestimmungsgründe des individuellen Anspruchsniveaus (vgl. insbesondere den Exkurs nach Kap. IV) und
— Kenntnisse des Einzelnen über die Realisierungschancen seines Anspruchsniveaus (z. B. alternative Wohnorte und Arbeitsplätze).

Schon die Feststellung, daß die individuelle Nutzenvorstellung ein Konglomerat von subjektiven und objektiven Einkommens-, Wohn- und Freizeitvorstellungen sowie von sozialpsychologischen Faktoren bildet, deutet auf die zu erwartenden inhaltlichen, methodischen und analytischen Probleme mikroanalytischer Studien hin. Als sicher gilt, daß das Wanderungsverhalten in entscheidendem Maße von den Nutzenvorstellungen über den gegenwärtigen Wohnort — auf der Basis persönlicher Erfahrungen — und von den Nutzenerwartungen für potentielle Wohnorte — auf der Grundlage externer Informationen — beeinflußt wird. M. a. W.: Räumliche Nutzendifferenzen können sich in Mobilitätsentscheidungen niederschlagen.

Gegenwärtig liegen allerdings nur wenige Analysen über interregionale Informations- und Kommunikationsströme vor[25]). Im allgemeinen ist den informellen Informationsbeziehungen (z. B. über Arbeitskollegen, über Freunde und Verwandte) größere Bedeutung als den formellen Kommunikationsbeziehungen (z. B. über die Massenmedien) beizumessen[26]). Der damit verbundene begrenzte Informationsradius zeigt sich deutlich an der geringen Zahl der Kenntnisse über intraregionale Erwerbsalternativen; das gilt verstärkt für die Informationen über alternative Arbeitsmöglichkeiten in anderen Regionen.

Ein wesentlicher Grund für die umgekehrt proportionale Relation zwischen Entfernung und Wanderungsverhalten ist also in den mit zunehmender Distanz abnehmenden Informationseffekten zu sehen[27]).

---

[24]) Vgl. dazu J. WULF: Ergebnisse der Wanderungsforschung, a. a. O., S. 489—497. — F. MÜNNICH: Regionalmodelle als Planungsinstrumente. In: Stadt-Region-Land. Schriftenreihe des Instituts für Stadtbauwesen der TH Aachen, H. 24, S. 1—17.
[25]) Vgl. H. SIEBERT: Zur Theorie des regionalen Wirtschaftswachstums, a. a. O., S. 59 ff. — PH. NELSON: Migration, Real Income and Information. In: Journal of Regional Science, Vol. 1/ 1958—1959, S. 43—73.
[26]) Vgl. den „Freund und Verwandten"-Multiplikator bei PH. NELSON: Migration, Real Income and Information, a. a. O., S. 49 ff.
[27]) Vgl. H. SIEBERT: Zur Theorie des regionalen Wirtschaftswachstums, a. a. O., S. 63.

Die nachgewiesenen Faktoren, die den individuellen Wanderungskalkül beeinflussen, sind nicht nur unübersehbar, sondern auch widersprüchlich. Nichtsdestoweniger kristallisieren sich aus den Untersuchungen einige identische Größen heraus (Lohndifferentiale, Aufstiegsmöglichkeiten, Wohnortfaktoren, Alter und Beruf u. a.), die eine tendenzielle Quantifizierung des Zusammenhanges zwischen dem Wanderungsverhalten einerseits und den individuellen Faktoren sowie Umweltbedingungen andererseits erwarten lassen[28]). Danach kann angenommen werden, daß der Wanderungsentschluß auf ein Spannungsverhältnis zwischen persönlichen Merkmalen des Entscheidungsträgers und externen Faktoren zurückzuführen ist[29]).

Allerdings hat die Prüfung der Frage, in welchem Umfange der individuelle Nutzen durch quantifizierbare Größen bestimmt wird, bisher noch nicht zu statistisch befriedigenden Resultaten geführt, obwohl die vorliegenden Ansätze bereits relativ komplex sind. So hat JANSEN — ausgehend von der Hypothese, daß Wanderungen von interregionalen Unterschieden des Einkommens, der Wohnverhältnisse, der Freizeitmöglichkeiten und der gruppenspezifischen Verhaltensweisen abhängig sind — die Wanderungsbewegungen in Nordrhein-Westfalen für die Jahre 1957, 1961 und 1964 zu erklären versucht[30]). Er weist nach, daß die Variablen entweder direkt die Wanderungsentscheidungen beeinflussen oder aber Schlüsselgrößen für andere Variablen sind, für die es gegenwärtig kein statistisches Material gibt.

Der Nachweis und die Einbeziehung zahlreicher Variablen hat die Abgrenzung und Bestimmung quantifizierbarer Determinantenbündel nicht erleichtert. Vermutlich würde eine weitere „Inflationierung" mikroanalytischer Studien die generelle Schlußfolgerung, daß die Bestimmungsfaktoren der Wanderungen räumlich und zeitlich divergieren, nur unwesentlich modifizieren.

IV. Die räumliche Mobilität aus der Sicht der Bundesraumordnung

Aus dem Ziel, in allen Teilräumen der Bundesrepublik Deutschland für alle Menschen gleichwertige Lebens- und Arbeitsbedingungen zu schaffen, ergibt sich für die Bundesraumordnung die Aufgabe, die politischen Ziele für die künftige räumliche Entwicklung mit den Verhaltensweisen und Wunschvorstellungen der Bevölkerung in Einklang zu bringen[31]). Angesichts des unterschiedlichen Anspruchsniveaus der verschiedenen Bevölkerungsgruppen ist es für den Raumplaner notwendig zu wissen, ob und in welcher Weise Abweichungen bestehen bzw. sich entwickeln könnten. So können Ab- bzw. Zuwanderungstendenzen in bestimmten Räumen und Siedlungstypen die Planungen und Maßnahmen der Raumordnung erheblich in Frage stellen.

---

[28]) Vgl. P. DREWE: Ein Beitrag der Sozialforschung zur Regional- und Stadtplanung, Meisenheim 1968.
[29]) Vgl. MONIKA VANBERG: Kritische Analyse der Wanderungsforschung in der BRD, Berlin 1971, S. 96 ff.
[30]) Vgl. P. G. JANSEN: Zur Theorie der Wanderungen. In: Zur Theorie der allgemeinen und der regionalen Planung, hrsg. vom Zentralinstitut für Raumplanung an der Universität Münster, Gütersloh 1969, S. 160 ff.
[31]) Vgl. G. HARTKOPF: Bundesraumordnungsprogramm. In: Raum und Siedlung 9/1971, S. 195 f. — P. BRATZ/M. DAUB/C. DREYER/M. WAGNER: Fragen zu einem Zielsystem für das Bundesraumordnungsprogramm. In: Raum und Siedlung 11/1971, S. 246—251. — D. AFFELD: Zielsystem für das Bundesraumordnungsprogramm. In: structur 1/1972, S. 18—21. — Beirat für Raumordnung: Zielsystem für die räumliche Entwicklung der Bundesrepublik Deutschland. Empfehlung vom 28. 10. 1971. Empfehlungen Folge 3, Bonn 1972, S. 7—24.

Als grundlegende Ziele für die zukünftige räumliche Entwicklung des Bundesgebietes werden im Bundesraumordnungsprogramm genannt:

— der Abbau der großen regionalen Unterschiede in den allgemeinen Lebensbedingungen,
— die Sicherung und Schaffung einer hohen Umweltqualität sowie
— die Sicherung der Grundlagen für eine langfristig ausgewogene Wirtschaftsentwicklung.

Dabei wird die Auffassung vertreten, daß diese Oberziele nur bei Erfüllung von drei weiteren Zielsetzungen zu erreichen sind: Bereitstellung der Infrastruktur, Förderung einer geordneten Verdichtung sowie Förderung der Mobilität. Zwar taucht der Begriff der Mobilität in unterschiedlicher Bedeutung an den verschiedenen Stellen des Programms wiederholt auf, aber nur im Abschnitt „Raumordnerisches Zielsystem" wird die Mobilität als Zielvorstellung formuliert. Hinter der Tatsache, daß nur Teilaspekte des Oberbegriffs „Mobilität" angesprochen werden, verbirgt sich bereits die politische Kompromißlösung, was indessen nicht die zentrale Bedeutung des Begriffes für das Programm schmälert.

Zu den Teilzielen gehören:

— die Förderung der Mobilität — unter der Voraussetzung, daß sie zugleich die individuellen und gesellschaftlichen Lebens-, Arbeits- und Wirtschaftsbedingungen verbessert; dieses Unterziel schließt die sinnvolle Zuordnung der Wohn- und Arbeitsstätten einschließlich der Verkehrserschließung ein;
— die Vermeidung unerwünschter Mobilitätsauswirkungen durch möglichst weitgehende Beseitigung ihrer Ursachen;
— die Gewährleistung, daß auch bei steigender Mobilität die Bevölkerungszahl in keiner Gebietseinheit bis zum Jahre 1985 unter den Stand von 1970 sinkt.

Neben der Nennung restriktiver politischer Zielvorgaben wird also zwischen positiven und negativen Mobilitätswirkungen unterschieden.

Die Verwirklichung des Zielkomplexes schließt die Ursachenanalyse ebenso ein wie die Abgrenzung der Zielobjekte bzw. der einzusetzenden Instrumente. Diese vergleichsweise einfache Struktur wird nun dadurch komplexer, daß der bei isolierter Perspektive autonom wirkende Zielbereich „Mobilität" in enger Beziehung zu den übrigen raumordnungspolitischen Zielen bzw. Abschnitten des Bundesraumordnungsprogrammes gesehen werden muß. Die Rückkoppelung führt zur Relativierung der Position. Eine kurze Darstellung des Programms muß indessen genügen.

Einleitend ist zu bemerken, daß sich mit der Erarbeitung des Bundesraumordnungsprogrammes eine wichtige Neuorientierung im Selbstverständnis der Raumordnungspolitik vollzogen hat: Sie löst sich von der lange geübten Beschränkung auf Leitbilder, Grundsätze und generelle Ziele und stellt ein System konkreter und bis 1985 realisierbarer Ziele auf; mit der Herstellung des Ziel-Mittel-Zusammenhanges ist zugleich die Voraussetzung für eine wirksame Koordinierung erfüllt.

Das Bundesraumordnungsprogramm gliedert sich in fünf Programmteile:

a) Gliederung des Bundesgebietes in 38 Gebietseinheiten

Mit der Abkehr von weitgehend homogenen Gebietskategorien (§ 2 Abs. 1 ROG: ländlicher Raum, Verdichtungsraum usw.) und der stärkeren Berücksichtigung funktionaler Aspekte bei räumlichen Abgrenzungen (§ 2 Abs. 1 Nr. 1, Nr. 3 Satz 2 und Nr. 6) zeichnet sich der Wandel in der Raumordnungspolitik des Bundes deutlich ab. Dabei sind die 38 funktional abgegrenzten Gebietseinheiten nicht als Planungsräume, sondern als räumlicher Bezugsrahmen für die raumbedeutsamen Planungen und Maßnahmen des Bundes abgegrenzt worden. Zu den wesentlichen Kriterien einer Gebietseinheit zählen mindestens ein vorhandenes bzw. entwicklungsfähiges Oberzentrum sowie mindestens 400 000 Einwohner. Insbesondere die Daten der Prognose, der Zielprojektion und der Regionalisierung beziehen sich auf diese Abgrenzung.

b) Prognose der räumlich-strukturellen Entwicklungstendenzen bis zum Jahre 1985[32])

Die Ergebnisse der Status-quo-Prognose werden die Möglichkeiten und Grenzen der Raumordnungspolitik des Bundes aufzeigen. Die Status-quo-Prognose ist gleichsam das Kontrollinstrument für das raumordnerische Zielsystem und für die Festlegung der Schwerpunkte und Prioritäten.

c) Festlegung der gesamträumlichen Entwicklungsvorstellungen in einem raumordnerischen Zielsystem

Bei der Entwicklung des Zielsystems muß z. T. von Zielkategorien ausgegangen werden, die bereits durch bestehende Gesetze und verbindliche Planungen des Bundes und der Länder vorgegeben sind[33]). Hinzu kommen von Bund und Ländern gemeinsam festzulegende Ziele. Das hat dazu geführt, daß an der notwendigen Abstimmung und Koordinierung des Zielsystems — über das inzwischen weitgehend Übereinstimmung besteht — zeitweilig mehr als 70 verschiedene Ressorts beteiligt waren.

Angesichts der nach wie vor starken Attraktivität der Verdichtungsräume soll das als knapp prognostizierte Entwicklungspotential — insbesondere der Bevölkerungszuwachs aus Wanderungen sowie die Fördermittel für Industriesiedlungen und öffentliche Infrastruktureinrichtungen — stärker als bisher in die entwicklungsschwachen Gebietseinheiten gelenkt werden. Notwendig ist die Weiterentwicklung der Raum- und Siedlungsstruktur durch den Ausbau von Entwicklungszentren in entwicklungsschwachen Gebietseinheiten, von Entwicklungsachsen für den überregionalen Leistungsaustausch sowie von Entlastungsorten für die expandierenden Verdichtungsräume. Sollen die Entwicklungszentren mit den Agglomerationsvorteilen der Verdichtungsräume konkurrieren können, so dürfte nur der Ausbau einer begrenzten Anzahl mit einer bestimmten Mindestgröße sinnvoll sein. Das Zielsystem enthält Zielprojektionen der Bevölkerungs- und Arbeitsplatzverteilung in den 38 Gebietseinheiten bis zum Jahre 1985. Dabei stellen die Zielwerte der Länder normative Korrekturen zu den Trendwerten der Prognose dar. Da in keiner Gebietseinheit eine Abnahme von Bevölkerung und Arbeitsplätzen hingenommen werden soll, muß eine Gegensteuerung im Sinne einer insgesamt ausgeglicheneren Entwicklung wirksam werden. Dieser Steuerungsmechanismus wird durch das Zielsystem und die abgeleiteten Schwerpunkte und Prioritäten des Mitteleinsatzes festgelegt.

---

[32]) Vgl. erste Hinweise im Raumordnungsbericht 1972 der Bundesregierung, a. a. O., S. 65 f.
[33]) Vgl. F. WAGENER u. a.: Ziele der Raumordnung nach Plänen der Länder, a. a. O., — Vgl. Institut für Raumordnung: Zielsetzungen in den Entwicklungsprogrammen und -plänen der Länder, a. a. O. — D. STORBECK: Zur Operationalisierung der Raumordnungsziele. In: Kyklos, 23/1970, S. 98—116.

d) Regionalisierung raumwirksamer Bundesmittel

Die Beeinflussung zukünftiger Entwicklungsaussichten setzt die Kenntnis der bisherigen räumlichen Mittelverteilung voraus[34]). Die Regionalisierung der raumwirksamen Bundeshaushaltsmittel 1969/1970 zeigt auf, mit welchen Anteilen die 38 Gebietseinheiten an Mitteln für Verkehrs- und Nachrichtenwesen, Wohnungs- und Städtebau, Bildungswesen, Hochschulen und Forschung, Wasser- und Energiewirtschaft, Industrieansiedlung, Gesundheits- und Sozialwesen u. a. m. partizipiert haben. Damit erfolgt erstmals die nach § 4 Abs. 1 ROG geforderte zusammenfassende Darstellung der langfristigen und großräumigen raumbedeutsamen Planungen und Maßnahmen des Bundes[35]).

e) Prioritäten und Schwerpunkte

Die Ableitung von Prioritäten und Schwerpunkten für den raumordnungspolitisch orientierten Mitteleinsatz bis 1985 ergibt sich als Konsequenz aus Prognose, Zielsystem und Regionalisierung. Dabei sollen in den einzelnen Gebietseinheiten nicht nur die spezifisch raumordnungspolitischen Ziele wie der Ausbau der Entwicklungszentren, sondern auch die o. a. grundlegenden Ziele (z. B. Verbesserung der Umweltqualität, Erreichen einer ausgewogenen Wirtschafts- und Sozialstruktur, Verhinderung der passiven Sanierung durch Abwanderung) weitgehend verwirklicht werden. Charakterisiert als ressortübergreifende Querschnittskoordinierung ersetzt das Bundesraumordnungsprogramm keineswegs die Fachplanungen der verschiedenen Bundesressorts. Aufgabe ist es, die beabsichtigten Planungen und Maßnahmen des Bundes auf das raumordnerische Zielsystem hin zu koordinieren.

*

Dieser kurze Aufriß mag genügen, um aufzuzeigen, wie die räumliche Mobilität innerhalb des Programmes mit dem jeweiligen Beziehungszusammenhang auch ihre Bedeutung, Richtung und Position verändert: einmal fungiert sie als Ziel- oder Instrumentenvariable, dann wieder als Erklärungs- oder Entscheidungsvariable, schließlich als Bestandteil eines spezifischen Ursache-Wirkung-Mechanismus.

Exkurs: Zur Wohnortmobilität der Bevölkerung aus der Sicht der Bundesraumordnung

Die Notwendigkeit der im Auftrage des Bundesinnenministeriums durchgeführten Mobilitätsstudien ergab sich aus der laufenden Diskussion über das Bundesraumordnungsprogramm. Ausgangspunkt war die Feststellung, daß die amtliche Statistik, die die Wanderungsbewegungen nachträglich registriert, für eine aktive Raumordnungspolitik nicht ausreicht. Benötigt wurden dagegen Daten über Wanderungsverhalten und -einstellungen, über Mobilitätspräferenzen und -motive der Bevölkerung.

---

[34]) Zu diesem Problemkreis hatte der Bundesminister des Innern mehrere Forschungsaufträge vergeben, von denen inzwischen unter dem gemeinsamen Arbeitstitel „Erarbeitung von praktisch anwendbaren Grundlagen und Methoden für die Koordinierung des Einsatzes raumwirksamer Bundesmittel" veröffentlicht worden sind: G. MÜLLER u. a. (Raum Ebermannstadt). München 1970; A. KÜHN (Raum Osnabrück), Hannover 1972; G. HENNINGS (Raum Ostwestfalen — dargestellt am Beispiel der Politikbereiche Raumordnungspolitik, regionale Gewerbestrukturpolitik und regionale Arbeitsmarktpolitik), Münster/W. 1972.

[35]) Vgl. R. JOCHIMSEN u. a.: Grundfragen einer zusammenfassenden Darstellung raumbedeutsamer Planungen und Maßnahmen. Mitteilungen aus dem Institut für Raumordnung, H. 76, Bonn-Bad Godesberg 1972.

a) *Mobilität im ländlichen Raum*

Im ländlichen Raum vollziehen sich schon seit längerem umfangreiche Bevölkerungsumschichtungen: Während z. B. die ländlichen Kleingemeinden ständig an Bevölkerung verlieren, konzentriert sich das Bevölkerungswachstum in den vorhandenen Klein- und Mittelzentren[36]. Eine erste Untersuchung über Struktur und Motive der kleinräumigen Mobilität (= Wanderungen innerhalb des Nahbereichs bis zu 8 km) in ländlichen Räumen zeigte[37]: Nur ein Fünftel der vom Dorf Abwandernden zieht in den zentralen Ort des eigenen Nahbereichs, je zwei Fünftel wandern in weiter entfernte zentrale Orte oder in Stadtregionen ab. Je ein Drittel aller Wanderungen erfolgt aus persönlichen, beruflichen oder wohnungsorientierten Motiven, während Bildungs- und Freizeitmöglichkeiten nur eine geringe Rolle spielen. Bei den kleinräumigen Wanderungen dominieren als Motive die Wohnverhältnisse, bei den Wanderungen über größere Entfernungen die beruflichen Motive. Aus diesen Ergebnissen kann gefolgert werden, daß die industrielle Standortstruktur an Bedeutung verliert und der Wohnortfaktor, insbesondere die Wohnungsverhältnisse, einen zunehmenden Einfluß auf die Wanderungen ausübt.

Bekannt ist, daß mit zunehmender Einwohnerzahl der Gemeinden die Höhe der Wanderungen zurückgeht, weil man sich häufig innerhalb der Gemeindegrenzen an veränderte Lebens- und Arbeitsbedingungen, wenn auch nur marginal, anpaßt oder aber das individuelle Anspruchsniveau modifiziert. Im übrigen ist es bei kleinräumigen Wanderungen nicht erforderlich, die bestehenden Sozialkontakte aufzugeben bzw. neue anzuknüpfen oder den Arbeitsplatz zu wechseln. Die Anpassung vollzieht sich nur im Bereich der Wohnverhältnisse[38], während großräumige Wanderungen zumeist den Wechsel von Wohn- und Arbeitsort voraussetzen.

In einer weiteren Studie hat W. Stöckmann Material zu den Motivationsstrukturen der Bevölkerung in ländlichen Kleingemeinden unter 4000 Einwohnern zusammengetragen[39]. Die Untersuchung basiert auf Befragungen von 8500 Erwerbspersonen in 12 Landkreisen. Zusätzlich wurden erstmals 950 Personen befragt, die seit 1961 aus den Untersuchungsräumen abgewandert sind. Dabei wies Stöckmann in drei Bereichen des Mobilitätsverhaltens u. a. nach:

1. Die Zuwanderung in den ländlichen Raum hängt wesentlich von der Verkehrsanbindung und dem ökonomischen Potential des Gebietes ab[40]. Während ländliche Teilräume in geringer Entfernung zu zentralen Orten 30—35 % Zuwanderer besitzen, findet man in den verkehrsfernen Räumen nur einen Anteil bis zu 15 %.

Die Zuwanderungsgründe illustrieren deutlich die mangelnde Attraktivität der ländlichen Kleingemeinden. In erster Linie werden familiäre und persönliche Gründe — insbesondere in verkehrsfernen Gebieten — genannt wie Heirat, Zuzug der Eltern usw. Mit Abstand folgen Motive wie „Wohn-, Einkaufs- und Freizeitverhältnisse" und arbeitsmarktorientierte Gründe (hier werden hauptsächlich die Versetzungen und die fehlenden Arbeitsplätze am früheren Wohnort genannt).

---

[36]) Vgl. Raumordnungsbericht 1972 der Bundesregierung, a. a. O., S. 24—30.
[37]) Vgl. R. G. Wieting/J. Hübschle: Struktur und Motive der Wanderungsbewegungen in der BRD — unter besonderer Berücksichtigung der kleinräumigen Mobilität, Basel 1968, insbes. S. 98 ff.
[38]) Zu gleichen Ergebnissen kam Rossi bei einer Umfrage in Philadelphia. Vgl. P. H. Rossi: Why Families Move, Glencoe/Ill. 1955, S. 9.
[39]) Vgl. W. Stöckmann (METRA-DIVO-Beratungen): Die Wohnort- und Arbeitsplatzmobilität der Bevölkerung in ländlichen Räumen, Frankfurt/M. 1971. — Ders.: Wanderungen im ländlichen Raum. In: Innere Kolonisation, 21. Jg./1972, S. 37—40. — Raumordnungsbericht 1972 der Bundesregierung, a. a. O., S. 58—60.
[40]) Vgl. Ders.: Die Wohnort- und Arbeitsplatzmobilität der Bevölkerung in ländlichen Räumen, a. a. O., S. 11—30.

2. Jeder fünfte Befragte möchte seinen derzeitigen Wohnsitz verlassen, insbesondere die Jüngeren und die qualifizierten Arbeitnehmer[41]).

Fast die Hälfte der Abwanderungsbereiten nennt als Motiv das Fehlen hinreichender sozialer und kultureller Einrichtungen und Einkaufsgelegenheiten. Des weiteren werden besser bezahlte Arbeitsplätze gewünscht und Umschulungs- und Fortbildungsstätten sowie weiterführende Schulen gefordert. Ebenso werden die langen Pendelwege beklagt.

Als Hemmfaktoren für die Wohnortmobilität ermittelte STÖCKMANN die Wohnverhältnisse (Haus- und Grundbesitz, Garten, landschaftliche Umgebung) sowie persönliche und familiäre Gründe. Arbeitsplatz- und einkommensorientierte Motive werden dagegen kaum genannt.

3. Erstmals sind von STÖCKMANN die tatsächlich Abgewanderten befragt worden, von denen er allerdings nur 16 % erreichen konnte[42]). Er konnte nachweisen, daß selbst bei ausgeglichenen Wanderungsbilanzen im ländlichen Raum die soziale und demographische Umschichtung zu permanenten Qualitätsverlusten des Erwerbstätigenpotentials führt. Hinzu kommt, daß die Abwanderung stärker als die Zuwanderung fernbezogen ist. D. h.: Vornehmlich die mobileren höher qualifizierten Erwerbspersonen gehen dem engeren Arbeitsmarkt verloren. Dabei wurde eine beachtliche Unzufriedenheit mit der öffentlichen Infrastruktur festgestellt.

b) Wohnortpräferenzen

Im Frühjahr 1972 befragte das Institut für angewandte Sozialwissenschaft (Infas) im Rahmen einer Repräsentativerhebung 1119 Personen u. a. nach ihren Präferenzen bezüglich Wohnortgröße und Gemeindetyp[43]).

Auch die Infas-Studie weist eine relativ große Beharrungstendenz der Bevölkerung nach: Die Mehrheit der Befragten will jeweils dort bleiben, wo sie jetzt lebt. Allerdings bevorzugen die mobilen und mobilitätsbereiten Befragten in stärkerem Umfange großstädtische Wohnformen.

Der Konsensus darüber, was Stadt- und Landgemeinden zu leisten vermögen, ist relativ groß.

In den Bereichen „Ausbildung" und „Berufs/Arbeitsmarkt" werden die Vorteile der Großstadt eindeutig erkannt[44]), während die ländliche Gemeinde als Alterswohnsitz bevorzugt wird. Nicht eindeutig werden die kommunalpolitische Leistungsfähigkeit und die Eignung für kleine Kinder eingeschätzt. Bei der Frage nach der bevorzugten Wohnortgröße zeigt sich, daß es weniger um den Vorrang bestimmter Faktoren als um die Summe aller Gegebenheiten geht, wenn auch Fragen der Wohn-Umwelt in der Regel höher als arbeitsmarktspezifische Qualitäten gewichtet werden.

---

[41]) Vgl. W. STÖCKMANN: Die Wohnort- und Arbeitsplatzmobilität der Bevölkerung in ländlichen Räumen, a. a. O., S. 31—44.

[42]) Ebenda, S. 45—64.

[43]) Vgl. W. HARTENSTEIN/J. SCHULZ-HEISING/S. RÖCK: Räumliche Mobilität: Präferenzen, Motive, Tendenzen, unveröffentlichtes Manuskript, Bonn-Bad Godesberg 1972.

[44]) Vgl. auch W. HARTENSTEIN: Soziologische Grundlagen der Stadtplanung. In: Beobachtungen zur Stadtentwicklung, hrsg. vom Institut für angewandte Sozialwissenschaft, Bad Godesberg 1962, S. 46.

In ländlichen Kleingemeinden hat STÖCKMANN festgestellt[45]), daß rund ein Drittel in Klein- und Mittelstädten zu wohnen wünscht; ein Viertel möchte in den Randgemeinden der Großstädte leben. Nur 7 % bevorzugen ein Wohnen in der Großstadt bzw. 10% in ländlichen Gemeinden. Dabei hängt der bevorzugte Gemeindetyp wesentlich vom Alter (z. B. alte Menschen bevorzugen Klein- und Mittelstädte), Geschlecht (z. B. Frauen schätzen Großstadtrandgemeinden), Ausbildungsstand (z. B. mit zunehmender Qualifikation werden Großstadtrandgemeinden bevorzugt) und bisherigen Erlebnishorizont ab.

Ein wesentlicher Nachteil der Befragungen ist darin zu sehen, daß mit der Frage nach der bevorzugten Wohnortgröße ein komplexer Sachverhalt stark vereinfacht wird. Der „Wohnwert" stellt eben nur eine von mehreren Qualitäten einer Gemeinde dar. Das Gesamturteil setzt sich folglich aus einer unterschiedlichen Gewichtung verschiedener Aspekte zusammen: Wer z. B. für die Großstadt votiert, wird den als vorteilhaft erkannten Gegebenheiten sicherlich einen höheren Stellenwert einräumen und zugleich die Nachteile geringer werten.

c) Gründe der Zufriedenheit mit dem Wohnort

Eine vierte empirische Studie[46]) hatte zum Ziel, den Zufriedenheitsgrad der Bevölkerung mit den Lebensverhältnissen in verschiedenen Raumkategorien und Siedlungstypen zu messen und ihre Wünsche an Siedlungs- und Infrastruktur zu ermitteln. In dieser repräsentativen Meinungsumfrage, die im Januar 1972 im gesamten Bundesgebiet durchgeführt wurde, wurden rund 2000 Zielpersonen befragt.

UTE THÜRSTEIN hat insbesondere drei Determinantenkomplexe ermittelt, die für die Wohnortzufriedenheit zahlreicher Bevölkerungsgruppen von Bedeutung sind[47]):

— Zwischen dem Grad der Zufriedenheit mit dem Wohnort und der Entfernung vom „Grünen" besteht ein direkter Zusammenhang: Mit wachsender Entfernung nimmt die Zufriedenheit ab.

— Eine eindeutige Verbindung besteht zwischen der sozialen Verwurzelung am Wohnort und der sozialen Eingliederung in die Umgebung: Befragte mit engem Nachbarschaftskontakt weisen ein größeres Beharrungsvermögen auf.

— Als dritter Bestimmungsgrund für die Zufriedenheit ist die wirtschaftliche Situation von Bedeutung: Wird sie schlecht beurteilt, so sinkt der Zufriedenheitsgrad und der Abwanderungswille nimmt zu[48]).

d) Anforderungen an die infrastrukturelle Ausstattung des Wohnortes

Die Versorgung mit Dienstleistungen im Bereich des Verkehrs, der Bildung, der Gesundheitsvorsorge und der Freizeitgestaltung gilt neben den Einkommensmöglichkeiten und der in letzter Zeit in den Vordergrund gerückten Umweltqualität als Hauptgrund für die Zufriedenheit der Bürger mit ihrem Wohnort. Bekannt war seit langem der

---

[45]) Vgl. W. STÖCKMANN: Die Wohnort- und Arbeitsplatzmobilität der Bevölkerung in ländlichen Räumen, a. a. O., S. 64—67.
[46]) Vgl. UTE THÜRSTEIN (DIVO INMAR-Gesellschaft für Marktforschung, Marktplanung und Marketingberatung): Die Wohnwünsche der Bundesbürger, 2 Teile, Frankfurt/M. 1972.
[47]) Vgl. UTE THÜRSTEIN: Die Wohnwünsche der Bundesbürger, a. a. O., S. 52—58.
[48]) Vgl. auch P. G. JANSEN: Zur Theorie der Wanderungen, a. a. O., S. 162.

enge Zusammenhang zwischen dem individuellen Anspruchsniveau hinsichtlich der Infrastruktur und der Kenntnis der vorhandenen Infrastruktur: Mit zunehmender Gemeindegröße bzw. Großstadtnähe steigen die infrastrukturellen Bedürfnisse[49]).

In der THÜRSTEIN-Studie[50]) wurden den Befragungspersonen 45 infrastrukturelle Einrichtungen vorgelegt.

Danach erwiesen sich die Wunschvorstellungen der Bevölkerung als recht realistisch; sie werden stark vom bereits Vorhandenen geprägt und sind gerade deshalb geeignet, den Minimalbedarf an Infrastruktur erkennen zu lassen.

Zum Grundbedarf an Infrastruktureinrichtungen, die mindestens die Hälfte aller Bundesbürger in nächster Nähe (höchstens 2 km entfernt) haben möchten, zählen:

Arzt- und Zahnarztpraxis, Apotheke, Straßenbahn- bzw. Bushaltestelle, Geldinstitut, Grundschule, Kindergarten, Supermarkt, Spielplätze, Grünanlagen.

Bei einem regionalen Vergleich infrastruktureller Anspruchsniveaus zeigt sich, daß Einwohner des ländlichen Raumes weniger anspruchsvoll als in Verdichtungsräumen lebende Bürger sind. Ersteren genügt es in vielen Fällen, wenn solche Einrichtungen im Umkreis von 15 km liegen.

Diese Unterschiede im Anspruchsniveau spiegeln die Unterschiede in der tatsächlichen Ausstattung wider: die Bewohner des ländlichen Raumes sind an größere Entfernungen gewöhnt. Einige Einrichtungen wünschen sie sich jedoch dringender als andere Bevölkerungsgruppen in einer Entfernung von höchstens 2 km: Bahnhöfe mit D-Zug-Station, Einrichtungen der Erwachsenenbildung und der Berufsfortbildung und Fachgeschäfte.

Die Infrastruktureinrichtungen, die von der Mehrzahl der Bürger im Umkreis von 15 km gewünscht werden, entsprechen in etwa der Mindestausstattung von Mittelzentren, wie sie in einem Katalog zur „Infrastrukturausstattung von Mittelzentren" der Ministerkonferenz für Raumordnung dargestellt ist[51]). Die Entfernung zwischen zwei Mittelzentren sollte nach diesen Ergebnissen nicht viel mehr als 30 km betragen bzw. innerhalb einer Stunde mit öffentlichen Verkehrsmitteln zurückzulegen sein. Längere Wege würden nur ungern in Kauf genommen werden.

---

[49]) In Anlehnung an die „Programmstudie Regionalpolitik" sind im Auftrag der Gesellschaft für Regionale Strukturentwicklung mehrere für das hier behandelte Thema wichtige Hypothesen empirisch überprüft worden. Resultate der Studien liegen inzwischen teilweise vor. Untersucht worden sind:

— Die regionalen Präferenzen und die Mobilitätsbereitschaft der Arbeitnehmer (vgl. K. ANDERSECK und K. REDING: Regionale Präferenzen von Arbeitnehmern. Überblick über eine empirische Untersuchung. In: Informationen des Instituts für Raumordnung, 21. Jg./1971, S. 301 ff.).

— Über bisherige Studien hinausgehende Analysen des unternehmerischen Standortverhaltens und der Standortbeurteilung (zur Fragestellung der Standortuntersuchung vgl. K. H. HANSMEYER/D. FÜRST: Standortfaktoren industrieller Unternehmen: Eine empirische Untersuchung. In: Informationen des Instituts für Raumordnung, 20. Jg./1970, S. 481 ff. — K. ZIMMERMANN: Unternehmerische Standortwahl und regionalpolitisches Instrumentarium. Erste Ergebnisse einer empirischen Umfrage. In: Informationen des Instituts für Raumordnung, 22. Jg./1972, S. 203 ff.).

— Die Folgewirkungen, die von einer Industrieansiedlung ausgehen: Effekte, die aus den Käufen dieses Unternehmens und aus den von ihm geschaffenen Einkommen entstehen.

[50]) Vgl. UTE THÜRSTEIN: Die Wohnwünsche der Bundesbürger, Teil I, a. a. O., S. 72—158. In dieser Untersuchung wurden die auf diesem Gebiet vorherrschenden Wunschvorstellungen, die wichtige Wanderungsmotive sein können, zum großen Teil erstmals erfaßt und mit soziographischen Merkmalen korreliert und analysiert.

[51]) Vgl. Raumordnungsbericht 1972 der Bundesregierung, a. a. O., S. 146 f.

Es kann angenommen werden, daß das raumordnerische Ziel: der Ausbau von Ober- und Mittelzentren, die als Entwicklungszentren in Frage kommen, den Vorstellungen der Mehrheit entgegenkommt.

Kritisch sei vermerkt, daß der Wert dieser — durch eine Umfrage ermittelten — Prioritätenliste nicht überschätzt werden darf. Eine positive Antwort auf die Frage, ob sie die Berechtigung bereits bestehender Ziele der Raumordnung bestätigt, mag den Planer kurzfristig befriedigen. Zur Richtschnur der zukünftigen Raumordnungspolitik sind die ermittelten Wunschvorstellungen sicherlich nicht zu machen: Solange zwischen dem Ausstattungsniveau der Wohngemeinde und dem Anspruchsniveau der Einwohner ein derartig enger Zusammenhang besteht, würde eine auf Wunscherfüllung gerichtete Raumordnungspolitik die bestehenden Unterschiede zwischen den Verdichtungsräumen und dem ländlichen Raum festigen bzw. vergrößern. Für die raumordnungspolitische Anwendung lassen die Ergebnisse dieser empirischen Studien sehr deutlich erkennen, daß der individuelle Handlungsspielraum bei der Wohnortwahl relativ begrenzt ist. Psychologische, soziale und ökonomische Faktoren lassen Wohnortmobilität vielfach weder als möglich noch als erstrebenswert erscheinen. Insofern ist auch die Frage nach dem „idealen Wohnort" müßig, da die Antworten nur wenig über die tatsächliche Attraktivität bestimmter Gemeindetypen oder -größen aussagen.

Wenn trotzdem weitergeforscht wird, so geschieht dies deshalb, weil Fragen nach den räumlichen Präferenzen und den optimalen Gemeindegrößen Anhaltspunkte für eine zielorientierte, quantifizierende Raumordnungspolitik liefern können. Dabei müssen zwei Fragen stets beantwortet werden:

— Inwieweit klaffen raumordnungspolitische Zielvorstellungen und individuelle Wünsche auseinander? Aus welcher Richtung ist Widerstand gegen die angestrebte Raum- und Siedlungsstruktur zu erwarten?

— Stimmen die Kriterien, nach denen bestimmte Raum- und Siedlungskategorien den Vorrang vor anderen erhalten, bei Raumordnern und bei „Planungsbetroffenen" inhaltlich überein?

V. Schlußbetrachtung: Raumordnungspolitische Schwerpunkte einer zukünftigen Wanderungsforschung

In weiten Teilen des ländlichen Raumes und in einigen überlasteten Verdichtungsräumen bestehen Lebens- und Arbeitsbedingungen, die den einzelnen zu einer ständigen Anpassung bzw. Revision seiner Verhaltens- und Denkmuster aufgrund vergangenheitsbezogener Maßstäbe zwingen. Andererseits provoziert der Bezug auf gesamtgesellschaftliche Entwicklungsprozesse und Wertvorstellungen Unzufriedenheitsmomente, die sich für den einzelnen nur durch räumliche Wanderungsbewegungen beseitigen lassen. Diese durch endogene und exogene Faktoren ausgelösten Prozesse gilt es, in zu quantifizierende und qualifizierende Sachzusammenhänge mit der Raumordnungspolitik zu bringen und damit für die politische Planungspraxis anwendbar zu machen. Zugleich gilt es, den Mobilitätsprozessen einen politischen Stellenwert zuzuordnen und den normativen Orientierungsrahmen abzugrenzen und damit brauchbare Entscheidungshilfen durch die Wissenschaft herbeizuführen.

Der legitime Anspruch und Auftrag der Raumordnungspolitik an die Mobilitätsforschung und vice versa läßt sich aus der grundlegenden Frage ableiten: Welche Raum- und Siedlungsstrukturen müssen für die Erfüllung der persönlichen Daseinsfunktionen innerhalb zumutbarer Entfernungen geschaffen werden, damit der einzelne nicht zur Alternative: Wanderung oder Reduzierung der Lebensansprüche gezwungen wird? Dieses Grundproblem kann in folgende Forschungsschwerpunkte untergliedert werden:

1. Wie ist die Mobilitätskomponente den Funktionen Wohnen, Arbeiten, Erholung, Versorgung und Verkehr unter dem Aspekt einer Optimierung gesunder Lebens- und Arbeitsbedingungen insgesamt bzw. im Einzelfall zuzuordnen?

    Zwar gibt es für einzelne Bereiche optimale Lösungen, aber die interdisziplinäre und optimale Lösung der mehrdimensionalen Probleme muß noch geleistet werden. Das bedeutet, daß die aus den o. a. Funktionen abzuleitenden Mobilitätspräferenzen, -tendenzen und -motive erst in ihrer räumlichen Zuordnung zu einer akzeptablen Entscheidungshilfe für eine rationale Raumordnungspolitik werden.

2. Einen der Kernpunkte des Bundesraumordnungsprogramms stellt die Frage dar, ob und in welchem Umfange die Bevölkerung durch den Ausbau von Entwicklungszentren im ländlichen Raum gehalten und zugleich die Lebensbedingungen in den Verdichtungsräumen verbessert werden können.

    Ausgehend von der Feststellung, daß regionale Präferenzen der Wandernden sowohl Anlaß als auch Folge öffentlicher Infrastrukturinvestitionen sein können, wird für das Konzept der Entwicklungszentren gefolgert: Die Arbeitsstätten und Infrastruktureinrichtungen werden auf geeignete zentrale Orte konzentriert. Allerdings ist die wechselseitige Abhängigkeit der Komponenten „Räumliche Wanderungen", „Wohn- und Arbeitsstätten", „Infrastruktur" und „Siedlungsstruktur" weitgehend ungeklärt; die Lösung dieses Problems wird noch dadurch erschwert, daß die regionale Bedeutung jeder Komponente im historischen Ablauf ein unterschiedliches Gewicht aufweist.

3. Mit der Abgrenzung von 38 Gebietseinheiten für das Bundesraumordnungsprogramm muß die Frage nach der Bedeutung des quantitativen und qualitativen Zuschnitts der Gebietseinheiten gestellt werden. Hierbei muß auch das Problem der inter- und intraregionalen Verflechtungen sowie die Rolle dieser Funktionsräume für die autonomen bzw. die beabsichtigten Wanderungsbewegungen erörtert werden. Das gilt um so mehr, als sich auch die Raumordnungspolitik des Bundes aufgrund der permanenten Veränderungen politischer Prämissen und Aufgabenstellungen in einem Ungleichgewicht fortentwickelt.

4. Zwar geben die Status-quo-Prognose und die Zielprojektionen erste Hinweise über die regionale Verteilung von Bevölkerung und Arbeitsplätzen im Jahre 1985, aber die Wirkungen der vorgesehenen Strategien und Instrumente der Raumordnungspolitik sind vorerst nur global abzuschätzen. Völlig ungeklärt sind die raumordnungspolitischen Möglichkeiten zur Beeinflussung der Wanderungsbewegungen, z. B. die Umlenkung des knappen Bevölkerungs- und Erwerbstätigenpotentials von den Verdichtungsräumen in den ländlichen Raum. Hierzu gehören auch Fragen nach den Schwellenwerten für beabsichtigte und tatsächliche Wanderungen sowie nach den Integrationskräften und funktionalräumlichen Verflechtungen der Entwicklungszentren mit dem Umland. Das raumordnerische Zielsystem und die daraus abgeleiteten Schwerpunkte und Prioritäten des Einsatzes raumwirksamer Bundesmittel deuten an, wie insbesondere die Gegensteuerung bzw. die indirekte Beeinflussung des Entwicklungsmechanismus zu handhaben sind. Dies schließt die Aufforderung an die Mobilitätsforschung ein, die Bedeutung der Wanderungsbewegungen für die Gestaltung der Raum-

struktur (Vorranggebiete, Verdichtungsräume, ländlicher Raum u. a.) und Siedlungsstruktur (Entwicklungszentren und -achsen, Entlastungsorte u. a.) in Alternativentwürfen darzustellen.

Wegen der Überlastungserscheinungen in den Verdichtungsräumen, aber auch um den Ausbau von Entwicklungszentren in einem absehbaren Zeitraum realisieren zu können, ist ein weiteres Wachstum der bestehenden Verdichtungsräume aus raumordnerischer Sicht nicht erwünscht. Des weiteren ist für raumordnungspolitische Entscheidungen zu untersuchen, wie die raumwirksamen Infrastrukturinvestitionen auf die erforderlichen Ordnungsmaßnahmen in den bestehenden Verdichtungsräumen bzw. auf den Ausbau von Entwicklungszentren aufzuteilen sind.

5. Zu den bisher ungelösten Problemen der Raumordnungspolitik zählt die Frage nach dem zukünftigen Einfluß des stagnierenden sekundären und des expandierenden tertiären Sektors sowie des Wohnortfaktors auf die Wanderungen. Hier wäre ein Schwerpunkt zukünftiger Raumforschung zu begrüßen. Einen zentralen Ansatz für die „tertiäre" Standortlenkung kann die regionale Verteilung raumwirksamer Infrastrukturinvestitionen bilden. Die Entscheidung, bei der Lenkung raumwirksamer Infrastrukturinvestitionen dem pragmatischen Vorgehen[52] die koordinierte Rahmenplanung in Gestalt einer ressortübergreifenden Querschnittskoordinierung vorzuziehen, basiert auf vielfältigen Überlegungen politischer Natur: Getätigte Infrastrukturinvestitionen sind nur selten zu revidieren; optimale Infrastrukturlösungen sind nur über langfristige Finanzplanungen zu erzielen; neue Entwicklungsmaßnahmen würden evtl. hinter pragmatischen Ordnungsmaßnahmen zurücktreten. Die Rolle, die die Wanderungsbewegungen innerhalb dieses Orientierungsrahmens spielen, ist von der Mobilitätsforschung bisher nur unzureichend beachtet worden. In keinem Falle wird ein Wanderungszwang zur Korrektur bestehender Zustände und zur Beseitigung aktueller Engpässe unter raumordnungspolitischen Aspekten akzeptabel sein.

Auch der Vorschlag ZIMMERMANNs, die am Wohnortwert orientierten Wanderungen als raumordnungspolitisches Datum zu setzen, bedarf der eingehenden Überprüfung; denn aus der Kenntnis des Wanderungsmotives „Wohnortwert" kann noch nicht eine räumlich optimale Infrastrukturlenkung deduziert werden.

6. Wiederholt ist darauf hingewiesen worden, welche Bedeutung persönliche Charakteristika (Alter, Familiengröße und -zusammensetzung, Wohnungseigentum, Schulbildung und Beruf, Informations- und Kommunikationsmöglichkeiten, soziale Bindungen) für den individuellen Wanderungsentschluß haben. Ähnliches gilt für die externen Faktoren (Wohn- und Arbeitsmarktverhältnisse, Verkehr, Freizeit und Erholung, Bildungsmöglichkeiten). Diese für die Bestimmung des Mobilitätspotentials entscheidenden Faktoren und die tatsächlichen Wanderungsströme müssen für die Belange einer auf die Gestaltung einer künftig anzustrebenden Raum -und Siedlungsstruktur ausgerichteten Raumordnungspolitik, konkret z. B. für die Instrumentierung des Bundesraumordnungsprogrammes, aufbereitet, d. h. regionalisiert, aggregiert und zielkonform gemacht werden (z. B. inter- und intraregionale Wanderungen der Pendler und der Mantelbevölkerung). Allgemeine Aussagen über die Wirkungen der einzelnen Faktoren auf die räumliche Mobilität sind zwar wissenschaftlich wertvoll, reichen aber als Basis für spezifische raumordnungspolitische Maßnahmen nicht aus. Insbesondere

---

[52] Vgl. H. ZIMMERMANN: Zielvorstellungen in der Raumordnungspolitik des Bundes. In: Jahrbuch für Sozialwissenschaft, Bd. 17/1966, S. 244 ff. — D. STORBECK: Zur Operationalisierung der Raumordnungsziele, a. a. O., S. 114 f.

die empirischen Mikroanalysen sind eine notwendige Grundlage und Kontrolle für Makroanalysen der Wanderungsströme. Dabei sollte nicht übersehen werden, daß z. B. Befragungsanalysen in ihrer zeitlichen und räumlichen Dimension begrenzt sind.

7. Der Bedarf an regionalen Bevölkerungs- und Arbeitsplatzprognosen ist gestiegen. Die zukünftige Wanderungsforschung sollte darauf abzielen, die Mobilitätskomponente stärker zu differenzieren. Das setzt allerdings in verstärktem Umfange eine empirische Überprüfung der planerischen Verwendbarkeit von Mobilitätsmodellen voraus. Wegen der Kosten und des erheblichen intellektuellen Aufwandes empfiehlt es sich, den Modellbau entscheidungsnah zu verankern und zentral durchzuführen.

Diese Forderung gewinnt um so stärker an Gewicht, als die verfügbaren theoretischen Ansätze in der BRD bisher kaum empirisch erprobt worden sind. Ebenso wie diese Ansätze auf ihre prognostische Potenz unter den gegebenen Bedingungen zu prüfen sind, so ist auch nach plausiblen Begründungen für das bisher unerklärte Wanderungsgeschehen zu fragen. Der enge Zusammenhang zwischen der Prognose von Aggregatdaten und die Erklärung individueller Wanderungsentscheidungen führt notwendig zu der Einsicht, die Lösung in der Verbindung makro- und mikrotheoretischer Ansätze zu suchen.

8. Die Abhängigkeit bestimmter Motivkomplexe vom Lebenszyklus des Wandernden ist wiederholt nachgewiesen worden. Demgegenüber ist bisher nicht analysiert worden, ob und in welchem Umfange der Stellenwert dieser Determinantenkomplexe von gesellschaftlichen Wert- und Normmustern abhängig ist. Es ist zu vermuten, daß eine Analyse der Transformation und des Einflusses der Primär- und Sekundärgruppen auf Mobilitätsbereitschaft und regionales Wanderungsverhalten für die „unterentwickelte" Regionalsoziologie ein neues Problemfeld öffnen könnte[53]).

Dieser Problemaufriß und Fragenkatalog ließe sich noch fortsetzen. Wenn die Enumeration trotzdem an dieser Stelle abgebrochen wird, so erfolgt das aus den eingangs dargelegten Schwierigkeiten. Da dieser Beginn so schwierig ist, müssen die Gespräche zwischen Wissenschaftlern und Politikern intensiviert werden.

---

[53]) Vgl. auch die im Auftrage des Bundesinnenministeriums durchgeführte Studie von R. KRECKEL u. a.: Vertikale Mobilität und Immobilität in der Bundesrepublik Deutschland. Mitteilungen aus dem Institut für Raumordnung, H. 75, Bonn-Bad Godesberg 1972.

Bestimmungsgründe der regionalen Unterschiede der Geburtenhäufigkeit

von

Gerd-Rüdiger Rückert, Wiesbaden, und Dieter Schmiedehausen, Auringen

I. Vorbemerkung

In der Diskussion um den Geburtenrückgang wurde mehrfach versucht, Faktoren, denen man einen Einfluß auf die Geburtenhäufigkeit zumißt, wie Siedlungsweise, Konfession, Erwerbstätigkeit, Bildung, anhand regionaler Vergleiche in ihrer Wirksamkeit zu messen. Solche Untersuchungen können auf kleinräumiger Basis erfolgversprechend sein, wenn Unterschiede in der Geburtenhäufigkeit bei guter Kenntnis der örtlichen Eigenarten auf spezielle regionale Strukturunterschiede zurückführbar sind. In der Regel scheitern derartige Untersuchungen aber daran, daß infolge ungenügend differenzierten statistischen Materials nicht das Geflecht der vielfältigen Ursache-Wirkungsbeziehungen der die Fruchtbarkeit beeinflussenden Faktoren entwirrt wird, sondern nur einzelne Beziehungen festgestellt werden oder aus den festgestellten Beziehungen eine intuitive Auswahl derjenigen Beziehungen getroffen wird, die dem jeweiligen Untersucher als besonders markant und wichtig erscheinen. Wenn die überwiegend katholische Gemeinde A z. B. eine größere Geburtenhäufigkeit aufweist als die überwiegend evangelische Gemeinde B, gemessen an Geborenen auf 1000 Einwohner, so läßt sich, wie schon SCHUBNELL wiederholt betont hat[1]), in keinem Falle sofort auf die Konfession als bestimmenden Faktor für die Unterschiedlichkeit der Kinderzahlen in den Ehen schließen. Zunächst wäre festzustellen, ob die Gemeinden A und B im Altersaufbau im Hinblick auf den Anteil verheirateter Frauen im gebärfähigen Alter vergleichbar sind. Hinzu kommen, neben der Konfession, andere mögliche Einflüsse, die in Gemeinde A vorhanden sind, in B aber nicht, oder in A stärker wirken als in B usw.

Nach Vorliegen eines Teils der Volkszählungsergebnisse liegt es nahe, anhand der dabei gefundenen regionalen Strukturdaten die Untersuchungen über die Faktoren, die für die Höhe der Fruchtbarkeit von Einfluß sind, zu vertiefen. Solche Untersuchungen sind gerade mit Volkszählungsergebnissen sinnvoll, weil die unterschiedlichsten Strukturdaten aufgrund der Tatsache miteinander verknüpfbar sind, daß sie für das gleiche Gebiet und die gleiche Bevölkerung zum gleichen Zeitpunkt erhoben wurden. Hinzu kommt, daß im Zuge der Bereitstellung von Daten für eine effiziente Raumordnungs- und Strukturpolitik sowie für die Regionalforschung, die Landesplanung und den Städtebau die Ergebnisse der Volks-, Berufs- und Arbeitsstättenzählung 1970 in bisher nicht dagewesenem Maße regional tief untergliedert sind.

Die Erarbeitung von Grundinformationen über Bedingungen und Einflüsse, die auf die Höhe der Fruchtbarkeit einwirken, wird — wie schon erwähnt — dadurch erschwert, daß es sich um ein Geflecht von vielfältigen Ursache-Wirkungsbeziehungen handelt. Daher kann die Ermittlung einzelner Beziehungen, beispielsweise mit Hilfe der Regressi-

---

[1]) Vgl. z. B. H. SCHUBNELL: Der Geburtenrückgang in der Bundesrepublik Deutschland. Schriftenreihe des Bundesministers für Jugend, Familie und Gesundheit, Band 6, Bonn-Bad Godesberg 1973, S. 27.

ons- oder der Korrelationsanalyse, nicht das Endresultat einer Untersuchung darstellen. Vielmehr stellen die ermittelten Beziehungen nur eine wichtige Voraussetzung für die weiterführende Untersuchung der strukturellen Bedingungen dar, die den Merkmalszusammenhängen im benutzten Datenmaterial zugrunde liegen. Dies liegt darin begründet, daß in einer sorgfältigen Untersuchung die sich anmeldenden Beziehungen kaum noch zu überschauen sind. Aus diesem Grunde müssen statistische Verfahren eingesetzt werden, mit denen die Struktur eines hochgradig verflochtenen Beziehungsgefüges erkannt und problemgerecht interpretiert werden kann. Ein solches weiterführendes Verfahren steht in der Faktorenanalyse zur Verfügung. Ein wichtiger Leistungsvorteil dieser statistischen Technik liegt in der Tatsache, daß sie Abhängigkeiten und Beziehungen aufzudecken vermag, die der Untersucher nicht erwartet hatte, da sie außerhalb seiner ursprünglichen Hypothesen liegen. Die Faktorenanalyse hat nämlich nicht allein zum Ziel, die Zahl der relevanten Einflußgrößen einer Untersuchung wirksam zu reduzieren, sondern auch, diese Reduktion so vorzunehmen, daß neu konstruierte Variable, die „Faktoren", sachlich interpretierbar sind[2]).

II. Eingabedaten der Untersuchung

Ein wesentlicher Grund regionaler Fruchtbarkeitsunterschiede kann auf Unterschieden in der Altersstruktur der Bevölkerung der Regionen beruhen. Um nur die über die Einflüsse der Altersstruktur hinausgehenden regionalen Fruchtbarkeitsunterschiede zu erhalten, wurden Modellrechnungen durchgeführt, die die regionalen Altersstrukturunterschiede eliminieren. Dies erfolgte in der Weise, daß berechnet wurde, inwieweit bei jeweils gegebener Altersstruktur die Fruchtbarkeit in einer Region vom Bundesdurchschnitt abweicht. Hierzu wurden die am Volkszählungsstichtag 1970 in der jeweiligen Region ermittelten Frauen im gebärfähigen Alter geburtsjahrgangsweise mit den altersspezifischen Fruchtbarkeitsziffern 1970 des Bundes multipliziert, um bei bundesdurchschnittlicher Fruchtbarkeit erwartbare Geburten zu berechnen. Aus der Gegenüberstellung von tatsächlichen Geburten und erwarteten Geburten erhält man eine standardisierte Zahl, die angibt, in welchem Verhältnis die tatsächliche regionale Fruchtbarkeit 1970 zur bundesdurchschnittlichen Fruchtbarkeit steht[3]).

Bei der Wahl der regionalen Elemente der Untersuchung waren die statistischen Grundsätze zu beachten, daß für die Untersuchung von Zusammenhängen die Meßwerte der betrachteten Größen einander zuordenbar sein müssen und daß die statistische Gesetzmäßigkeit der zu untersuchenden Erscheinung dabei um so sicherer erkannt wird, je genauer die Werte sind und je größer die Anzahl der Meßwerte ist. Unter Berücksichtigung dieser Grundsätze stellten die „Statistischen Raumeinheiten" die kleinstmögliche regionale Einheit dar, für die die angestrebten Variablen der Untersuchung statistisch nachgewiesen werden.

Die „Statistischen Raumeinheiten", die für Zwecke der Zielprojektion im Fernstraßenbau geschaffen worden sind, umfassen 78 ausgewählte Verkehrsschwerpunkte — in

---

[2]) Vgl. K.-A. SCHÄFFER: Multivariate Datenanalyse des Wahlverhaltens in der Bundesrepublik Deutschland. Köln 1968, S. 74.

[3]) Vgl. K. SCHWARZ: Demographische Grundlagen der Raumforschung und Landesplanung. Veröffentlichungen der Akademie für Raumforschung und Landesplanung, Abhandlungen Bd. 64, Hannover 1972, S. 211.

der Regel Städte mit mehr als 50 000 Einwohnern — sowie die umliegenden Kreise. Außerdem die Raumeinheit Berlin (West)[4].

Die in den Statistischen Raumeinheiten nach dem geschilderten Verfahren ermittelten standardisierten Fruchtbarkeitswerte schwanken, setzt man die Geburtenhäufigkeit 1970 im Bundesgebiet = 100, zwischen 70,6 und 160,5. So wurden in Raumeinheit 914 (einer Raumeinheit in Bayern, die u. a. die kreisfreien Städte bzw. Landkreise München, Freising, Dachau und Starnberg umfaßt) nur 70,6 % der bei bundesdurchschnittlicher Fruchtbarkeit 1970 erwartbaren Geborenen tatsächlich geboren (s. Tabelle 1). In Raumeinheit 304 (Landkreise Aschendorf-Hümmling, Grafschaft Bentheim, Lingen, Meppen), der Raumeinheit mit der höchsten Fruchtbarkeit, überstieg dagegen die Zahl der 1970 tatsächlich Geborenen die der erwartbaren Geborenen um 60,5 %. Wäre daher 1970 die Fruchtbarkeit im gesamten Bundesgebiet so niedrig wie in Raumeinheit 914 gewesen, so wären statt der beobachteten 811 000 Lebendgeborenen nur 572 000 Lebendgeborene registriert worden. Wäre sie dagegen so hoch wie in Raumeinheit 304 gewesen, so wären insgesamt 1 301 000 Lebendgeborene gezählt worden. Geht man davon aus, die für 1970 im Querschnitt ermittelten altersspezifischen Fruchtbarkeitswerte hätten im Lebensablauf einer Frau Gültigkeit, so werden in Raumeinheit 914 bei Berücksichtigung der Sterblichkeit nur zwei Drittel der zur langfristigen Bestandserhaltung der Bevölkerung notwendigen Kinder geboren; in Raumeinheit 304 dagegen wäre die Kinderzahl um die Hälfte höher als zur Bestandserhaltung notwendig. Damit ergäbe sich in Raumeinheit 914 von einer Generation auf die andere, d. h. im Verlauf von rd. 30 Jahren, ohne Wanderungen eine Bevölkerungsabnahme der Bevölkerung im gebärfähigen Alter um ein Drittel, in Raumeinheit 304 dagegen eine Bevölkerungszunahme um 50 %.

Tab. 1: *Fruchtbarkeit 1970 in den Statistischen Raumeinheiten*) der Verkehrsplanung — Bundesdurchschnitt 1970 = 100*

Land	Raumeinheit	Bezeichnung	Fruchtbarkeit
Berlin (West)	001	Berlin (West)	72,0
Schleswig-Holstein	101	Flensburg	116,7
	102	Itzehoe	122,8
	103	Kiel	102,8
	104	Lübeck	102,4
	105	Bad Segeberg	103,0
Hamburg	201	Hamburg	75,4
Bremen	202	Bremen	91,4

*) Eine Aufstellung der Zusammensetzung der Raumeinheiten aus kreisfreien Städten bzw. Landkreisen findet sich in: Statistisches Bundesamt, Fachserie A, Bevölkerung und Kultur, Volkszählung vom 27. Mai 1970. Heft 2. Ausgewählte Strukturdaten für nichtadministrative Gebietseinheiten.

[4] Ohne Zweifel ergibt sich aus einer für bestimmte Zwecke — hier solche der Zielprojektion im Fernstraßenbau — erfolgten Zusammenfassung regionaler Bausteine zu größeren Einheiten eine Nivellierung der Größen, die im Hinblick auf eine Untersuchung regionaler Fruchtbarkeitsunterschiede nicht optimal sein muß. Eine andere Zusammenfassung regionaler Ergebnisse der Volks-, Berufs- und Arbeitsstättenzählung 1970 sowie der laufenden Ergebnisse der natürlichen Bevölkerungsbewegung zu evtl. besser geeigneten Einheiten war jedoch aus technischen Gründen nicht möglich.

Noch Tab. 1:

Land	Raumeinheit	Bezeichnung	Fruchtbarkeit
Niedersachsen	301	Emden	140,9
	302	Oldenburg	121,9
	303	Bremervörde	122,3
	304	Lingen	160,5
	305	Verden	122,9
	306	Uelzen	116,9
	307	Osnabrück	127,8
	308	Hannover	86,8
	309	Hildesheim	104,8
	310	Braunschweig	102,1
	311	Göttingen	103,2
Nordrhein-Westfalen	401	Münster	125,3
	402	Herford	107,6
	403	Wesel	100,5
	404	Gelsenkirchen	92,8
	405	Hamm	100,8
	406	Paderborn	128,3
	407	Gladbach	98,0
	408	Solingen	83,0
	409	Hagen	98,9
	410	Meschede	125,2
	411	Aachen	101,0
	412	Köln	89,5
	413	Siegen	116,8
Hessen	501	Kassel	106,6
	502	Marburg	111,7
	503	Fulda	117,8
	504	Gießen	102,1
	505	Frankfurt	82,2
	506	Darmstadt	96,4
Rheinland-Pfalz	601	Montabaur	111,4
	602	Koblenz	107,6
	603	Bitburg	133,4
	604	Trier	118,3
	605	Idar-Oberstein	110,9
	606	Mainz	97,2
	607	Kaiserslautern	105,5
	608	Ludwigshafen	90,7
	609	Landau	108,3

Noch Tab. 1:

Land	Raumeinheit	Bezeichnung	Fruchtbarkeit
Saarland	701	Saarland	91,1
Baden-Württemberg	801	Heidelberg	84,6
	802	T'bischofsheim	117,7
	803	Schwäbisch Hall	113,4
	804	Karlsruhe	91,3
	805	Stuttgart	96,5
	806	Heidenheim	120,1
	807	Offenburg	119,2
	808	Calw	104,9
	809	Tübingen	104,4
	810	Biberach	126,5
	811	Freiburg	95,3
	812	Lörrach	107,0
	813	Donaueschingen	114,8
	814	Friedrichshafen	114,4
Bayern	901	Aschaffenburg	111,0
	902	Würzburg	102,0
	903	Schweinfurt	121,0
	904	Bayreuth	112,5
	905	Ansbach	118,6
	906	Nürnberg	87,0
	907	Regensburg	114,2
	908	Cham	133,2
	909	Ingolstadt	114,4
	910	Landshut	124,9
	911	Passau	131,3
	912	Neu-Ulm	116,5
	913	Augsburg	106,0
	914	München	70,6
	915	Kempten	111,4
	916	Rottach-Egern	99,9
	917	Traunstein	108,1

Geht man die gefundenen Fruchtbarkeitswerte nach der Ordnungsnummer der Raumeinheiten durch, so zeigt sich für Berlin (West), also für die Raumeinheit 001, mit 72 die zweitniedrigste Geburtenhäufigkeit aller Raumeinheiten. Die ermittelten Fruchtbarkeitswerte in den Raumeinheiten Schleswig-Holsteins liegen alle über 100, d. h. über dem Bundesdurchschnitt. Besonders hoch ist hier die Fruchtbarkeit in Raumeinheit 102,

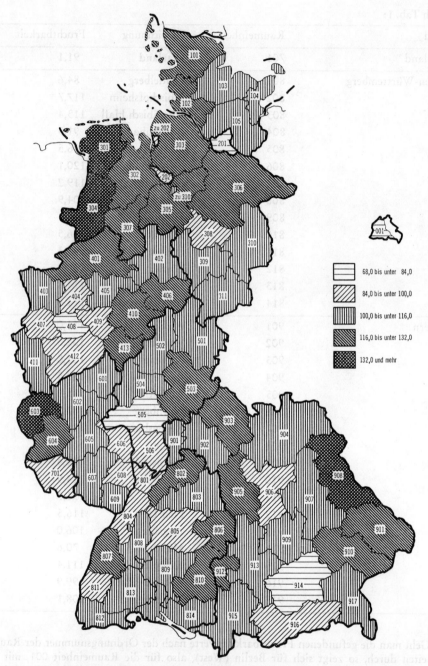

Abb. 1: Fruchtbarkeit 1970 in den statistischen Raumeinheiten der Verkehrsplanung (Bundesdurchschnitt = 100)
Quelle: Statistisches Bundesamt.

die die Landkreise Dithmarschen und Steinburg umfaßt. In Raumeinheit 201, Hamburg, zeigte sich mit 75,4 die drittniedrigste Geburtenhäufigkeit aller Raumeinheiten. In den kreisfreien Städten Bremen und Bremerhaven, die zusammen Raumeinheit 202 bilden, lag die beobachtete Geburtenhäufigkeit 1970 um rd. 9 % unter dem Bundesdurchschnitt. Sehr hohe Geburtenhäufigkeiten ergaben sich für die Raumeinheiten in Niedersachsen. Hier liegt neben der schon erwähnten Raumeinheit 304 mit Raumeinheit 301, die identisch ist mit dem Regierungsbezirk Aurich, auch die Raumeinheit mit der zweithöchsten Geburtenhäufigkeit aller Raumeinheiten. Unter dem Bundesdurchschnitt liegt in Niedersachsen mit 86,8 nur Raumeinheit 308, die Hannover Stadt und Land und die Landkreise Neustadt am Rübenberge und Burgdorf umfaßt. In Nordrhein-Westfalen liegen einige Raumeinheiten deutlich über und einige deutlich unter dem Bundesdurchschnitt. In Raumeinheit 406, die von den Landkreisen Büren, Höxter, Paderborn und Warburg gebildet wird, lag die Geburtenhäufigkeit um 28,3 % über dem Bundesdurchschnitt. In Raumeinheit 408 dagegen, die die kreisfreien Städte Düsseldorf, Remscheid, Solingen und Wuppertal umfaßt sowie die Landkreise Düsseldorf-Mettmann und Rhein-Wupper-Kreis, lag die Geburtenhäufigkeit um 17 % unter dem Bundesdurchschnitt.

Etwas geringer ist die Spannweite zwischen den Extremwerten in den Raumeinheiten Hessens. Hier liegt die Geburtenhäufigkeit in Raumeinheit 503, die die Landkreise Alsfeld, Büdingen, Gelnhausen, Lauterbach, Schlüchtern, Fulda, Hünfeld und Ziegenhain sowie die kreisfreie Stadt Fulda umfaßt, nur mit 17,8 % über dem Bundesdurchschnitt. Am niedrigsten ist die Geburtenhäufigkeit in Hessen mit 82,2 in Raumeinheit 505, die aus dem Frankfurter Raum bis hin nach Hanau und Friedberg sowie dem Wiesbadener Raum einschließlich Untertaunus- und Obertaunuskreis und dem Rheingaukreis besteht. In Rheinland-Pfalz ist die Geburtenhäufigkeit in Raumeinheit 608, die sich aus den kreisfreien Städten Ludwigshafen am Rhein, Frankenthal, Neustadt/Weinstraße und Speyer sowie den Landkreisen Ludwigshafen und Bad Dürkheim zusammensetzt, mit 90,7 am niedrigsten. Bei sonst nur geringen Abweichungen vom Bundesdurchschnitt ist in Rheinland-Pfalz die Geburtenhäufigkeit in Raumeinheit 603 ungewöhnlich hoch, d. h. in den Landkreisen Bitburg, Daun und Prüm in der Eifel. Im Saarland (Raumeinheit 701) lag die Geburtenhäufigkeit 1970 rd. 9 % unter dem Bundesdurchschnitt. In Baden-Württemberg war die Geburtenhäufigkeit mit 84,6 in den kreisfreien Städten und Landkreisen Mannheim und Heidelberg am niedrigsten und mit 126,5 in der kreisfreien Stadt Ulm sowie den Landkreisen Ulm, Biberach, Ehingen und Saulgau am höchsten. In Bayern sind die regional stärksten Unterschiede in der Geburtenhäufigkeit beobachtet worden. Hier liegt neben der schon erwähnten Raumeinheit mit der niedrigsten Geburtenhäufigkeit auch eine Raumeinheit (908), in der die Geburtenhäufigkeit fast um das Doppelte höher war.

Die ermittelten regionenspezifischen Fruchtbarkeitswerte wurden in der Untersuchung sodann mit ausgewählten Strukturdaten in der Regel aus der Volks-, Berufs- und Arbeitsstättenzählung 1970 für die Statistischen Raumeinheiten zusammengeführt[5]). Um Einflüsse der unterschiedlichen Größen der Raumeinheiten zu eliminieren, wurden dabei nur

---

[5]) Die Darstellung der Eingabewerte der Faktorenanalyse sowie die Darstellung der den Merkmalen zugrunde liegenden Definitionen ist hier aus Raumgründen nicht möglich. Sie finden sich in den Quellen: Statistisches Bundesamt, Fachserie A, Bevölkerung und Kultur, Volkszählung vom 27. Mai 1970, Heft 2: Ausgewählte Strukturdaten für nichtadministrative Gebietseinheiten; Fachserie E, Bauwirtschaft, Bautätigkeit, Wohnungen, Reihe 3: Bautätigkeit. Sonderbeitrag: Verteilung der Ergebnisse der Bautätigkeit auf Kreise und nichtadministrative Raumeinheiten 1970; Fachserie D, Industrie und Handwerk, Zensus im Produzierenden Gewerbe 1967. Sonderheft: Industrie ohne Bauindustrie, Betriebsergebnisse nach Kreisen und nichtadministrativen Raumeinheiten.

Tab. 2: *Variable der Untersuchung regionaler Fruchtbarkeitsunterschiede*

Nr.	Variable
1	Fruchtbarkeit in der jeweiligen Raumeinheit 1970.
2	Anteil der erwerbstätigen verheirateten Frauen im gebärfähigen Alter 1970.
3	Anteil der weiblichen Erwerbstätigen in der Land- und Forstwirtschaft 1970.
4	Anteil der weiblichen Erwerbstätigen im Produzierenden Gewerbe 1970.
5	Anteil der weiblichen Erwerbstätigen in sonstigen Wirtschaftsbereichen 1970.
6	Anteil der weiblichen Evangelischen an der Wohnbevölkerung 1970.
7	Anteil der Katholiken an der Wohnbevölkerung 1970.
8	Anteil der Privathaushalte mit Telefon 1970.
9	Ernährte je Ernährer, die sich und andere ernähren 1970.
10	Durchschnittliche Haushaltsgröße 1970.
11	Logarithmus der Bevölkerungsdichte 1970.
12	Ein- und Zweifamilienhäuser je 10 000 Einwohner 1970.
13	Anteil der Wohnungen in Ein- und Zweifamilienhäusern am Rohzugang (Neubau) 1970.
14	Anteil der weiblichen Erwerbstätigen als Selbständige 1970.
15	Anteil der weiblichen Erwerbstätigen als mithelfende Familienangehörige 1970.
16	Anteil der weiblichen Erwerbstätigen als Arbeiterinnen 1970.
17	Anteil der Erwerbstätigen als Beamte oder Angestellte 1970.
18	Anteil der Frauen mit Schulabschluß an einer Volksschule 1970.
19	Anteil der Frauen mit mittlerer Reife als Schulabschluß 1970.
20	Anteil der Frauen mit Hochschulabschluß 1970.
21	Nettoproduktionswert je Beschäftigten 1967.
22	Investitionen je Beschäftigten 1967.

Relativzahlen verwendet. Die im einzelnen ausgewählten Variablen sind in Tabelle 2 zusammengefaßt.

Der Erwerbstätigkeit der Frau wird, wie SCHUBNELL ausgeführt hat, „in der internationalen Diskussion, unabhängig vom politischen System oder der Wirtschafts- und Gesellschaftsordnung in den hochindustrialisierten Ländern der größte Einfluß auf die Kinderzahl ... zugemessen"[6]).

Um diese These zu prüfen, wurde als eine der möglichen Einflußvariablen daher die in den Raumeinheiten ermittelten Erwerbsquoten verheirateter Frauen im gebärfähigen Alter verwendet. Da möglich schien, daß neben dem Grad der Erwerbstätigkeit die Art der Erwerbstätigkeit Fruchtbarkeitsunterschiede bedingen kann, wurden die Fruchtbarkeitsunterschiede auch mit den Strukturdaten über die Erwerbstätigkeit nach Wirtschaftsbereichen zusammengeführt. Da die Möglichkeiten zur Teilzeitbeschäftigung in den einzelnen Wirtschaftsbereichen unterschiedlich stark gegeben sind, wird mit diesen Einflußvariablen indirekt auch der Einfluß von Unterschieden in der Dauer der Erwerbstätigkeit berücksichtigt.

Aus Untersuchungen ist bekannt, daß in katholischen Ehen mehr Kinder geboren werden als in Ehen, in denen zumindest ein oder beide Partner einer anderen Konfession angehören[7]). Daher wurde als weitere mögliche Einflußvariable die Konfessionszugehörigkeit ausgewählt, um zu prüfen, ob die Konfession auch bei Isolierung von allen anderen möglichen Einflußvariablen noch von Einfluß auf die Fruchtbarkeit ist.

---

[6]) H. SCHUBNELL: Der Geburtenrückgang in der Bundesrepublik Deutschland, a. a. O., S. 36.
[7]) Vgl. Statistisches Bundesamt, Fachserie A, Bevölkerung und Kultur, Reihe 2, Natürliche Bevölkerungsbewegung, Sonderbeitrag: Kinderzahl der Ehen (Ergebnisse des Mikrozensus), Oktober 1962.

Als ein Indikator für die Einkommensverhältnisse in den Familien wurde — mangels besserer Daten — die Ausstattung der Privathaushalte mit Telefon verwendet. Mögliche Einflüsse von Unterschieden in der finanziellen Belastung der Familienernährer fanden Berücksichtigung, indem die Ernährten je Ernährer, die sich und andere ernähren, ermittelt wurden.

Als Größen, die im weitesten Sinne die Wohnverhältnisse beschreiben, wurden die durchschnittliche Haushaltsgröße, die Bevölkerungsdichte und die Zahl der Ein- und Zweifamilienhäuser je 10 000 Einwohner sowie der Neubau an Wohnungen in Ein- und Zweifamilienhäusern berücksichtigt. Neben einer Beschreibung der Wohnverhältnisse beschreiben diese Größen auch andere Gegebenheiten, die sich nicht immer jeweils isolieren lassen. So wird beispielsweise die Bevölkerungsdichte einer Region auch als wesentlicher Indikator des Industrialisierungsgrades der Region angesehen. Indirekt kann die Bevölkerungsdichte damit auch ein Maß der relativen Preise des Wohnraumes sein.

Soziologen vermuten, daß Unterschiede in der Einstellung zur Rolle der Frau in Gesellschaft und Wirtschaft Fruchtbarkeitsunterschiede bedingen können[8]). Je stärker die wesentliche Aufgabe der Frau darin gesehen wird, „Haus und Herd zu hüten", um so höher wird ihre Fruchtbarkeit sein. Umgekehrt wird ihre Fruchtbarkeit um so niedriger sein, je höher ihre wirtschaftliche und gesellschaftliche Position ist. Als Größen für die unterschiedliche Position der Frauen in der Gesellschaft wurden daher hier die Strukturdaten der weiblichen Erwerbstätigen nach der Stellung im Beruf verwendet.

Um einen möglichen Einfluß der Ausbildung auf die Höhe der Fruchtbarkeit zu testen, wurden Variable, die den jeweiligen Ausbildungsgrad der weiblichen Bevölkerung in den Raumeinheiten aufzeigen, verwendet. Als Indikatoren, die im weitesten Sinne die Beurteilung der wirtschaftlichen Gegebenheiten und Zukunftsaussichten in den Regionen widerspiegeln, wurden schließlich noch die Variablen „Nettoproduktionswert je Beschäftigten 1967" und „Investitionen je Beschäftigten 1967" eingesetzt[9]).

Ohne Zweifel ist der Datenkatalog möglicher Einflußvariablen keinesfalls vollständig. So fehlen beispielsweise aus dem Bereich der individuellen und familialen Daten Informationen über die von Region zu Region unterschiedliche Kenntnis der Verfahren zur Familienplanung sowie der Verfügbarkeit antikonzeptioneller Mittel. Hier läßt sich nur — wie schon oben — anführen, daß die benutzten Variablen indirekt andere hier nicht untersuchte Variable mit einbeziehen können, wenn sie unmittelbar mit ihnen zusammenhängen. So ist es wahrscheinlich, daß durch den Nachweis der regionalen Unterschiede in der Ausbildung indirekt auch die Unterschiede in der Kenntnis der Verfahren der Familienplanung sowie Unterschiede in der Einstellung von Frauen zur Frage der Anwendung von Empfängnisverhütungsmitteln berücksichtigt sind[10]). Ebenso können Unter-

---

[8]) Vgl. z. B. B. Okun: Trends in Birth Rates in the United States since 1870. Baltimore 1958, S. 164.
[9]) Im Gegensatz zu den übrigen Variablen der Untersuchung lagen diese Daten nicht für 1970 vor. Dennoch dürfte es durchaus vertretbar sein, hier Daten eines früheren Jahres, nämlich 1967, zu verwenden, da evtl. Reaktionen auf wirtschaftliche Gegebenheiten auch erst mit zeitlicher Verzögerung eintreten dürften.
[10]) Nach den Ergebnissen einer im Auftrag des Bundesministers für Jugend, Familie und Gesundheit 1970 von der Gesellschaft für Grundlagenforschung durchgeführten Repräsentativstudie nimmt nicht nur der Anteil der Frauen, die aus ihrer persönlichen Einstellung gegen die Anwendung von Empfängnisverhütungsmitteln sind, mit steigendem Bildungsgrad ab, sondern es entsprechen auch Unterschiede in der Einstellung unmittelbar den Verhaltensweisen: Der Anteil der Frauen, die im Befragungszeitraum der Studie keine Empfängnisverhütungsmittel genommen haben, sinkt mit steigendem Bildungsgrad. (Vgl. hierzu: Bundeszentrale für gesundheitliche Aufklärung: Die Situation der werdenden Mütter. München und Köln 1970, S. 69 ff.)

Tab. 3:
Korrelationsmatrix für 22 Variable

Nr.	Variable	\multicolumn{21}{c}{Korrelationskoeffizient zwischen der Variablen in der Vorspalte und der Variablen Nr. ...}
		2	3	4	5	6	7	8	9	10	11	12	13	14	15	16	17	18	19	20	21	22
1	Fruchtbarkeit in der jeweiligen Raumeinheit 1970	−0,11	0,72	−0,16	−0,49	−0,19	0,25	−0,56	0,83	0,91	−0,78	0,67	0,77	0,42	0,76	−0,04	−0,75	0,65	−0,57	−0,55	−0,21	−0,06
2	Anteil der erwerbstätigen verheirateten Frauen im gebärf. Alter		0,31	0,45	−0,56	−0,05	0,02	−0,01	−0,16	−0,13	−0,16	−0,04	0,00	−0,01	0,26	0,46	−0,29	−0,13	0,16	0,07	−0,21	−0,19
3	Anteil der weibl. Erwerbstätigen in Land- und Forstwirtschaft			−0,27	−0,61	−0,28	0,30	−0,48	0,58	0,78	−0,81	0,56	0,72	0,68	0,99	−0,18	−0,81	0,53	−0,46	−0,43	−0,18	0,10
4	Anteil der weibl. Erwerbstätigen im Prod. Gewerbe				−0,56	−0,19	0,19	−0,32	−0,13	−0,15	0,14	−0,13	−0,01	−0,39	−0,29	0,93	−0,19	0,18	−0,18	−0,12	−0,33	−0,33
5	Anteil der weibl. Erwerbstätigen in sonst. Wirtschaftsbereichen					0,34	−0,35	0,64	−0,32	−0,53	0,51	−0,35	−0,60	−0,26	−0,58	−0,56	0,83	−0,64	0,54	0,59	0,36	0,15
6	Anteil der weibl. Evangelischen an der Wohnbevölkerung						−0,98	0,46	−0,43	−0,38	0,19	−0,00	−0,22	−0,50	−0,26	−0,15	0,38	−0,36	0,39	0,07	0,19	−0,02
7	Anteil der Katholiken an der Wohnbevölkerung							−0,51	0,48	0,43	−0,23	0,04	0,28	0,48	0,28	0,15	−0,41	0,42	−0,45	−0,10	−0,21	−0,03
8	Anteil der Privathaushalte mit Telefon								−0,50	−0,65	0,57	−0,35	−0,67	−0,37	−0,49	−0,44	0,79	−0,82	0,79	0,54	0,51	0,13
9	Ernährer je Ernährer, die sich und andere ernähren									0,84	−0,66	0,53	0,62	0,34	0,61	−0,07	−0,56	0,51	−0,54	−0,15	−0,19	−0,09
10	Durchschnittliche Haushaltsgröße										−0,79	0,64	0,83	0,52	0,81	−0,07	−0,80	0,75	−0,72	−0,53	−0,24	0,01
11	Logarithmus der Bevölkerungsdichte											−0,72	−0,80	−0,52	−0,84	0,00	0,76	−0,51	0,42	0,41	0,31	0,00
12	Ein- und Zweifamilienhäuser je 10 000 Einwohner												0,70	0,32	0,59	−0,09	−0,49	0,35	−0,29	−0,32	−0,09	0,20
13	Anteil der Wohnungen in Ein- und Zweifamilienhäusern am Rohzugang													0,49	0,76	0,09	−0,79	0,75	−0,67	−0,59	−0,31	−0,02
14	Anteil der weibl. Erwerbstätigen als Selbständige														0,67	−0,29	−0,56	0,46	−0,37	−0,37	−0,08	0,20
15	Anteil der weibl. Erwerbstätigen als mithelfende Familienangehörige															−0,20	−0,82	0,55	−0,49	−0,44	−0,18	0,10
16	Anteil der weibl. Erwerbstätigen als Arbeiterinnen																−0,31	0,27	−0,23	−0,23	−0,45	−0,38
17	Anteil der Erwerbstätigen als Beamte oder Angestellte																	−0,81	0,72	0,67	0,40	0,09
18	Anteil der Frauen mit Schulabschluß an einer Volksschule																		−0,94	−0,77	−0,30	−0,07
19	Anteil der Frauen mit mittlerer Reife als Schulabschluß																			0,58	0,28	0,07
20	Anteil der Frauen mit Hochschulabschluß																				0,21	0,01
21	Nettoproduktionswert je Beschäftigten 1967																					0,56
22	Investitionen je Beschäftigten 1967																					

schiede in der Ausbildung stellvertretend stehen für Unterschiede im Leistungsstreben und -denken der Gesellschaft. Auch können Unterschiede in der Ausbildung ersatzweise stehen für Unterschiede in der Produktivität auf dem Markt sowie der damit zusammenhängenden Entlohnungsunterschiede.

Der Anteil der Varianz der Fruchtbarkeit, der durch die einzelnen Variablen über eine lineare Beziehung erklärt werden kann, läßt sich aus der vorstehenden Korrelationsmatrix entnehmen (wegen der Symmetrie der Korrelationsmatrix wurde die Darstellung auf die obere Hälfte beschränkt).

Mit einer Irrtumswahrscheinlichkeit von 1 % sind bei gegebenem Stichprobenumfang der Untersuchung alle Korrelationskoeffizienten statistisch gesichert, die absolut größer als $K = 0{,}29$ sind. Wie anhand der Korrelationskoeffizienten der Korrelationsmatrix deutlich wird, besteht zwischen der Höhe der Fruchtbarkeit und der jeweiligen Höhe der ausgewählten Variablen in der überwiegenden Zahl der Fälle eine statistisch gesicherte lineare Abhängigkeit.

III. Zur Methode der Faktorenanalyse[11])

Die Faktorenanalyse gehört zu dem Komplex der multivariaten statistischen Methoden, die mehrere Merkmale gleichzeitig betrachten und gemeinsam auswerten. In der vorliegenden Untersuchung wird die Faktorenanalyse im wesentlichen dazu verwendet, das Verhalten einer „Zielgröße" durch den Einfluß hypothetischer Variablen, den sogenannten Faktoren, zu beschreiben und diese Faktoren dann sachlich durch andere meßbare Variable zu interpretieren.

Es sei eine Menge von p Variablen gegeben, die an jeweils n Einheiten gemessen werden. Jede dieser vorgegebenen Variablen soll nun dargestellt werden durch eine Linearkombination von möglichst wenigen sogenannten gemeinsamen Faktoren und einer Einzelrestgröße:

$$(1) \quad x_i = a_{i1} f_1 + \ldots + a_{ir} f_r + b_i u_i \qquad i = 1, \ldots, p$$

Fordert man, daß alle $r+p$ Variablen f_i $(i = 1, \ldots, r)$ und u_i $(i = 1, \ldots, p)$ paarweise miteinander unkorreliert sind und daß die Variablen x, f und u standardisiert sind, d. h. den Mittelwert 0 und die Varianz 1 haben, dann kann man aus den Gleichungen (1) folgendes ableiten:

1. Die Korrelation zwischen zwei Variablen x_i und x_j ist gleich der Korrelation zwischen den durch die Faktoren dargestellten Variablen

$$x_i - b_i u_i = a_{i1} f_1 + \ldots + a_{ir} f_r \text{ und}$$
$$x_j - b_j u_j = a_{j1} f_1 + \ldots + a_{jr} f_r$$

und es gilt

$$(2) \quad r(x_i x_j) = a_{i1} a_{j1} + \ldots + a_{ir} a_{jr} \qquad i, j = 1, \ldots, p; i \neq j$$

Beim Übergang von den ursprünglichen Variablen zu ihren Approximationen durch gemeinsame Faktoren bleiben also die Korrelationen erhalten.

---

[11]) Eine umfassende Einführung in die faktorenanalytischen Verfahren gibt K. ÜBERLA in seinem Buch „Faktorenanalyse", 1968. Der Leser findet dort auch eine ausführliche Bibliographie. Besonders erwähnt sei noch die Arbeit von K. A. SCHÄFFER: „Faktorenanalyse und ihre Anwendungsmöglichkeiten" in: Allgemeines Statistisches Archiv, Bd. 53, 1969, sowie das Buch von W. JAHN und H. VAHLE: „Die Faktorenanalyse", Verlag Die Wirtschaft, Berlin 1970.

2. Die Korrelation zwischen der Variablen x_i und dem Faktor f_j ist gleich dem Koeffizienten a_{ij}.

(3) $\quad r(x_i f_j) = a_{ij}$ $\hspace{3cm} i = 1,\ldots,p; j = 1,\ldots,r$

Der Koeffizient a_{ij} wird auch als Ladung der i-ten Variablen auf den j-ten Faktor bezeichnet.

3. Die Varianz der Variablen x_i läßt sich wie folgt zerlegen:

(4) $\quad 1 = a^2_{i1} + \ldots + a^2_{ir} + b^2_i$ $\hspace{3cm} i = 1,\ldots,p$

a^2_{ij} ist hierbei der Anteil der Varianz der i-ten Variablen, der durch den j-ten Faktor erklärt wird. b^2_i ist gleich dem Anteil der Restvarianz. Der durch die gemeinsamen Faktoren erklärte Varianzanteil

(5) $\quad h^2_i = a^2_{i1} + \ldots + a^2_{ir}$ $\hspace{3cm} i = 1,\ldots,p$

heißt Kommunalität.

Im Gegensatz zu den Korrelationen werden also die Varianzen der Variablen x_i nur bis auf die Restvarianzen b^2_i durch die gemeinsamen Faktoren erklärt.

Nehmen wir an, wir hätten bereits eine Darstellung der ursprünglichen Variablen durch gemeinsame Faktoren und Einzelrestgrößen gemäß Formel (1) gefunden. Irgendein Faktor ließe sich dann sachlich interpretieren durch diejenigen Variablen, die den Faktor hoch laden, d. h. die mit dem betreffenden Faktor hoch korreliert sind. Es ist klar, daß eine Faktoreninterpretation dann gut möglich ist, wenn es nur Ladungen in diesem Faktor gibt, die entweder nahe bei ± 1 — bezüglich des Faktors relevante Variable — oder nahe bei 0 — bezüglich des Faktors irrelevante Variable — liegen. Da nun, wie sich zeigen läßt, eine Darstellung der Form (1) ohne weitere Nebenbedingungen nicht eindeutig ist, kann man unter allen möglichen Darstellungen diejenige auswählen, bei der die absoluten Beträge der Faktorladungen entweder nahe bei 1 oder bei 0 liegen. Ein Verfahren das dies bewirkt ist z. B. die sogenannte Rotation.

Hat man mit Hilfe einer Rotation eine endgültige Darstellung der Variablen gefunden, so kann man sich die quadrierten Faktorenladungen einer „Zielgröße" ansehen und entscheiden, durch welche Faktoren die Varianz der Zielgröße im wesentlichen erklärt wird, d. h. welche Faktoren die Zielgröße wesentlich beeinflussen. Für diese Faktoren liegen nun im allgemeinen keine Beobachtungen vor. Man kann aber, ausgehend von dem Gleichungssystem (1), für alle in die Analyse eingezogenen Beobachtungseinheiten Faktorenwerte schätzen. Schließlich kann man die gesamte Faktorenanalyse ohne die Zielvariable wiederholen, man kann wiederum die Faktorenwerte berechnen und mit diesen Faktorenwerten eine Regressionsschätzung auf die Zielvariable durchführen.

Die Methode der Faktorenanalyse läßt sich auch geometrisch darstellen. Zu diesem Zweck denken wir uns die Gesamtheit der n . p Beobachtungswerte in einer Matrix mit n Zeilen und p Spalten zusammengefaßt. Jede Spalte der Matrix enthält dann die n Beobachtungswerte für eine Variable und jede Zeile enthält alle Variablenwerte für eine Einheit. Betrachtet man die n Einheiten als Koordinatenachsen in dem n-dimensionalen „Beobachtungsraum", dann läßt sich jede Variable durch einen Punkt in diesem Raum darstellen, dessen Koordinaten gleich den Beobachtungswerten dieser Variablen in den n Einheiten sind[12]). Wegen der Standardisierung der Variablen hat jeder vom Nullpunkt zu einem Variablenpunkt gerichtete Vektor, der sogenannte Ortsvektor dieser

---

[12]) Der Leser möge sich für den Augenblick vorstellen, daß es sich nur um n = 3 Beobachtungseinheiten handelt. Man bewegt sich dann bei der geometrischen Darstellung in dem anschaulichen dreidimensionalen Raum.

Variablen, die Länge $\sqrt{n-1}$ und die Ortsvektoren zweier Variablen bilden miteinander einen Winkel, dessen Kosinus gleich dem Korrelationskoeffizienten zwischen diesen Variablen ist.

Betrachtet man nun eine Zielgröße, sagen wir x_1, die durch eine Linearkombination der Variablen $x_2, \ldots, x_p$ möglichst gut approximiert werden soll, so läßt sich diese Aufgabe mit Hilfe der gewöhnlichen Kleinst-Quadrate-Schätzung um so besser lösen, je näher der Ortsvektor der Zielgröße an dem durch die Ortsvektoren der Einflußgrößen aufgespannten Raum liegt; genauer: der Kosinus des Winkels zwischen der Zielgröße und dem durch die Einflußgrößen aufgespannten Raum ist gleich dem multiplen Korrelationskoeffizienten, sein Quadrat ist also gleich dem Anteil der Varianz der Zielgröße der durch die Einflußgrößen erklärt wird.

Bei der Faktorenanalyse geht es nun nicht darum, eine einzelne Variable durch andere Variable zu approximieren, sondern man versucht einen Raum möglichst niedriger Dimension so zu finden, daß die Differenzvektoren $x_i - b_i u_i$ in diesem Raum möglichst gut dargestellt werden können, d. h. daß bei orthogonaler Projektion der Variablenvektoren in diesen Raum die gegenseitige Lage dieser Vektoren möglichst gut erhalten bleibt. Die orthogonalen Koordinatenachsen entsprechen dabei den Faktoren. Der Kosinus des Winkels zwischen einer Variablen und einem Faktor ist gleich der Ladung der Variablen in diesem Faktor, sein Quadrat ist also gleich dem Anteil der Varianz der Variablen, der durch den betreffenden Faktor erklärt wird. Das Quadrat des Kosinus des Winkels zwischen einer Variablen und dem von den Faktoren aufgespannten Raum ist gleich der Kommunalität dieser Variablen. Eine — orthogonale — Rotation der Faktoren zur Einfachstruktur bedeutet geometrisch eine Drehung des Koordinatsystems, so daß jede Koordinatenachse — jeder Faktor — möglichst spitze Winkel mit einigen Variablenvektoren bildet, während sie zu den übrigen Variablenvektoren möglichst senkrecht verläuft.

Kommen wir nun zur Schätzung der Größen a und f in Gleichung (1):

Zunächst wurden die Faktorladungen a bestimmt. Um das Schätzverfahren zu erläutern, denken wir uns die $n \cdot p$ Meßwerte als n Punkte in dem p-dimensionalen Variablenraum dargestellt. Die Koordinaten eines Punktes sind also diesmal die p Meßwerte für eine bestimmte Beobachtungseinheit. Es wird nun in dem Variablenraum eine Gerade so konstruiert, daß die Summe der n Abstandsquadrate der Beobachtungspunkte von dieser Geraden minimal ist. Jede weitere Gerade soll dann die Eigenschaft haben, daß sie auf jeder zuvor konstruierten Geraden senkrecht steht und die Summe der Abstandsquadrate wiederum minimal wird. Es wird also stets die Restvarianz minimiert. Algebraisch führen diese Forderungen bei standardisierten Variablen auf die Lösung der Eigenwertaufgabe

(6) $(R - \lambda E) \cdot \underline{v} = \underline{o}$.

Dabei bedeutet R die (p,p)-Matrix der Korrelationen zwischen den Variablen, E die (p,p)-Einheitsmatrix und $\underline{v}$ einen p-dimensionalen Vektor.

Für jede Lösung λ_i der Gleichung

(7) $\det(R - \lambda E) = 0$

liefert das Gleichungssystem (6) einen Vektor v_i, den zum Eigenwert λ_i gehörenden Eigenvektor. Ordnet man die Eigenwerte der Größe nach, so reduzieren die zugehörigen Eigenvektoren in dem p-dimensionalen Variablenraum die jeweils verbliebene Restvarianz maximal; die Richtungen der Eigenvektoren sind also gleich den Richtungen der gesuchten Geraden. Die durch den i-ten Eigenvektor erklärte Varianz ist dabei gleich dem i-ten Eigenwert. Man nennt die Eigenvektoren auch Hauptkomponenten. Wir wollen sie gleichzeitig als Schätzung für die Faktoren verwenden[18]). Da die Faktorenwerte jedoch die Varianz 1 haben sollten, müssen wir die Eigenvektoren um den Faktor $\sqrt{\lambda_i}$ strecken. Die Komponenten dieser gestreckten Vektoren sind dann die — vorläufigen — Schätzungen der Faktorladungen. Mit Hilfe der Eigenwerte wurde nun auch die Anzahl r der gemeinsamen Faktoren festgelegt, indem nämlich gefordert wurde, daß so viele Faktoren berücksichtigt werden sollen, wie zur Erklärung eines bestimmten Prozentsatzes der Gesamtvarianz der ursprünglichen Variablen — z. B. 95 % — notwendig sind[14]).

Die endgültige Schätzung der Faktorenladungen erfolgte mit Hilfe des Varimax-Kriteriums. Dabei werden die Faktoren so rotiert, daß die Summe der Streuungen der gewichteten quadrierten Faktorladungen maximiert wird:

$$(8) \quad \sum_{j=1}^{r} \left[\frac{1}{p-1} \sum_{i=1}^{p} \left(\frac{a_{ij}^2}{h_i^2} - \frac{1}{p} \cdot \sum_{i=1}^{p} \frac{a_{ij}^2}{h_i^2} \right)^2 \right] \overset{!}{=} \text{Maximum}$$

Die Faktorenwerte für eine Beobachtungseinheit k wurden schließlich so geschätzt, daß die Summe der Fehlerquadrate u_{ik}^2 minimal ist:

$$(9) \quad \sum_{i=1}^{p} \frac{1}{b_i^2} \left(x_{ik} - \sum_{j=1}^{r} a_{ij} f_{jk} \right)^2 \overset{!}{=} \text{Minimum}$$

Diese Forderung führt auf die Schätzformel

$$(10) \quad \underline{f}_k = (A'B^{-1}A)^{-1} A'B^{-1} \underline{x}_k$$

Hierbei bezeichnet

$\underline{f}'_k = (f_{1k}, \ldots, f_{rk})$ den Vektor der Faktorenwerte für die kte Einheit und

$\underline{x}'_k = (x_{1k}, \ldots, x_{pk})$ den Vektor der Variablenwerte für die kte Einheit.

Ferner bezeichnet A die (p,r)-Matrix der Faktorladungen und B die (p,p)-Diagonalmatrix, deren i-tes Hauptdiagonalelement gleich dem Anteil der Restvarianz b_i^2 für die i-te Variable ist.

Abschließend sei noch einmal darauf hingewiesen, daß mit der Faktorenanalyse lineare Hypothesen aufgestellt werden können. Die extrahierten Faktoren können, müssen aber keinen kausalen Charakter haben. Dies liegt zum Teil daran, daß die Stichprobe der in die Analyse einbezogenen Merkmale nicht repräsentativ in bezug auf den darzustellenden Sachverhalt sein muß. Die Hypothese muß also durch weitere Faktorenanalysen mit veränderter Variablenmenge erhärtet bzw. mit Methoden, die außerhalb der Faktorenanalyse liegen, bestätigt werden.

---

[13]) Die Diskussion über das Schätzverfahren für die Faktorladungen ist kontrovers. Während bei der Faktorenanalyse die Varianz der Variablen nur soweit durch die gemeinsamen Faktoren erklärt werden soll, wie zur Reproduktion der Korrelationsmatrix notwendig ist, gehen bei dem hier verwendeten Schätzverfahren die Gesamtvarianzen der Variablen in die Berechnungen ein. Es gibt eine Reihe von Vorschlägen wie man dies vermeiden kann. Keine bisher bekannte Methode ist jedoch voll befriedigend.

[14]) Es gibt kein eindeutiges Kriterium, um die Anzahl der Faktoren festzulegen. Es existieren jedoch eine Reihe von Faustregeln. Zeichnet man z. B. die der Größe nach geordneten Eigenwerte als Funktion ihrer Ordnungszahl in ein Koordinatensystem, so fordert der Scree-Test, daß die Faktoren nur bis zu derjenigen Ordnungszahl berücksichtigt werden sollen, von der ab die Eigenwerte näherungsweise auf einer Geraden liegen. Ein anderes Kriterium fordert, daß alle Faktoren zu berücksichtigen sind, die mindestens 5 % der Gesamtvarianz erklären. Vgl. hierzu K. ÜBERLA, a. a. O., S. 123 ff.

IV. Ergebnisse der Faktorenanalyse

Ausgehend von der Korrelationsmatrix der Variablen wurden die Eigenwerte der Korrelationsmatrix berechnet. Sie lassen erkennen, wie hoch der jeweilige Beitrag einer Komponente zur Erklärung der Gesamtvarianz aller Variablen ist. In Tabelle 4 sind die acht größten Eigenwerte und die daraus berechneten Varianzanteile zusammengestellt. Danach schöpft bereits die erste Hauptkomponente fast die Hälfte der Gesamtvarianz aller 22 Variablen aus, ein weiteres Sechstel vereinigt die zweite Hauptkomponente auf sich. Es ist typisch, daß die Varianzanteile der folgenden Hauptkomponenten rasch weiter abnehmen. Insgesamt enthalten die ersten sechs Hauptkomponenten 90 % der Gesamtvarianz und die ersten acht Hauptkomponenten rund 95 % der Gesamtvarianz von 22 Merkmalen. Im vorliegenden Fall kann somit die angestrebte Reduktion der Variablenzahl befriedigend verwirklicht werden.

Die endgültige Festlegung der Faktorenzahl erfolgte durch einen Vergleich der Faktorladungen, die sich bei einer Variation der Faktorenzahl für die einzelnen Faktoren ergeben. Ein solches Vorgehen ermöglicht es, die für die Untersuchung sachlich relevanten Faktoren daran zu erkennen, daß sie in allen Faktorenmustern vorkommen. Eine entsprechende Gegenüberstellung für $m = 5$ und $m = 6$ standardisierte Hauptkomponenten, die jeweils nach dem Varimax-Prinzip rotiert sind, gibt Tabelle 5.

Tab. 4: *Eigenwerte und Varianzanteile der entsprechenden Hauptkomponenten aus 22 sozio-ökonomischen Variablen*

Lfd. Nr.	Eigenwert	Varianzanteil in % einzeln	Varianzanteil in % kumuliert
1	10,19	46,3	46,3
2	3,62	16,5	62,8
3	2,02	9,2	72,0
4	1,68	7,6	79,6
5	1,32	6,0	85,6
6	0,98	4,4	90,0
7	0,60	2,8	92,8
8	0,41	1,9	94,7

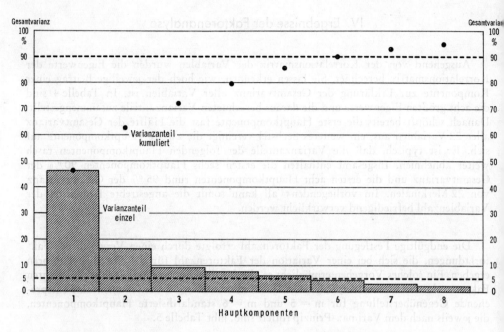

Abb. 2: Varianzanteile der Hauptkomponenten in bezug auf die Gesamtvarianz

Quelle: Statistisches Bundesamt.

Man erkennt daraus, daß sich die Faktorenladungen innerhalb der Spaltengruppen für die Faktoren 1 bis 5 durchweg stabil verhalten. Kleinere Unterschiede sind bei Faktor 1 nur in der Reihenfolge der Ladungen festzustellen. Während bei der Extrahierung von fünf Faktoren die Ladungen der Variablen „Anteil der weiblichen Erwerbstätigen in der Land- und Forstwirtschaft" und „Anteil der weiblichen Erwerbstätigen als mithelfende Familienangehörige" höher sind als die Ladung der Variablen „Ein- und Zweifamilienhäuser je 10 000 Einwohner", kehrt sich die Reihenfolge dieser Einflußvariablen bei Extrahierung von sechs Faktoren um. Da aber in beiden Fällen die gleichen Variablen zur Beschreibung des Faktors erhalten bleiben, sind diese geringfügigen Unterschiede ohne wesentlichen Einfluß auf die Ergebnisse. Insgesamt zeigt sich also sowohl bei Extrahierung von fünf Faktoren wie bei Extrahierung von sechs Faktoren im Hinblick auf die Fragestellung dieser Untersuchung das gleiche Ergebnis.

Tab. 5: *Relevante Ladungen von 5 bzw. 6 Faktoren aus 22 sozio-ökonomischen Variablen — nach dem Varimax-Prinzip rotierte Hauptkomponenten —*

Nr.	Kurzbezeichnung der Variablen	Faktor 1 bei insgesamt		Faktor 2 bei insgesamt		Faktor 3 bei insgesamt		Faktor 4 bei insgesamt		Faktor 5 bei insgesamt		Faktor 6 bei 6 Faktoren
		5 Faktoren	6 Faktoren	5 Faktoren	6 Faktoren	5 Faktoren	6 Faktoren	5 Faktoren	6 Faktoren	5 Faktoren	6 Faktoren	
1	Fruchtbarkeit	0,83	0,86									
2	Ant. d. erwerbst. verh. Frauen			−0,36	−0,36							
3	Ant. d. weibl. Erwerbst. i. Land- u. Forstwirtsch.	0,89	0,68									
4	Ant. d. weibl. Erwerbst. i. Prod. Gewerbe											0,92
5	Ant. d. weibl. Erwerbst. in sonst. Wirschaftsb.							−0,64	−0,55			
6	Ant. d. weibl. Evangel. a. d. Wohnbev.					0,96	0,97					
7	Ant. d. Katholiken a. d. Wohnbev.					−0,95	−0,96					
8	Ant. d. Privathaushalte mit Telefon			0,69	0,63			0,94	0,90			
9	Ernährte je Ernährer	0,70	0,83									
10	Durchschn. Haushaltsgr.	0,81	0,82									
11	Logarithm. d. Bevölkerungsdichte	−0,89	−0,84									
12	Ein- u. Zweifamilienh. je 10 000 Einwohner	0,74	0,84									

Noch Tab. 5:

Nr.	Kurzbezeichnung der Variablen	Faktor 1 bei insgesamt		Faktor 2 bei insgesamt		Faktor 3 bei insgesamt		Faktor 4 bei insgesamt		Faktor 5 bei insgesamt		Faktor 6 bei 6 Faktoren
		5 Faktoren	6 Faktoren	5 Faktoren	6 Faktoren	5 Faktoren	6 Faktoren	5 Faktoren	6 Faktoren	5 Faktoren	6 Faktoren	
13	Ant. d. Wohnungen in Ein- u. Zweifam.	0,76	0,75									
14	Ant. d. weibl. Erwerbst. als Selbständige											−0,58
15	Ant. d. weibl. Erwerbst. als mith. Familienangeh.	0,92	0,72									
16	Ant. d. weibl. Erwerbst. als Arbeiterinnen											0,86
17	Ant. d. Erwerbst. als Beamte o. Angestellte	−0,68	−0,59	0,56	0,62							
18	Ant. d. Frauen m. Schulabschl./Volksschule			−0,85	−0,85							
19	Ant. d. Frauen m. mittl. Reife			0,78	0,75							
20	Ant. d. Frauen m. Hochschulabschluß			0,80	0,89							
21	Nettoproduktionswert je Besch.									−0,72	−0,80	
22	Investitionen je Besch.									−0,83	−0,89	

Nach der Festlegung, insgesamt 6 Faktoren zu extrahieren, wurden die Faktorenladungen der 6 Faktoren ermittelt. Betrachtet man die Faktoren (Tabelle 6), so stellt man fest, daß der 1. Faktor fast mit allen Variablen hoch korreliert ist, während die anderen Faktoren nur bei wenigen Merkmalen hohe Faktorenladungen haben.

Die nach der Varimaxmethode ermittelten Faktoren lassen sich bedeutend besser erläutern. Für die Erklärung regionaler Fruchtbarkeitsunterschiede 1970 sind primär nur die Faktoren 1 und 2 wichtig, da nur sie mit der Zielgröße der Untersuchung signifikant korreliert sind. Ist nun ein Faktor mit der Zielgröße korreliert und haben Einflußgrößen ebenfalls bezüglich dieses Faktors hohe Ladungen, dann kann man auf hohe Korrelationen der Einflußgrößen mit der Zielgröße schließen[15]).

Tab. 6:
Faktorenladungen nach der Hauptkomponentenanalyse

Variable Nr.	Faktor					
	I	II	III	IV	V	VI
1	0,85	—0,24	0,14	—0,17	0,20	0,13
2	0,10	0,47	0,42	0,74	—0,08	0,00
3	0,83	—0,29	0,19	0,37	—0,04	—0,13
4	0,05	0,93	0,04	—0,00	—0,09	0,30
5	—0,73	—0,49	—0,22	—0,21	0,23	—0,09
6	—0,45	—0,19	0,77	—0,35	—0,02	—0,08
7	0,50	0,19	—0,76	0,29	0,06	0,09
8	—0,80	—0,34	0,16	0,20	0,03	0,01
9	0,73	—0,22	—0,19	—0,06	0,45	0,32
10	0,92	—0,23	—0,04	—0,12	0,13	0,10
11	—0,83	0,21	—0,27	—0,14	—0,18	—0,08
12	0,62	—0,33	0,34	—0,06	0,07	0,40
13	0,89	—0,09	0,17	—0,14	0,02	0,05
14	0,62	—0,36	—0,28	0,31	—0,20	—0,37
15	0,85	—0,32	0,20	0,30	—0,01	—0,11
16	0,15	0,93	0,12	—0,05	—0,05	0,18
17	—0,94	—0,17	—0,12	—0,09	0,12	0,08
18	0,84	0,17	—0,14	—0,37	—0,23	—0,12
19	—0,77	—0,17	0,24	0,38	0,14	0,05
20	—0,64	—0,12	—0,18	0,37	0,43	0,28
21	—0,37	—0,50	—0,08	0,03	—0,48	0,36
22	—0,05	—0,51	—0,11	0,10	—0,64	0,38

---

[15]) Vgl. W. JAHN und H. VAHLE: Die Faktorenanalyse und ihre Anwendung, a. a. O., S. 168 f.

Tab. 7:
Faktorenladungen nach der Varimaxrotation

Variable Nr.	Faktor					
	I	II	III	IV	V	VI
1	0,86	—0,36	—0,07	—0,04	0,10	—0,09
2	0,00	0,16	—0,00	0,90	0,12	0,33
3	0,68	—0,32	—0,18	0,51	0,00	—0,34
4	—0,17	—0,14	—0,13	0,18	0,17	0,92
5	—0,39	0,50	0,18	—0,55	—0,07	—0,43
6	—0,09	0,12	0,97	—0,08	—0,01	—0,05
7	0,14	—0,15	—0,96	0,03	0,05	0,06
8	—0,41	0,63	0,37	—0,01	—0,22	—0,26
9	0,83	—0,04	—0,40	—0,21	0,14	—0,03
10	0,82	—0,43	—0,27	—0,04	0,06	—0,12
11	—0,84	0,24	0,07	—0,27	—0,11	0,12
12	0,84	—0,11	0,13	0,04	—0,19	0,02
13	0,75	—0,52	—0,08	0,10	0,07	—0,01
14	0,26	—0,40	—0,45	0,31	—0,07	—0,58
15	0,72	—0,33	—0,15	0,45	0,01	—0,34
16	—0,10	—0,24	—0,07	0,21	0,28	0,86
17	—0,59	0,62	0,24	—0,39	—0,14	—0,09
18	0,39	—0,85	—0,25	—0,07	0,08	0,10
19	—0,37	0,75	0,33	0,16	—0,09	—0,12
20	—0,21	0,89	—0,12	—0,10	—0,00	—0,02
21	—0,15	0,20	0,11	—0,14	—0,80	—0,17
22	0,04	—0,02	—0,04	0,00	—0,89	—0,18

Danach bestände zwischen der Zielgröße Geburtenhäufigkeit und den in Tabelle 5 für den Faktor 1 nachgewiesenen Einflußgrößen eine relativ hohe Abhängigkeit und eine geringere Abhängigkeit zu den Einflußgrößen des Faktors 2. Im Gegensatz zu den Ergebnissen der Korrelationsmatrix (Tabelle 3) bestände keine Abhängigkeit der Zielgröße von den Einflußgrößen „Anteil der weiblichen Erwerbstätigen in sonstigen Wirtschaftsbereichen" und „Anteil der weiblichen Erwerbstätigen als Selbständige".

Über dieses Ergebnis hinaus soll hier aber auch versucht werden, eine sachliche Deutung der Faktoren zu geben: Faktor 1, der besonders hoch mit der Zielgröße der Untersuchung positiv korreliert ist, wird von den folgenden Variablen positiv bzw. negativ geladen (der Übersichtlichkeit halber wird hier nur auf wesentliche Ladungen, d. h. Ladungen, die in der Regel größer als 0,6 sind, abgestellt).

Positiv:

Ein- und Zweifamilienhäuser je 10 000 Einwohner.

Ernährte je Ernährer, die sich und andere ernähren.

Durchschnittliche Haushaltsgröße.

Anteil der Wohnungen in Ein- und Zweifamilienhäusern am Rohzugang (Neubau).

Anteil der weiblichen Erwerbstätigen als mithelfende Familienangehörige.

Anteil der weiblichen Erwerbstätigen in der Land- und Forstwirtschaft.

Negativ:

Logarithmus der Bevölkerungsdichte.

Sieht man Faktor 1 als einen Faktor der Wohn- und Siedlungsweise an, so ergibt sich als wichtigster Bestimmungsgrund für die derzeitigen regionalen Unterschiede der Geburtenhäufigkeit die regionalen Unterschiede in der Wohn- und Siedlungsweise. Die eine hohe Fruchtbarkeit begünstigende wesentliche Vorbedingungen stellt offensichtlich das Ein- oder Zweifamilienhaus oder auch nur die Wohnung in einem Ein- oder Zweifamilienhaus dar. Nicht zuletzt infolge der Entwicklung der Bau- und Bodenpreise sind die Möglichkeiten des Baues von Ein- oder Zweifamilienhäusern und damit die Möglichkeiten der uneingeschränkten Wahrung der Privatsphäre der Individuen innerhalb einer Wohneinheit für die breite Masse unserer Bevölkerung derzeit in der Bundesrepublik Deutschland nur noch in Gebieten außerhalb der Großstädte und Ballungszentren in ausreichendem Maße gegeben. Neben den reinen Wohn- und Siedlungsverhältnissen begünstigt auch die ländliche Lebensweise, insbesondere das Zusammenleben mehrerer Generationen in einer gemeinsamen Hauswirtschaft, eine hohe Fruchtbarkeit. Daneben wird möglicherweise in ländlichen Gebieten im Gegensatz zu Großstädten und Ballungsgebieten das Kind weniger als Kostenfaktor angesehen, was zum einen durch die geringeren Kosten der Lebenshaltung bedingt sein mag, zum anderen aber auch dadurch, daß die Bevölkerung in ländlichen Gebieten schon immer, d. h. traditionell, kinderfreundlicher war als die Bevölkerung in Großstädten.

Faktor 2, der nicht so hoch, aber auch noch signifikant mit der Zielgröße der Untersuchung negativ korreliert ist, wird von den folgenden Variablen geladen:

Positiv:

Anteil der Frauen mit Hochschulabschluß.

Anteil der Frauen mit mittlerer Reife als Schulabschluß.

Anteil der Privathaushalte mit Telefon.

Anteil der Erwerbstätigen als Beamte oder Angestellte.

Negativ:

Anteil der Frauen mit Schulabschluß an einer Volksschule.

Sieht man Faktor 2 als den Faktor „Bildung" an, so ergibt sich ein weiterer Bestimmungsgrund regionaler Fruchtbarkeitsunterschiede aus den regionalen Unterschieden im Bildungsgrad der Bevölkerung, denn mit zunehmendem Bildungsgrad der Frauen, und damit zusammenhängend mit zunehmendem Bildungsgrad der Ehepartner, nimmt die Geburtenhäufigkeit ab[16]).

Es muß hier offen bleiben, ob mit zunehmendem Bildungsgrad der Ehepartner neben das Kind als ein Inhalt der Ehe neue Sinngebungen treten, oder ob der Wunsch wie auch die spätere Realisierung eines höheren Ausbildungsniveaus für die Kinder bei größeren von den Eltern zu tragenden individuellen Ausbildungslasten zu einer Reduzierung der Kinderzahlen in den Ehen führt. Möglich ist aber auch, daß allein schon die Verlängerung der Ausbildung einen Teil der jungen Frauen dazu zwingt, eventuelle Kinderwünsche zumindest bis zum Ausbildungsabschluß aufzuschieben und daß die dann realisierte Kinderzahl entweder deshalb niedriger ist, weil die Frauen bereits älter geworden sind, oder weil sie nach dem Ausbildungsabschluß zumindest noch ein paar Jahre erwerbstätig bleiben wollen.

Faktor 3 wird hoch positiv geladen von der Variablen „Anteil der weiblichen Evangelischen an der Wohnbevölkerung" und nahezu in gleicher Höhe negativ von der Variablen „Anteil der Katholiken an der Wohnbevölkerung". Ansonsten weist dieser Faktor kaum Ladungen auf, so daß es sich um den Faktor „Konfession" handeln dürfte.

Nach den Ergebnissen der Analyse ist der Faktor „Konfession" nicht als ein weiterer Bestimmungsgrund regionaler Fruchtbarkeitsunterschiede anzusehen. Den angeführten Tatbestand, daß in katholischen Ehen mehr Kinder geboren werden als in Ehen, in denen zumindest ein oder beide Partner einer anderen Konfession angehören, kann man nach den Ergebnissen der Analyse darauf zurückführen, daß die katholische Bevölkerung zum einen relativ häufiger in ländlichen Gebieten wohnt, zum anderen insgesamt gesehen ein etwas niedrigeres Bildungsniveau als die evangelische Bevölkerung hat.

Faktor 4 zeigt nur eine sehr hohe Ladung bei der Variablen „Erwerbsquote verheirateter Frauen im gebärfähigen Alter", so daß diese Variable auch in etwa den Faktor bezeichnen dürfte.

Nach den Ergebnissen der Analyse sind die regionalen Unterschiede in der Erwerbsbeteiligung verheirateter Frauen im gebärfähigen Alter nicht weiterer Bestimmungsgrund regionaler Fruchtbarkeitsunterschiede. Dieses überraschende Ergebnis dürfte möglicherweise aber z. T. darauf beruhen, daß bei der Ermittlung der Erwerbsbeteiligung der Frauen nicht danach unterschieden wurde, ob es sich bei einer Erwerbstätigkeit um Erwerbstätigkeit innerhalb des Hauses und der Familie handelt, wie in der Regel in der Landwirtschaft, oder um Erwerbstätigkeit außerhalb des Hauses und der Familie. Wahrscheinlich führt nur die außerhäusliche Erwerbstätigkeit verheirateter Frauen zu einer Reduzierung der Kinderzahlen in den Ehen.

Faktor 5 weist hohe Ladungen nur bei den Variablen „Investitionen je Beschäftigten 1967" und „Nettoproduktionswert je Beschäftigten 1967" auf, so daß es sich hierbei um einen Faktor der Beurteilung der regionalen wirtschaftlichen Gegebenheiten und Zukunftsaussichten handeln dürfte. Auch dieser Faktor zeigte sich nicht als weiterer Bestimmungsgrund regionaler Fruchtbarkeitsunterschiede. Offensichtlich ist infolge der

---

[16]) Dieses Ergebnis steht nicht unbedingt in Widerspruch zur bekannten Beobachtung, daß zwischen Ausbildung (und damit zusammenhängend auch zwischen Einkommen) und Fruchtbarkeit, zumindest in den USA, eine Beziehung besteht, die durch einen u-förmigen Kurvenverlauf darstellbar ist. Da der Anteil der Personen mit hohem Ausbildungsniveau (Einkommen) und hohen Kinderzahlen, gemessen an der Gesamtzahl aller Personen sehr klein sein dürfte, würde in einer Analyse, wie der hier durchgeführten, generell die negative Korrelation zwischen Ausbildung (Einkommen) und Fruchtbarkeit ermittelt, und die gegenläufige Entwicklung bei höchsten Ausbildungsniveaus (Einkommen) käme in nur niedrigen Korrelationskoeffizienten zum Ausdruck.

jahrelangen Vollbeschäftigung der Bevölkerung das Vertrauen auf eine langfristige Fortdauer dieser Entwicklung so hoch, daß die Kinderzahlen in den Ehen derzeit nicht von der Beurteilung der regionalen wirtschaftlichen Gegebenheiten und Zukunftsaussichten abhängen dürften.

Faktor 6 wird von den Variablen „Anteil der weiblichen Erwerbstätigen im Produzierenden Gewerbe" und „Anteil der weiblichen Erwerbstätigen als Arbeiterinnen" positiv geladen und negativ von der Variablen „Anteil der weiblichen Erwerbstätigen als Selbständige". Wenngleich diese Variablen die Gegenpole in der beruflichen Stellung der erwerbstätigen Frauen bezeichnen und Faktor 6 damit einen Faktor der Stellung im Beruf darstellen dürfte, erscheint es doch verfrüht, aus den Ergebnissen der Analyse endgültig zu schließen, regionale Unterschiede in den Positionen der Frauen in der Gesellschaft bzw. die regionalen Unterschiede im Grad der „Emanzipation" der Frauen seien kein weiterer Bestimmungsgrund der regionalen Fruchtbarkeitsunterschiede. Wahrscheinlich ist der Versuch einer Klassifizierung des „Emanzipationsgrades" von Frauen u. a. anhand der Strukturdaten der Stellung im Beruf aufgrund der Unbestimmtheit der Merkmale zu grob, und schon der Übergang zu einer Klassifizierung anhand von Daten über die beruflichen Tätigkeitsmerkmale erwerbstätiger Frauen erbringt unter Umständen andere Ergebnisse.

Im weiteren wurden mit Hilfe der multiplen Regressionsrechnung die Faktorwerte der extrahierten Faktoren für die jeweiligen Regionen bestimmt. Die Ergebnisse dieser Berechnung für die Faktoren „Wohn- und Siedlungsweise" und „Bildung" sind in Tabelle 8 dargestellt. Bei den Faktorwerten handelt es sich um dimensionslose Größen mit Mittelwert 0, die hier der Übersichtlichkeit halber mit 1000 multipliziert und der Größe nach geordnet wurden.

Aus der Rangordnung wird deutlich, daß bestimmte erwähnte, eine hohe Fruchtbarkeit begünstigende Bedingungen der Wohn- und Siedlungsweise (Wohnen außerhalb der Ballungszentren, Möglichkeiten des Baus von Ein- und Zweifamilienhäusern, Zusammenleben mehrerer Generationen in einer gemeinsamen Hauswirtschaft usw.) 1970 in der Bundesrepublik Deutschland am geringsten in Raumeinheit 001, Berlin (West), gegeben waren. Es folgt Raumeinheit 404 (Essen, Mülheim a. d. Ruhr, Bottrop, Gelsenkirchen, Gladbeck u. a.), eine Raumeinheit im „Kohlenpott". An dritter Stelle steht Raumeinheit 201, Hamburg. Am günstigsten für eine hohe Fruchtbarkeit sind die Wohn- und Siedlungsverhältnisse in Raumeinheit 304, in der auch — wie schon erwähnt — die höchste Geburtenhäufigkeit beobachtet wurde.

Allein vom Bildungsstand der weiblichen Bevölkerung her wäre die niedrigste Geburtenhäufigkeit in Raumeinheit 914 (München und Umgebung) zu erwarten. Es folgt Raumeinheit 811, die die kreisfreien Städte bzw. Kreise Freiburg im Breisgau, Stadt und Land, und Emmendingen umfaßt.

Aus den jeweiligen Faktorwerten einer Region für beide Faktoren lassen sich unter Berücksichtigung des Gewichtes der Faktoren die ermittelten Fruchtbarkeitswerte erklären. Es zeigt sich beispielsweise, daß die für die Raumeinheiten Berlin (West) (001), Hamburg (201) und München (914) ermittelten niedrigen Geburtenhäufigkeiten sowohl aus den für eine hohe Fruchtbarkeit ungünstigen Wohn- und Siedlungsverhältnissen als auch aus dem für eine hohe Fruchtbarkeit ungünstigen, relativ hohen Bildungsstand der weiblichen Bevölkerung resultieren. Umgekehrt läßt sich die relativ hohe Fruchtbarkeit in den Raumeinheiten 301 und 603 sowohl aus den für eine hohe Fruchtbarkeit idealen Wohn- und Siedlungsverhältnissen als auch aus dem relativ niedrigen Bildungsstand der weiblichen Bevölkerung erklären.

Tab. 8:
Faktorwerte der Faktoren "Wohn- und Siedlungsweise" und "Bildung" für 79 Raumeinheiten der Verkehrsplanung, geordnet nach der Höhe der Werte in 1000

Rang	Nr. der Raumeinheit	Bezeichnung	Faktorwert für Faktor »Wohn- und Siedlungsweise«	Nr. der Raumeinheit	Bezeichnung	Faktorwert für Faktor „Bildung"
1	001	Berlin (West)	−2948	914	München	3011
2	404	Gelsenkirchen	−2235	811	Freiburg	2918
3	201	Hamburg	−2029	505	Frankfurt	2000
4	408	Solingen	−1828	401	Münster	1632
5	405	Hamm	−1496	105	Bad Segeberg	1621
6	202	Bremen	−1408	103	Kiel	1549
7	403	Wesel	−1337	201	Hamburg	1478
8	701	Saarland	−1289	412	Köln	1208
9	409	Hagen	−1274	104	Lübeck	1177
10	914	München	−1194	805	Stuttgart	1172
11	411	Aachen	−1082	308	Hannover	1160
12	906	Nürnberg	−1011	902	Würzburg	960
13	801	Heidelberg	− 973	814	Friedrichshafen	953
14	308	Hannover	− 967	101	Flensburg	928
15	505	Frankfurt	− 956	801	Heidelberg	896
16	412	Köln	− 856	202	Bremen	884
17	407	Gladbach	− 815	304	Lingen	868
18	608	Ludwigshafen	− 806	001	Berlin (West)	816
19	916	Rottach-Egern	− 656	307	Osnabrück	787
20	804	Karlsruhe	− 628	916	Rottach-Egern	701
21	607	Kaiserslautern	− 594	306	Uelzen	637
22	104	Lübeck	− 569	406	Paderborn	526
23	602	Koblenz	− 545	809	Tübingen	507
24	310	Braunschweig	− 482	804	Karlsruhe	496
25	904	Bayreuth	− 446	302	Oldenburg	461
26	606	Mainz	− 347	506	Darmstadt	344
27	309	Hildesheim	− 342	915	Kempten	335
28	805	Stuttgart	− 302	502	Marburg	280
29	915	Kempten	− 289	311	Göttingen	265
30	913	Augsburg	− 233	408	Solingen	234
31	402	Herford	− 220	606	Mainz	230
32	501	Kassel	− 162	913	Augsburg	223
33	601	Montabaur	− 126	906	Nürnberg	202
34	808	Calw	− 102	810	Biberach	166
35	311	Göttingen	− 100	912	Neu-Ulm	151
36	506	Darmstadt	− 90	410	Meschede	105
37	504	Gießen	− 77	812	Lörrach	1
38	103	Kiel	− 27	806	Heidenheim	− 68

Noch Tab. 8:

Rang	Nr. der Raumeinheit	Bezeichnung	Faktorwert für Faktor »Wohn- und Siedlungsweise«	Nr. der Raumeinheit	Bezeichnung	Faktorwert für Faktor „Bildung"
39	901	Aschaffenburg	89	813	Donaueschingen	— 191
40	605	Idar-Oberstein	115	907	Regensburg	— 230
41	604	Trier	124	917	Traunstein	— 232
42	609	Landau	142	504	Gießen	— 241
43	917	Traunstein	177	407	Gladbach	— 244
44	907	Regensburg	182	602	Koblenz	— 268
45	813	Donaueschingen	186	309	Hildesheim	— 288
46	902	Würzburg	334	807	Offenburg	— 306
47	912	Neu-Ulm	355	310	Braunschweig	— 316
48	413	Siegen	376	303	Bremervörde	— 360
49	812	Lörrach	377	102	Itzehoe	— 393
50	903	Schweinfurt	430	803	Schwäbisch Hall	— 404
51	814	Friedrichshafen	491	402	Herford	— 420
52	911	Passau	503	808	Calw	— 443
53	910	Landshut	516	501	Kassel	— 449
54	803	Schwäbisch Hall	555	901	Aschaffenburg	— 462
55	908	Cham	584	411	Aachen	— 512
56	806	Heidenheim	609	903	Schweinfurt	— 650
57	809	Tübingen	610	604	Trier	— 692
58	503	Fulda	622	608	Ludwigshafen	— 711
59	807	Offenburg	639	305	Verden	— 731
60	905	Ansbach	671	909	Ingolstadt	— 773
61	105	Bad Segeberg	699	503	Fulda	— 774
62	410	Meschede	716	911	Passau	— 781
63	811	Freiburg	735	413	Siegen	— 824
64	802	Tauberbischofsheim	738	910	Landshut	— 850
65	101	Flensburg	775	301	Emden	— 894
66	810	Biberach	822	802	Tauberbischofsheim	— 937
67	102	Itzehoe	827	609	Landau	—1041
68	909	Ingolstadt	870	908	Cham	—1081
69	502	Marburg	926	905	Ansbach	—1137
70	302	Oldenburg	994	605	Idar-Oberstein	—1183
71	307	Osnabrück	1099	409	Hagen	—1268
72	306	Uelzen	1101	601	Montabaur	—1317
73	406	Paderborn	1169	405	Hamm	—1326
74	303	Bremervörde	1175	603	Bitburg	—1338
75	305	Verden	1329	701	Saarland	—1402
76	603	Bitburg	1363	904	Bayreuth	—1479
77	301	Emden	1666	403	Wesel	—1506
78	401	Münster	1716	607	Kaiserslautern	—1631
79	304	Lingen	3472	404	Gelsenkirchen	—1683

Es zeigt sich beispielsweise aber auch, daß in Raumeinheit 404 die von der Wohn- und Siedlungsweise her zu erwartende sehr niedrige Geburtenhäufigkeit z. T. durch den sehr niedrigen Bildungsstand der weiblichen Bevölkerung kompensiert wird. Umgekehrt ließe sich erklären, daß die Geburtenhäufigkeit in Raumeinheit 811 nur deshalb unter dem Bundesdurchschnitt liegt, weil der von den Wohn- und Siedlungsverhältnissen her zu erwartenden relativ hohen Geburtenhäufigkeit der sehr hohe Bildungsstand der Bevölkerung gegenübersteht.

V. Weitere Anwendungsmöglichkeiten der Faktorenanalyse

Im Zusammenhang mit regionalen Analysen steht der Statistiker öfters vor der Aufgabe, die Geburtenhäufigkeit in bestimmten regionalen Einheiten zu schätzen, weil die für eine Berechnung der tatsächlichen Geburtenhäufigkeit notwendigen Ausgangsdaten (Lebendgeborene eines Beobachtungszeitraumes nach dem Alter der Mütter; durchschnittliche weibliche Bevölkerung im gebärfähigen Alter) nicht vorliegen und auch nicht konstruierbar sind. Es wurde daher als weitere Anwendungsmöglichkeit der Faktorenanalyse geprüft, inwieweit man mit Hilfe ihrer Ergebnisse durch die Verwendung der mit der Geburtenhäufigkeit verbundenen Variablen zu brauchbaren Schätzungen der Geburtenhäufigkeit gelangt. Als ein Ergebnis der Faktorenanalyse hatte sich ergeben, daß von den getesteten Variablen nur die folgenden eng mit der Geburtenhäufigkeit verbunden sind:

Anteil der weiblichen Erwerbstätigen in der Land- und Forstwirtschaft,

Anteil der Privathaushalte mit Telefon,

Ernährte je Ernährer, die sich und andere ernähren,

durchschnittliche Haushaltsgröße,

Logarithmus der Bevölkerungsdichte,

Ein- und Zweifamilienhäuser je 1000 Einwohner,

Anteil der Wohnungen in Ein- und Zweifamilienhäusern am Rohzugang (Neubau),

Anteil der weiblichen Erwerbstätigen als mithelfende Familienangehörige,

Anteil der Erwerbstätigen als Beamte oder Angestellte,

Anteil der Frauen mit Schulabschluß an einer Volksschule,

Anteil der Frauen mit mittlerer Reife als Schulabschluß,

Anteil der Frauen mit Hochschulabschluß.

Mit diesen Variablen wurde ohne Einbeziehung der Geburtenhäufigkeit eine Faktorenanalyse durchgerechnet und die Faktorenwerte bestimmt. Sodann wurde mit einer Regressionsanalyse, in der als unabhängige Variable die Faktoren der Faktorenanalyse verwendet wurden, die Zielvariable Geburtenhäufigkeit geschätzt. Wie in Abb. 3 deutlich wird, ist eine befriedigende Schätzung der regionalen Geburtenhäufigkeiten aus den jeweiligen Werten der Variablen möglich. Daß eine befriedigende Schätzung der regionalen Geburtenhäufigkeiten auch für andere regionale Einheiten zu beobachten ist, zeigt Abb. 4, bei dem für die 38 Gebietseinheiten des Bundesraumordnungsprogramms die aus den jeweiligen Werten der Variablen geschätzten regionalen Geburtenhäufigkeiten den tatsächlichen Geburtenhäufigkeiten gegenübergestellt sind.

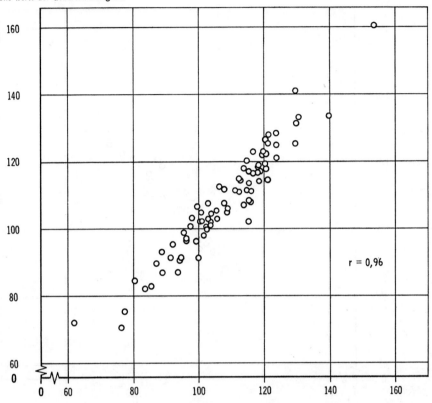

Abb. 3: Vergleich zwischen tatsächlichen und geschätzten Werten der Geburtenhäufigkeit in den 79 Verkehrsregionen

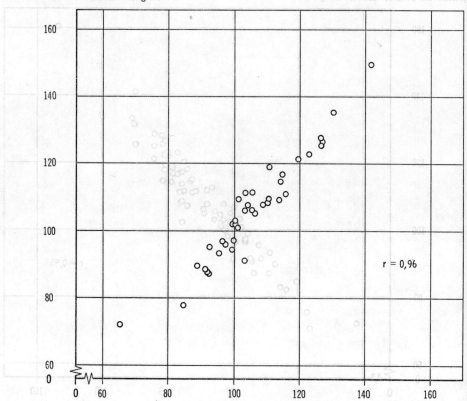

Abb. 4: Vergleich zwischen tatsächlichen und geschätzten Werten der Geburtenhäufigkeit in den 38 Gebietseinheiten des Bundesraumordnungsprogramms

VI. Abschließende Bemerkungen

In dieser Analyse wurde der Versuch unternommen, aus regionalen Strukturdaten auf die Bestimmungsgründe der regionalen Unterschiede der Geburtenhäufigkeit zu schließen. Neben einigen Variablen, die — obgleich sicher von Bedeutung — nicht einbezogen werden konnten, weil sie noch nicht verfügbar waren, haben sich andere Variable in ihrem Aussagegehalt als zu unbestimmt erwiesen, so daß mit ihnen in der Literatur vertretene weitere Einflußfaktoren der Geburtenhäufigkeit weder verifiziert noch falsifiziert werden konnten. Sicher wird man weitere und enger abgegrenzte Bestimmungsgründe der regionalen Unterschiede der Geburtenhäufigkeit aus Individualbefragungen mit speziell auf die Fragestellung zugeschnittenen Fragebogen erhalten können. Da aber auch diese Befragungen ihre methodischen Probleme haben, beispielsweise bei der Stichprobenauswahl das Problem, die Bevölkerung eines Gebietes oder Landes repräsentativ wiederzugeben, könnten sich beide Untersuchungsmethoden sinnvoll ergänzen. Da eine Faktorenanalyse in der hier durchgeführten Form brauchbare und plausible Ergebnisse liefert, erscheint daher trotz der möglichen theoretischen Vorbehalte gegen die Faktorenanalyse als statistisches Instrument eine Wiederholung und Erweiterung der hier durchgeführten Rechnungen nach Vorliegen weiterer Volkszählungsergebnisse gerechtfertigt.

Umfang des Geburtenrückgangs aus regionaler Sicht

von
Karl Schwarz, Wiesbaden

I. Vorbemerkung

Die Geburtenhäufigkeit ist im Bundesgebiet seit Mitte der 60er Jahre sehr stark zurückgegangen. Absolut verminderte sich die Zahl der Lebendgeborenen von 1 065 000 im Jahr 1964 (bisheriger Höchststand) auf 636 000 im Jahr 1973. Es hat also eine Abnahme um über 400 000 oder rd. 40 % stattgefunden. Die auf 1000 Einwohner berechnete allgemeine Geburtenziffer sank von 18,2 im Jahr 1964 auf 10,3 (Tab. 1)*). Diese Entwicklung kommt erst jetzt allmählich zum Stillstand. Ein von den Veränderungen der Altersgliederung unabhängiges Maß der Geburtenhäufigkeit ist die Summe der altersspezifischen Geburtenziffern in einem Kalenderjahr (Bruttoreproduktionsindex für Knaben- plus Mädchengeburten oder Index der Gesamtfruchtbarkeit). Diese Summen haben sich von 254 je 100 Frauen im Jahr 1964 auf etwa 160 im Jahr 1973, also ebenfalls um ca. 40 % vermindert.

Da die Sterbefälle als Folge der wachsenden Zahl älterer Menschen allmählich um fast 100 000 anstiegen, ist der früher vorhandene beträchtliche Geburtenüberschuß in der ersten Hälfte der 60er Jahre von jährlich 300 000 bis 400 000 gänzlich verschwunden. Schon 1971 hatte die deutsche Bevölkerung keinen Geburtenüberschuß mehr, und 1973 ergab sich sogar für die Gesamtbevölkerung (Deutsche und Ausländer im Bundesgebiet) ein Überschuß der Sterbefälle über die Geburten von über 95 000. Das Geburtendefizit der deutschen Bevölkerung dürfte im Jahr 1973 etwa 180 000 betragen haben.

Berechnet man den Reproduktionsindex[1]), fehlen nach den Ergebnissen 1972 mit dem Index 0,81 von der zur Bestandserhaltung der Bevölkerung aus der natürlichen Bevölkerungsbewegung erforderlichen Zahl von Lebendgeborenen auf lange Sicht rd. 20 %, nach den Ergebnissen 1973 etwa ein Viertel. Das ergibt sich auch aus einer Berechnung der zu erwartenden Zahl der Kinder je 100 von Frauen unter 45 Jahren geschlossenen Ehen beim gegenwärtigen generativen Verhalten. Sie beträgt (einschl. der Kinder aus evtl. Zweitehen) 161 für das Jahr 1972, im Vergleich zu 230 im Jahr 1966[2]). Zur Bestandserhaltung der Bevölkerung erforderlich sind 218. Bleibt es bei dem z. Z. beobachteten Fortpflanzungsverhalten, bahnt sich also eine Entwicklung an, die nach der Jahrhundertwende allmählich zu einem Überschuß der Sterbefälle über die Geburten von jährlich etwa 10 auf 1000 Einwohner führen müßte. Das tatsächliche Geburtendefizit ist z. Z. nur deshalb nicht so hoch, weil die Zahl der aus Altersgründen für eine Fortpflanzung nicht mehr in Frage kommenden Personen noch nicht den zu erwartenden Höchststand erreicht hat und weil noch für zwei Jahrzehnte stärkere Geburtsjahrgänge ins Fortpflanzungsalter nachrücken.

---

*) Die Tabellen 1—6 befinden sich am Schluß dieses Beitrages, ebenso die Übersicht über die „Geburtenhäufigkeit in ausgewählten Kreisen des Bundesgebietes 1961 und 1971."

[1]) = Index der Gesamtfruchtbarkeit für Mädchengeburten unter Berücksichtigung der Sterblichkeit der Frauen bis zum Ende des Fortpflanzungsalters. Siehe dazu auch die folgenden Ausführungen.

[2]) K. Schwarz: Kinderzahl der Ehen bei den Fortpflanzungsverhältnissen 1966 und 1972, Wirtschaft und Statistik, 1974, Heft 5, S. 303 ff., Stuttgart und Mainz.

Diese Entwicklung ist — auch wenn keine weitere Abschwächung des Fortpflanzungswillens mehr stattfinden sollte — unter vielen Gesichtspunkten von fundamentaler Bedeutung. Nicht zuletzt tangiert sie die Ziele der Raumordnung. Vor allem in diesem Zusammenhang hat sich das Interesse auch auf die regionalen Besonderheiten der Geburtenentwicklung zu richten, mit der wir uns hier beschäftigen. Die regionalen Besonderheiten der in den letzten Jahren beobachteten rückläufigen Geburtenentwicklung werden auf der Ebene der Bundesländer und auf der Ebene der kreisfreien Städte und Landkreise untersucht. Gleichzeitig prüfen wir die Unterschiede der Geburtenhäufigkeit in den 38 Gebietseinheiten des Bundesraumordnungsprogramms, die ungefähr die Größe von Regierungsbezirken haben.

II. Zur Methode

Wegen der Materiallage mußte für die regionalen Einheiten von unterschiedlichen Analyseverfahren und unterschiedlichen Beobachtungszeiträumen ausgegangen werden. Für die Länder wurde für 1964 und 1971, für die Bundesraumordnungseinheiten für 1970 und für 46 Stadt- und Landkreise für 1961 und 1971 geprüft, inwieweit die Geburtenhäufigkeit vom Bundesdurchschnitt abweicht. Dabei war zu berücksichtigen, daß die Geburtenhäufigkeit in den Ländern, Kreisen und Raumordnungseinheiten schon wegen der unterschiedlichen Einwohnerzahlen nicht mittels der absoluten Zahlen der Lebendgeborenen gemessen werden kann.

Wegen der abweichenden Altersgliederung der Vergleichsbevölkerungen schied auch die Verwendung der auf die jeweilige Gesamtbevölkerung bezogenen allgemeinen Geburtenziffern weitgehend aus. Statt dessen empfahl sich die Berechnung des „Index der Gesamtfruchtbarkeit". Darunter ist die schon erwähnte Summe der altersspezifischen Geburtenziffern

$$\sum_{a=15}^{49} f_a$$

mit

$$f_a = \frac{L_a}{W_a}$$

zu verstehen. Dabei bedeuten L_a die Lebendgeborenen der Frauen im Alter a und W_a die weibliche Bevölkerung im Alter a. Bildet man die Summe der f_a-Werte, ist unterstellt, daß jede Altersgruppe mit *einer* Person oder dem Vielfachen davon besetzt ist. Man kann das Ergebnis auch als „Zahl der Kinder" interpretieren, welche eine Generation von Frauen, von denen keine vor dem 50. Lebensjahr stirbt, unter den Fortpflanzungsverhältnissen des betreffenden Beobachtungskalenderjahres zur Welt bringen würde.

Entsprechende Berechnungen wären direkt nur für die Länder möglich gewesen. Es wurde daher ein Umweg eingeschlagen, bei dem zunächst berechnet wurde, wie viele Lebendgeborene in den Ländern, Raumordnungseinheiten und Kreisen zu erwarten gewesen wären, wenn für die Länder und die Raumordnungseinheiten die altersspezifischen Geburtenziffern im Durchschnitt des Bundesgebietes gegolten hätten. Anschließend wurden die tatsächlichen Zahlen der Lebendgeborenen in den Ländern, Raumordnungseinheiten und ausgewählten Kreisen zu diesen „Erwartungszahlen" ins Verhältnis gesetzt. Die Unterschiede der Altersstruktur der zu vergleichenden Bevölkerungen sind dadurch eliminiert.

Im einzelnen wurde wie folgt vorgegangen:

Bezeichnen wir die einzelnen Altersjahre der Frauen im Fortpflanzungsalter von 15 bis 49 Jahren mit a, die Lebendgeborenen im Bundesgebiet nach dem Alter der Mütter in den Vergleichsjahren mit L_a, die in den Vergleichsjahren im Bundesgebiet lebenden Frauen im Fortpflanzungsalter mit W_a, die in einem der angesprochenen Teile des Bundesgebietes in den Vergleichsjahren lebenden Frauen im Fortpflanzungsalter mit w_a, die tatsächlichen Gesamtzahlen der Lebendgeborenen in den Vergleichsjahren in den Teilgebieten mit l und die bei Zugrundelegung der altersspezifischen Geburtenhäufigkeiten im Durchschnitt des Bundesgebietes zu erwartenden Lebendgeborenen in den Teilgebieten mit l_e, wurden im einzelnen folgende Berechnungen durchgeführt:

1. Berechnung der altersspezifischen Geburtenziffern (f_a) im Bundesgebiet in den Vergleichsjahren nach der Formel:

$$f_a = \frac{L_a}{W_a};$$

2. Berechnung der Erwartungszahlen der Lebendgeborenen in den Vergleichsjahren für die Teilgebiete nach der Formel:

$$l_e = \sum_{a=15}^{49} w_a \cdot f_a;$$

3. Berechnung des Verhältnisses der tatsächlichen Zahlen der Lebendgeborenen zu den Erwartungszahlen in den Teilgebieten (q) nach der Formel:

$$q = \frac{l}{l_e}.$$

Beträgt der Quotient q = 1, entspricht die um die Unterschiede der Einwohnerzahl und Altersgliederung bereinigte Geburtenhäufigkeit eines Teilgebietes genau dem Bundesdurchschnitt, liegt er über 1, ist sie höher und liegt er unter 1, ist sie niedriger.

Wegen der vorausgegangenen Berechnung der f_a-Werte für den Bund waren auch die „Indizes der Gesamtfruchtbarkeit" für den Bund als Summen der f_a-Werte bekannt. Die entsprechenden Indizes für die Teilgebiete ergaben sich hieraus durch Multiplikation mit ihren q-Werten. Ferner standen für den Bund die „Nettoreproduktionsindizes" zur Verfügung, die sich aus den „Indizes der Gesamtfruchtbarkeit" ergeben, wenn man diese auf Mädchengeburten reduziert und zusätzlich die Sterblichkeit der Frauen bis zum 50. Lebensjahr berücksichtigt. Durch Multiplikation der q-Werte mit den „Nettoproduktionsindizes" für den Bund konnten in einem weiteren Schritt also auch die Nettoproduktionsindizes der Teilgebiete unter der Annahme einer überall gleich hohen Sterblichkeit berechnet werden. Hier geben die positiven oder negativen Differenzen zu 1 an, um welchen relativen Betrag auf lange Sicht bei den gegebenen Fortpflanzungs- (und Sterblichkeits-)verhältnissen eine Zunahme oder Abnahme der Bevölkerung von einer Generation auf die andere zu erwarten ist.

III. Geburtenhäufigkeit in den Ländern, Raumordnungseinheiten und ausgewählten Kreisen

Über die Entwicklung der Geburtenhäufigkeit und des Saldos der Geburten und Sterbefälle in den *Bundesländern* unterrichten anhand der absoluten Zahlen und der auf 1000 Einwohner berechneten Geburtenziffern Tabelle 2 und die Abbildungen 1 und 2.

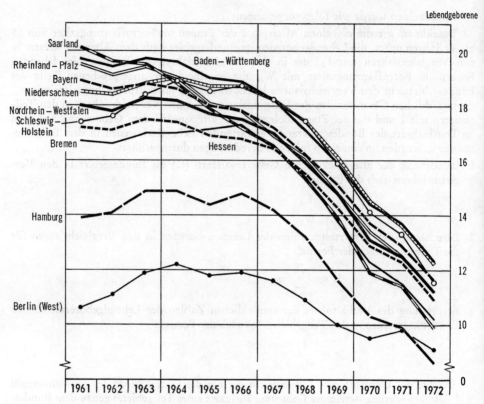

Abb. 1: *Lebendgeborene auf 100 Einwohner der Bundesländer*
Quelle: Statistisches Bundesamt.

Es zeigt sich, daß die Geburtenhäufigkeit in *allen* Ländern stark abgenommen hat. Die Länder mit schon früher niedriger Geburtenhäufigkeit, wie Hamburg und Berlin (West), bilden keine Ausnahme. Einen kleinen Geburtenüberschuß hatten infolgedessen 1972, wegen der vielen Ausländer, nur noch Baden-Württemberg (20 105) und Bayern (2344). Früher war dagegen nur in Berlin (West) ein Geburtendefizit zu verzeichnen. In Hamburg überwiegen die Sterbefälle die Geburten seit 1968, in Bremen seit 1970, in weiteren Ländern seit 1972. Die niedrigste Geburtenziffer hatten 1972 Hamburg (8,6), dann Berlin (West) (9,1) und das Saarland (9,9). Im Jahr 1973 hatte auch Bayern keinen Geburtenüberschuß mehr. Die Geburtenziffern sanken in Hamburg auf 7,8, in Berlin (West) auf 8,5 und im Saarland auf 8,8 je 1000 Einwohner.

Wie besonders gut aus den Abbildungen zu ersehen ist, verlief die Entwicklung vor allem in den Flächenländern überall ziemlich parallel und damit auch parallel zum Bundesdurchschnitt. Hervorzuheben ist jedoch, daß das Saarland, das mit einer Geburtenziffer zwischen 18 und 20 auf 1000 mit Baden-Württemberg zunächst an der Spitze lag, nunmehr unter den Flächenländern die letzte Stelle einnimmt. Unter den Flächenländern hatte es 1972 und 1973, immer im Verhältnisse zur Einwohnerzahl, mit − 1,6 bzw. − 2,7 auf 1000 auch das größte Geburtendefizit, 1961 dagegen den größten Geburtenüberschuß.

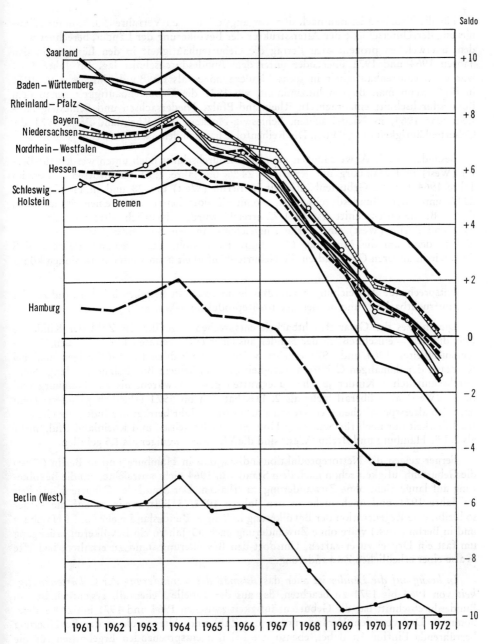

Abb. 2: Saldo der Geburten und Sterbefälle auf 1000 Einwohner der Länder
Quelle: Statistisches Bundesamt.

Für die Tabelle 3 ist nun nach dem eingangs erläuterten Verfahren, d. h. unter Eliminierung der Unterschiede der Altersstruktur der Bevölkerung der Länder, berechnet worden, um welchen prozentualen Betrag die Geburtenhäufigkeit in den Ländern in den Jahren 1964 und 1971 über oder unter dem Bundesdurchschnitt lag. Im Jahre 1964 war die Geburtenhäufigkeit in sechs Ländern höher als im Bundesdurchschnitt, 1971 in fünf, wenn man Bayern hinzunimmt, wo 1971 die Geburtenhäufigkeit genau dem Bundesdurchschnitt entsprach. In Rheinland-Pfalz, Niedersachsen und Schleswig-Holstein war 1964, in Niedersachsen, Schleswig-Holstein und Rheinland-Pfalz 1971 die Geburtenhäufigkeit am größten. Die Reihenfolge hat sich demnach nur wenig geändert.

Besonders große Abweichungen vom Bundesdurchschnitt nach unten werden für Berlin (West) und Hamburg mit jeweils − 24 % im Jahre 1971 ausgewiesen. Schon im Jahre 1964 lag die Geburtenhäufigkeit in Berlin (West) um 28 und in Hamburg um 22 % unter dem Bundesdurchschnitt, womit sie dort bereits 1964 einen Stand hatte, der im Bundesdurchschnitt erst 1971/72 erreicht wurde. Eigentlich hätte man für Hamburg und Berlin (West) eine starke Angleichung an den Bundesdurchschnitt erwarten dürfen, denn um die Mitte der 60er Jahre hätte wohl kaum jemand geglaubt, daß dort, wie in anderen Großstädten die Geburtenhäufigkeit noch weiter stark sinken könnte.

Entsprechende Abweichungen vom Bundesdurchschnitt bestehen bei den „Indizes der Gesamtfruchtbarkeit" und bei den „Netto-Reproduktions-Werten".

Die Indizes der Gesamtfruchtbarkeit entsprechen ungefähr der Zahl der Kinder je Ehe, die sich − einschließlich der Kinder aus einer evtl. weiteren Ehe − bei den Geburtenhäufigkeiten 1964 und 1971 ergeben würden. Die Zahlen für 1964 zeigen, daß bei Konstanz der damaligen Geburtenhäufigkeit zwar in keinem Bundesland auf lange Sicht durchschnittlich 3 Kinder je Ehe zu erwarten gewesen wären, bis auf Hamburg und Berlin (West) aber überall mehr als 2. Das hat sich bis 1971 erheblich geändert; denn nach den altersspezifischen Geburtenziffern für dieses Jahr beträgt der Index der Gesamtfruchtbarkeit nur noch für Schleswig-Holstein, Niedersachsen und Rheinland-Pfalz mehr als 2. Für Hamburg und Berlin (West) sind die Werte auf weniger als 1,5 gefallen.

Ferner zeigen die Nettoreproduktionsindizes, daß in Hamburg und in Berlin (West) die Geburtenhäufigkeit schon nach dem Stand von 1964 nicht ausreichte, um die Bevölkerung auf lange Sicht ohne Zuwanderung zu erhalten. Der Stand der Geburtenhäufigkeit im Jahre 1971 und noch mehr in den Jahren 1972/73 läßt, wenn er auf die Dauer so bleibt, eine Regeneration der Bevölkerung in keinem Bundesland mehr zu. In Hamburg und in Berlin (West) wäre ohne Zuwanderung nach 30 Jahren ein Bevölkerungsrückgang um fast ein Drittel zu erwarten. Um dort den Bevölkerungsstand zu erhalten, bedürfte es also einer erheblichen Zuwanderung.

In bezug auf die Länder ist auch das *Ausmaß der Veränderung der Geburtenhäufigkeit* von 1964 bis 1971 zu beachten, das aus der Tabelle 3 ebenfalls ersichtlich ist. Im Bundesdurchschnitt hat die Geburtenhäufigkeit zwischen 1964 und 1971 um 24 % abgenommen. Der von den Veränderungen der Zahl und Altersstruktur der Bevölkerung herrührende Einfluß ist dabei, ebenso wie bei den entsprechenden Ergebnissen für die Länder, ausgeschaltet. Etwa die gleichen Prozentsätze ergeben sich mit geringen Abweichungen für die einzelnen Länder. Lediglich das Saarland, mit einem Rückgang der Geburtenhäufigkeit um 33 %, bildet eine Ausnahme. Hier hat offenbar eine Sonderentwicklung stattgefunden. Im übrigen liegen die Veränderungen zwischen − 20 % in Berlin (West) und − 26 % in Rheinland-Pfalz und Hamburg. Entsprechende Abnahmen zeigen die Netto-Reproduktions-Indizes. Kleinere Abweichungen zu den hier ausgewiesenen Prozentzahlen beruhen auf Rundungen in den Rechengängen. Zusammenfassend kann man feststellen, daß die Geburtenhäufigkeit in allen Bundesländern von 1964 auf 1971 ziemlich gleich stark, um etwa ein Viertel, abnahm. Die schon früher vorhandenen relativen Unterschiede der Geburtenhäufigkeit von Land zu Land sind infolgedessen, wenn auch auf einem tieferen absoluten Niveau und damit auch kleineren absoluten Unterschieden, im großen und ganzen bestehen geblieben. Das geht auch aus den Spalten 1 und 2 der Tabelle 3 hervor, in denen, wiederum mit Ausnahme des Saarlandes, für 1964 und 1971 fast die gleichen Ergebnisse stehen.

Auf die Verringerung der absoluten Unterschiede der Geburtenhäufigkeit in den verschiedenen Teilen des Bundesgebietes und auf die fast unverändert gebliebenen relativen Unterschiede kommen wir noch einmal im Zusammenhang mit der Entwicklung in den Kreisen zurück. Schon hier sei jedoch gesagt, daß diese Feststellung von erheblicher methodischer Bedeutung für regionale Vorausschätzung der natürlichen Bevölkerungsentwicklung sein kann. Ist nämlich anzunehmen, daß die relativen Unterschiede der regionalen Geburtenhäufigkeit auch in Zukunft einigermaßen konstant bleiben, genügt es für eine Vorausschätzung der Geburten in den kleineren regionalen Einheiten, sich mit entsprechenden Zu- oder Abschlägen an die altersspezifischen Geburtenhäufigkeiten „anzuhängen", die mit meist größerer Zuverlässigkeit für die künftige Entwicklung im Bund oder in den Ländern unterstellt werden können. Häufig stehen altersspezifische Geburtenziffern für kleine regionale Einheiten auch gar nicht zur Verfügung.

Sehr große Abweichungen der Geburtenhäufigkeit in den Ländern vom Bundesdurchschnitt nach oben gibt es nicht. Sie betragen maximal 12 % in Niedersachsen und 6 % in Schleswig-Holstein. Größere Abweichungen nach oben kommen jedoch in Teilen der Flächenländer vor. Das zeigt sich an den *analogen Berechnungsergebnissen für die 38 Gebietseinheiten des Bundesraumordnungsprogramms*. Die Ergebnisse nach dem Stand der Geburtenhäufigkeit im Jahre 1970 werden in Tabelle 4 und in Abbildung 3 vorgestellt. So liegt die Geburtenhäufigkeit in der Gebietseinheit 7 Ems um 50 %, in der Gebietseinheit 6 Osnabrück um 35 %, in der Gebietseinheit 8 Münster um 25 % über dem Bundesdurchschnitt. Im Nordwesten des Bundesgebietes liegen also besonders viele Gebiete, in denen 1970 noch relativ hohe Kinderzahlen vorherrschten. Eine im Vergleich zum Bundesdurchschnitt relativ hohe Geburtenhäufigkeit ist außerdem für die Gebietseinheiten 33 Landshut-Passau (+ 27 %), 32 Regensburg-Weiden (+ 21 %) sowie in Rheinland-Pfalz für die Gebietseinheit 19 Trier (+ 23 %) zu verzeichnen. Es handelt sich durchweg um Gebietseinheiten mit noch stark ländlichem Charakter und hohem Anteil katholischer Bevölkerung.

Der Index der Gesamtfruchtbarkeit ergibt für die Gebietseinheit 7 Ems rd. 3 lebendgeborene Kinder je Ehe und für die übrigen Gebietseinheiten mit höherer Geburtenhäufigkeit Kinderzahlen, die zwischen knapp 2,5 und 3 liegen. Da rd. 2,2 Kinder je Ehe für die Bestandserhaltung der Bevölkerung ausreichen, haben diese Gebiete auch alle einen Reproduktionsindex über 1. Für das Emsland beträgt er sogar 1,41. Selbst wenn man den inzwischen überall eingetretenen weiteren Geburtenrückgang in Rechnung stellt, ist insbesondere für die genannten 6 Gebietseinheiten auch in Zukunft mit einem Geburtenüberschuß zu rechnen. Voraussichtlich wird er auf längere Sicht aber nicht groß genug sein, um die anderwärts zu erwartenden Geburtendefizite auszugleichen.

Vergleichsweise besonders stark unter dem Bundesdurchschnitt liegt außer in Hamburg und Berlin (West) die Geburtenhäufigkeit in den Gebietseinheiten 34 München-Rosenheim mit − 22 %, 24 Frankfurt-Darmstadt mit − 12 % und 16 Düsseldorf mit

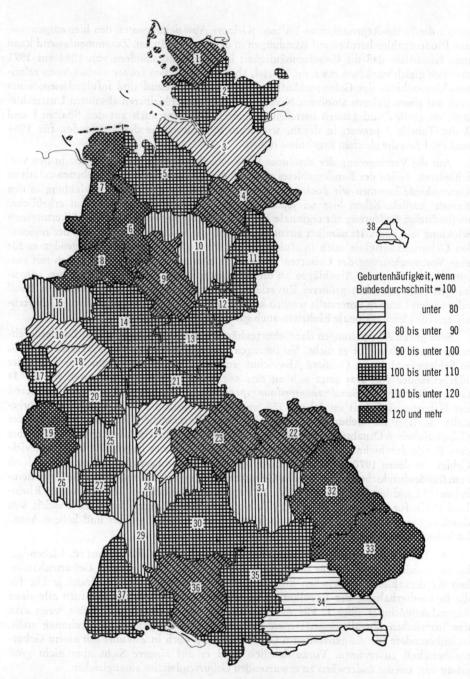

Abb. 3: Geburtenhäufigkeit in den Gebietseinheiten des Bundesraumordnungsprogramms 1970
Quelle: Statistisches Bundesamt.

— 11 % sowie in weiteren Gebietseinheiten mit hohem Anteil städtischer Bevölkerung. Hier hat die Entwicklung dazu geführt, daß beim gegenwärtigen Fortpflanzungsverhalten nur noch 1,5 oder 1,5 bis 2 Kinder je Ehe zu erwarten sind. Da solche Kinderzahlen für die Bestandserhaltung der Bevölkerung bei weitem nicht ausreichen, müßten sich viele Ballungsgebiete allmählich entleeren, falls das Geburtendefizit nicht durch Zuwanderung aus den ländlichen Gebieten oder durch Aufnahme weiterer Ausländer ausgeglichen wird. Wird in allen ländlichen Gebieten eine Erhaltung des Bevölkerungsstandes angestrebt, würde der dort auch in Zukunft zu erwartende Geburtenüberschuß jedoch nicht genügen, um den Bevölkerungsstand in den Ballungsgebieten ohne weitere Zuwanderung von Ausländern mitzuerhalten.

Die Informationen über den Stand der Geburtenhäufigkeit in den Gebietseinheiten des Bundesraumordnungsprogramms seien ergänzt durch die Ergebnisse einiger Berechnungen für *ausgewählte kreisfreie Städte und Landkreise* (Tabellen 5 und 6)[3]. Entsprechende Ergebnisse liegen auch für 1961 vor. Sie werden jedoch erst später im Zusammenhang mit der Analyse des Geburtenrückgangs in den Kreisen behandelt[4]).

Es zeigt sich, daß es neben Hamburg und Berlin (West) noch andere Großstädte mit sehr niedrigen Geburtenzahlen gibt, wie München, Düsseldorf, Stuttgart, Hannover und weitere. Wahrscheinlich ist heute überhaupt keine Großstadt mehr vorhanden, in der die auf Dauer für die Bestandserhaltung der Bevölkerung erforderliche Mindestzahl von Kindern geboren wird. Eins bis zwei, höchstens zwei Kinder je Ehe scheinen die Leitvorstellungen der Großstädter geworden zu sein.

Nicht viel anders sieht es in vielen verstädterten Landkreisen der Ballungsgebiete aus; doch liegen hier die Indizes etwas höher. Zu den Landkreisen mit größerer Geburtenhäufigkeit zählen immer noch viele agrarisch orientierte. Höchste Werte werden in den agrarisch-katholischen erreicht. Beispiele für diese sind Aschendorf-Hümmling, Cloppenburg und Vechta, wo die Geburtenhäufigkeit 1971 zur mehr als Drei-Kinder-Familie führen müßte; Beispiele für jene mit evangelischer Bevölkerung: Uelzen, Oldenburg und Lüchow-Dannenberg mit Erwartungszahlen von zwei bis drei Kindern je Ehe. Die Ergebnisse für die Landkreise um die Städte Oldenburg und Osnabrück, in Verbindung mit der relativ hohen Geburtenhäufigkeit in diesen Städten selbst, sind zugleich Beispiele dafür, wie stark Verhaltensweisen in einem agrarischen Umland die großstädtischen Verhaltensweisen mitbestimmen können. Dagegen dürfte z. B. bei Hannover Stadt und Land eher eine Übertragung großstädtischer Verhaltensmuster auf das Umland vorliegen, sofern sich in den niedrigen Werten für den Landkreis nicht die zahlreichen Zuzüge von Menschen aus der Stadt Hannover widerspiegeln.

IV. Der Geburtenrückgang in den Kreisen

In der Anhangübersicht werden, wieder unter Ausschaltung der Veränderungen der Altersgliederung der Bevölkerung zwischen 1961 und 1971 und auch der Unterschiede der Altersgliederung der Bevölkerungen von Kreis zu Kreis, für einzelne kreisfreie Städte und Landkreise die Abnahmen der Geburtenhäufigkeit innerhalb von 10 Jahren entsprechend der vorgeschilderten Methode nachgewiesen.

---

[3]) Weitere Ergebnisse enthält die Übersicht am Schluß dieses Beitrages.
[4]) Bei der Auswahl der (insgesamt 46) Kreise konnte wegen der Materiallage kein bestimmtes Prinzip verfolgt werden. Die Nachprüfung ergab jedoch eine recht gute Repräsentation.

Zunächst ist festzuhalten, daß es 1961 noch Großstädte mit einem „Index der Gesamtfruchtbarkeit" von 2,2 und mehr gab, der Bestandserhaltung der Bevölkerung aus Geburten und Sterbefällen anzeigt. Unter den ausgewählten Landkreisen befindet sich überhaupt keiner mit einem Index unter 2,2. Einige Landkreise mit Maximalwerten von 3 bis 4 im Jahre 1961 sind z. B. (Indizes der Gesamtfruchtbarkeit 1961 und 1971 in Klammern daneben):

Cloppenburg	(4,04 — 3,35);
Vechta	(3,70 — 3,68);
Vilshofen	(3,53 — 2,70);
Eichstätt	(3,48 — 2,26);
Biberach	(3,28 — 2,53);
Buchen	(3,26 — 2,34);
Sigmaringen	(3,11 — 2,40);
Münster	(3,04 — 2,24);
Lüchow-Dannenberg	(2,97 — 2,80);
Oldenburg	(2,97 — 2,40).

Die Zahlen für 1961 entsprechen Familien mit drei bis vier Kindern.

In diesen Kreisen mit durchweg hohem Anteil landwirtschaftlicher Bevölkerung und, bis auf die beiden letzten, auch hohem Katholikenanteil war der Rückgang der Geburtenhäufigkeit (letzte Spalten der Anhangübersicht) im allgemeinen sehr groß. Ausnahmen bilden aber z. B. die Landkreise Vechta und Lüchow-Dannenberg, was beweist, daß es auch Landkreise gibt, in denen der allgemeine Geburtenrückgang bisher nur schwach ausgeprägt war.

In den Stadt- und Landkreisen mit schon 1961 relativ niedriger Geburtenhäufigkeit waren die absoluten Abnahmen im großen und ganzen geringer. Absolut übermäßig stark hat die Geburtenhäufigkeit vielfach in den Landkreisen großer Ballungsgebiete abgenommen, so in Hannover-, Braunschweig-, Münster-, Köln-, Heidelberg-Land, wo offenbar Angleichungen an die Verhältnisse in den Ballungskernen stattgefunden haben.

Eine Vorstellung vom Umfang des Geburtenrückgangs in allen Kreisen des Bundesgebietes vermittelt Abbildung 4. Sie gibt die relative Abnahme der Zahl der Lebendgeborenen je 1000 Einwohner von 1961 bis 1971 in Prozenten wieder. Durch Nachweis der relativen Abnahme ist eine Aussage unabhängig von der Höhe der Geburtenziffern 1961 möglich.

Die Geburtenziffer ist in keinem Kreis des Bundesgebietes unverändert geblieben oder gar gestiegen. Ferner fällt auf, daß es zwar einige ausgedehnte geschlossene Gebiete mit hohem Geburtenrückgang gibt (Saarland, Eifel, Hunsrück, Rheinpfalz, Unterfranken, Mittelfranken), aber auch große Flächen, wo hohe und niedrige Abnahmen nebeneinander vorkommen. Man kann anhand des Kartenbildes auch nicht behaupten, der Rückgang der Geburtenhäufigkeit sei in den Städten generell größer oder kleiner gewesen als in den umliegenden oder in den stadtfernen Landkreisen. Auch kommen große und kleine Abnahmen sowohl in katholischen als auch in evangelischen Gebieten vor. Selbst bei guten Kenntnissen der regionalen Gegebenheiten ist es somit kaum möglich, schon aus der kartographischen Darstellung auf die allgemeinen Tendenzen oder gar auf die Zusammenhänge mit der Siedlungs- und Bevölkerungsstruktur rückzuschließen. Es sind daher mathematisch-statistische Wege der Analyse beschritten worden.

Wir beginnen mit einigen allgemeinen Feststellungen:

1. Der absolute Rückgang der Geburtenziffern um 5,9 je 1000 Einwohner im (ungewogenen) Durchschnitt aller Kreise, war in den Kreisen mit schon 1961 niedrigen Geburtenziffern kleiner als in den Kreisen mit hohen Geburtenziffern im Jahr 1961. So macht er z. B. in den Kreisen mit einer Geburtenziffer 1961 von 15 auf 1000 Einwohner im Durchschnitt nur 4 aus, in den Kreisen mit einer Geburtenziffer 1961 von 20 aber 6,2.

2. Der Rückgang war aber auch nicht überall relativ gleich groß. Vielmehr hatten die Kreise mit hohen Geburtenziffern 1961 eine etwas stärkere relative Abnahme ihrer Ziffern als die anderen. So beträgt sie 31 % in den Kreisen mit einer Geburtenziffer von 20 und nur 27 % in den Kreisen mit einer Geburtenziffer von 15 auf 1000 Einwohner im Jahr 1961.

Diese Feststellungen für alle Kreise gelten im Prinzip auch für die kreisfreien Städte und für die Landkreise.

Die geschilderte Entwicklung hatte zur Folge, daß sich die Streuung der Geburtenziffern der Kreise um die Mittelwerte von 19,4 im Jahr 1961 und 13,5 im Jahr 1971 stark vermindert hat. Die Standardabweichung[5]) nahm von 3,0 auf 2,0 ab. Da für die Kreise mit früher hohen Geburtenziffern der größte Rückgang zu verzeichnen ist, hat also eine beträchtliche Annäherung der Ziffern stattgefunden. Das kommt für die Landkreise z. B. darin zum Ausdruck, daß 1961 zwischen dem Landkreis Cloppenburg mit der höchsten Geburtenziffer von 28,9 und dem Obertaunuskreis mit der niedrigsten von 14,7 auf 1000 Einwohner ein Abstand von 14,2 bestand, 1971 bei Geburtenziffern von 19,7 und 10,9 aber nur noch ein Abstand von 8,8 auf 1000 Einwohner.

Für den (ungewogenen) Durchschnitt aller Landkreise ergab sich 1961 eine Geburtenziffer von 20,5, die um 4,3 auf 1000 Einwohner über der Geburtenziffer der kreisfreien Städte von 16,2 lag. 1971 betrug der Abstand der Ziffer 14,2 für den Durchschnitt der Landkreise von der Ziffer 11,3 für den Durchschnitt der kreisfreien Städte aber nur noch 2,9. Nach wie vor liegt aber die Geburtenziffer der Landkreise um rd. 25 % über derjenigen der Stadtkreise.

Die regionalen Unterschiede der Geburtenhäufigkeit sind sicher nicht auf geographische Verhältnisse zurückzuführen, sondern auf dem Hintergrund der sozio-ökonomischen Struktur der Bevölkerung und überkommener Verhaltensmuster der Bevölkerung in den Kreisen und der hiervon ausgehenden Einflüsse auf das Fortpflanzungsverhalten zu sehen. Es erscheint daher naheliegend, von der Nivellierung der Geburtenziffern in den Kreisen auf eine Tendenz zur Angleichung der Kinderzahlen in den verschiedenen Bevölkerungsschichten zu schließen. Ob dies gerechtfertigt ist, hängt allerdings davon ab, was man unter Angleichung versteht: die Verringerung der absoluten oder der relativen Unterschiede der Geburtenhäufigkeit. Oben wurde hinsichtlich der Veränderungen der Streuung um die Mittelwerte gesagt, daß die Standardabweichung um ein Drittel abgenommen hat. Berechnet man jedoch die Variationskoeffizienten[6]), sind diese, wegen der Reduzierung der Mittelwerte um ebenfalls rd. ein Drittel, mit 15,3 % für 1961 und 15,1 für 1971 ziemlich unverändert geblieben. Auf die Veränderungen des Fortpflanzungsverhaltens einzelner Bevölkerungsgruppen übertragen, würde das bedeuten, daß zwar in allen

---

[5]) Quadratwurzel der Summe der quadratischen Abweichungen der Einzelwerte der Kreise von den Mittelwerten 1961 und 1971.

[6]) Standardabweichung bezogen auf die Mittelwerte.

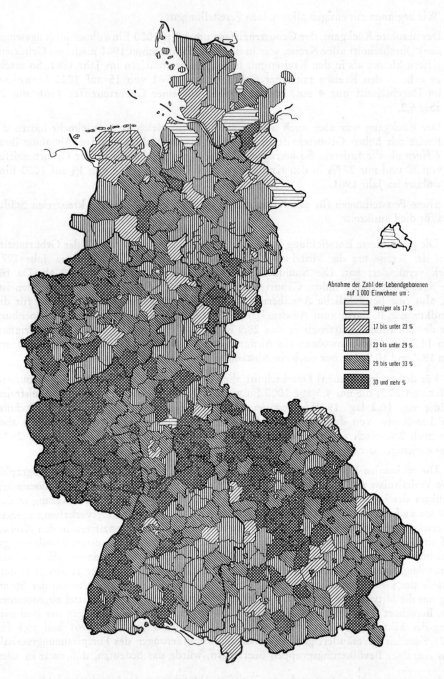

Abb. 4: Veränderung der Geburtenziffern von 1961 auf 1971 in den Kreisen
Quelle: Statistisches Bundesamt.

Bevölkerungsgruppen die Geburtenhäufigkeit kleiner geworden ist, auf allgemein niedrigerem Niveau aber die relativen Unterschiede der Geburtenhäufigkeit im wesentlichen bestehen geblieben sind. Kommt es weniger darauf an, die Entwicklung zu schildern als eine Antwort auf die Frage nach den schichtenspezifischen Unterschieden der Geburtenhäufigkeit zu geben, wird man wohl nicht von den absoluten, sondern von den relativen Unterschieden ausgehen müssen, die ziemlich unverändert geblieben sind.

Die allgemeinen Geburtenziffern lassen, wegen der zwischen 1961 und 1971 eingetretenen Änderungen im Altersaufbau der Bevölkerung, nur diese wenigen groben Hinweise zu. Exaktere Erkenntnisse sind mit Hilfe der Angaben für die 16 kreisfreien Städte und 30 Landkreise in der Anhangübersicht möglich, die für Regressionsschätzungen verwendet wurden. Dem dienten auch die in der Vorspalte dieser Tabelle nachgewiesenen Angaben über die Einwohnerdichte, den Prozentanteil der Katholiken und den Prozent-

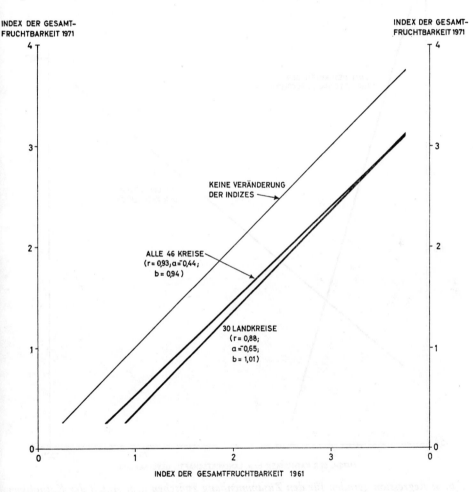

Abb. 5: Regressionsgeraden für den Zusammenhang zwischen der Geburtenhäufigkeit 1961 (x) und 1971 (y) in 46 Kreisen

anteil der landwirtschaftlichen Bevölkerung. Wie schon gesagt, handelt es sich bei den 46 Kreisen um eine quasi repräsentative Auswahl.

Zunächst wurde mit Hilfe des linearen Regressionsansatzes $y = a + bx$ für die 46 Kreise der Zusammenhang zwischen den Indizes der Gesamtfruchtbarkeit 1961 (x) und den Indizes der Gesamtfruchtbarkeit 1971 (y) untersucht.

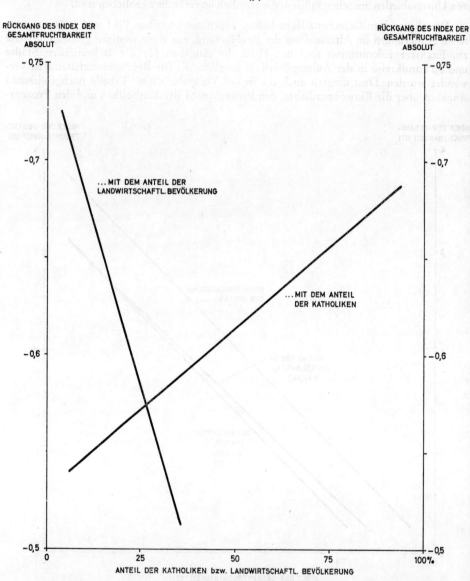

Abb. 6: *Regressionsgeraden für den Zusammenhang zwischen dem Anteil der Katholiken bzw. der landwirtschaftlichen Bevölkerung (x) und dem absoluten Rückgang der Geburtenhäufigkeit 1961/71 (y) in 30 Landkreisen*

Im ungewogenen Durchschnitt aller 46 Kreise beträgt der Index der Gesamtfruchtbarkeit für 1961: 2,694 ($\bar{x}$) und für 1971: 2,098 ($\bar{y}$). Der Rückgang beträgt also rd. 0,6 oder 22 %. Zu prüfen war die Frage nach dem Umfang des Rückgangs bei verschiedenen Ausgangslagen. Die Antwort gibt Abbildung 5. Wäre seit 1961 überhaupt kein Rückgang der Geburtenhäufigkeit zu verzeichnen, müßte die Regressionsgerade mit der Diagonalen zusammenfallen, die mit einem Winkel von 45° durch den Null-Punkt des Koordinatenkreuzes geht. Tatsächlich liegt die Regressionsgerade jedoch rechts daneben und durchschneidet die Abszisse etwa beim Wert 0,44. Die gefundene Regressionsgerade verläuft außerdem ziemlich parallel zur 45°-Linie. Wir können somit feststellen, daß der absolute Rückgang der Geburtenhäufigkeit bei jedem Niveau im Jahr 1961 etwa

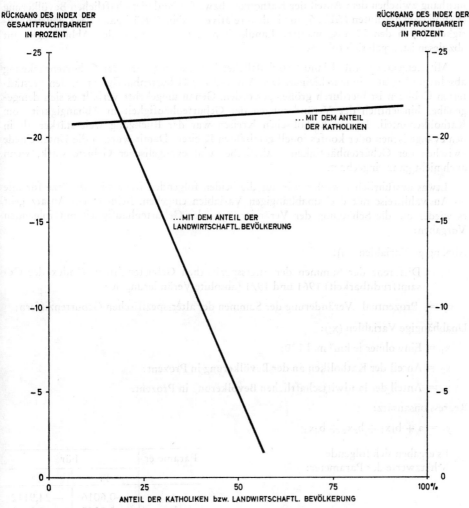

Abb. 7: Regressionsgeraden für den Zusammenhang zwischen dem Anteil der Katholiken bzw. der landwirtschaftlichen Bevölkerung (x) und dem relativen Rückgang der Geburtenhäufigkeit 1961/71 (y) in 30 Landkreisen

gleich groß war. Das gilt insbesondere für die ausgewählten 30 Landkreise, weniger dagegen für die 16 ausgewählten kreisfreien Städte. In den kreisfreien Städten mit früher hoher Geburtenhäufigkeit war nämlich der Rückgang etwas größer als in den anderen. Relativ hat die Geburtenhäufigkeit z. B. in den Kreisen mit einem Index der Gesamtfruchtbarkeit von 2 im Jahr 1961 um 28 %, aber in den Kreisen mit einem Index von 3 nur um 21 % abgenommen. Als Fazit können wir somit festhalten, daß die absoluten Unterschiede der regionalen Geburtenhäufigkeit auf allgemein niedrigerem Niveau im wesentlichen erhalten geblieben sind, während sich die relativen Unterschiede ein wenig vergrößert haben.

Mittels eines weiteren einfachen Regressionsansatzes wurde geprüft, welcher Zusammenhang zwischen dem Anteil der Katholiken bzw. der landwirtschaftlichen Bevölkerung (x) und dem absoluten (Abb. 6) sowie dem relativen (Abb. 7) Rückgang der Geburtenhäufigkeit (y) in den 30 ausgewählten Landkreisen besteht. Wie aus den Abbildungen gut abzulesen ist, ergab sich folgendes:

Mit steigendem Anteil landwirtschaftlicher Bevölkerung wird der Geburtenrückgang absolut und relativ immer kleiner. Der Abstand zur Geburtenhäufigkeit in den verstädterten Gebieten ist hierdurch größer geworden. Genau umgekehrt verhält es sich demgegenüber hinsichtlich der Veränderungen der Geburtenhäufigkeit in Abhängigkeit vom Katholikenanteil. In den katholischen Kreisen war der Rückgang weit stärker als in den evangelischen oder konfessionell gemischten Kreisen. Damit wurden die Unterschiede zwischen der Geburtenhäufigkeit katholischer und evangelischer Gebiete stark, wenn auch nicht ganz eingeebnet.

Etwas ausführlicher wollen wir auf die beiden folgenden Regressionsansätze für alle 46 Auswahlkreise mit drei unabhängigen Variablen eingehen. Beim ersten Ansatz geht es wieder um die Schätzung der Veränderungen der Geburtenhäufigkeit mit folgenden Vorgaben:

Abhängige Variablen (y_i):

y_1 = Differenz der Summen der altersspezifischen Geburtenziffern (Index der Gesamtfruchtbarkeit) 1961 und 1971 (absolute Veränderungen);

y_2 = Prozentuale Veränderung der Summen der altersspezifischen Geburtenziffern;

Unabhängige Variablen (x_i):

x_1 = Einwohner je km² mal 100;

x_2 = Anteil der Katholiken an der Bevölkerung in Prozent;

x_3 = Anteil der landwirtschaftlichen Bevölkerung in Prozent.

Regressionsansatz:

$y_i = a + b_1 x_1 + b_2 x_2 + b_3 x_3$;

Es ergaben sich folgende Schätzwerte der Parameter:

Parameter	Für	
	y_1	y_2
a	—0,6016	—24,9112
b_1	0,0065	0,0693
b_2	—0,0029	— 0,0946
b_3	0,0076	0,5166

Danach ist ein Einfluß der drei Variablen auf die überall vorhandene Abnahme der Geburtenhäufigkeit zwar vorhanden, er ist aber, wie die Werte für (a) zeigen, nicht sehr groß, d. h. die Abnahme ist nicht nur von den drei Variablen abhängig. Man kann das als allgemeinen Trend zur Verminderung der Kinderzahlen interpretieren.

Zur Illustration der Abhängigkeiten seien folgende Beispiele genannt:

1. Beispiel (katholisches Agrargebiet):

$b_1 = 100$ E/km²;

$b_2 = 80$ % Katholiken;

$b_3 = 30$ % landw. Bevölkerung.

Dann ist $\hat{y}_1 = -0{,}599$ und $\hat{y}_2 = -16{,}91$ %.

2. Beispiel (evangelische Großstadt):

$b_1 = 3000$ E/km²;

$b_2 = 10$ % Katholiken;

$b_3 = 1$ % landw. Bevölkerung.

Dann ist $\hat{y}_1 = -0{,}428$ und $\hat{y}_2 = -23{,}26$ %.

In den katholischen Agrargebieten war demnach die Abnahme der Geburtenhäufigkeit absolut erheblich größer ($-0{,}599$) als in den evangelischen Großstädten ($-0{,}428$). Relativ war die Abnahme in den zuerst genannten Gebieten mit 17 % aber kleiner als in den evangelischen Großstädten mit 23 %.

Noch allgemeiner kann man sagen, daß in den Gebieten mit traditionell hoher (niedriger) Geburtenhäufigkeit der Rückgang absolut am größten (kleinsten) und relativ am kleinsten (größten) war.

Geht man von den absoluten Veränderungen aus, sind demnach die regionalen (und schichtenspezifischen) Unterschiede der Geburtenhäufigkeit geringer geworden; relativ gesehen haben sie jedoch etwas zugenommen.

Der Einfluß der Religionszugehörigkeit auf den Geburtenrückgang hat sich gegenüber dem Einfluß der Wirtschaftsstruktur (hier nur gemessen am Anteil der Agrarbevölkerung) als sehr viel stärker erwiesen. Das Schwinden der Bedeutung der Religionszugehörigkeit für die Höhe der Geburtenhäufigkeit zeigt sich daran, daß der Rückgang der Geburtenhäufigkeit mit dem Anteil der Katholiken wächst. Unabhängig von der Religionszugehörigkeit ist dagegen in den Agrargebieten der Rückgang bisher wesentlich kleiner als anderswo gewesen.

Mit der folgenden Regressionsschätzung können wir diese Aussagen weiter vertiefen. Sie wurde wie folgt angelegt:

Abhängige Variable (y):

Summen der altersspezifischen Geburtenziffern (Index der Gesamtfruchtbarkeit) 1961 und 1971;

Unabhängige Variablen (x_i):

$x_1 = $ Einwohner je km² mal 100;

$x_2 = $ Anteil der Katholiken an der Bevölkerung in Prozent;

$x_3 = $ Anteil der landwirtschaftlichen Bevölkerung in Prozent.

Regressionsansatz wieder $\quad y = a + b_1 x_1 + b_2 x_2 + b_3 x_3$;

mit folgenden Schätzwerten der Parameter:

Parameter	1961	1971	Veränderung absolut	in Prozent
a	2,2581	1,6565	—0,6016	—27
b_1	—0,0149	—0,0085	—0,0064	—43
b_2	0,0037	0,0008	—0,0029	—78
b_3	0,0319	0,0395	+0,0076	+24

Danach bestimmen der Anteil der landwirtschaftlichen Bevölkerung und die Einwohnerdichte die Geburtenhäufigkeit weit stärker als die Religionszugehörigkeit. Von 1961 auf 1971 ist der negative Einfluß der Bevölkerungsdichte um 43 % kleiner geworden, der positive Einfluß der Religionszugehörigkeit sogar um 78 % und damit fast verschwunden. Zugenommen hat dagegen um 24 % der positive Einfluß des Anteils der bäuerlichen Bevölkerung. Die Verminderung von (a) charakterisiert den allgemeinen Rückgang der Geburtenhäufigkeit.

Folgendes Beispiel für einen Kreis mit einer Einwohnerdichte von 100 Personen je qkm und einer landwirtschaftlichen Bevölkerung von 20 % kann den geschwundenen Einfluß der Religionszugehörigkeit noch mehr verdeutlichen:

Nach dem Ansatz für 1971 beträgt der Schätzwert des Index der Gesamtfruchtbarkeit bei

10 % Katholiken: 2,45;
80 % Katholiken: 2,50.

Im übrigen ist, wie aus den großen Werten für (a) im Verhältnis zu den Werten für (b_i) hervorgeht, die Höhe der Geburtenhäufigkeit weitgehend nicht durch die drei Variablen bestimmt, sondern davon unabhängig. Sie hängt wesentlich von Faktoren ab, die sich nicht quantifizieren lassen, d. h. dem Wunsch nach Kindern ganz allgemein. Quantifizierbare Faktoren erklären allenfalls schichtenspezifische Unterschiede.

Da mit den Merkmalen Einwohnerdichte, Anteil der landwirtschaftlichen Bevölkerung und Konfessionszugehörigkeit nur ein kleiner Teil der Geburtenhäufigkeit und ihrer Veränderungen erklärt werden konnte, läge es nahe, weitere Merkmale zu berücksichtigen, und zwar insbesondere solche, die nicht schon durch die genannten Merkmale weitgehend abgedeckt sind. Es wird jedoch vermutet, daß eine Vergrößerung der Zahl der Variablen nicht viel weiter führen würde. Es liegen nämlich gerade aus der Beobachtung der regionalen Entwicklung starke Anzeichen dafür vor, daß der Trend in Richtung einer Verringerung der Kinderzahlen gar nicht an bestimmte Bevölkerungsschichten gebunden ist, es sich dabei vielmehr um einen Vorgang handelt, der überall im Gange ist. Trifft das zu, müssen Verfahren, welche den Geburtenrückgang als schichtenspezifisches Phänomen zu erfassen suchen, versagen.

V. Schlußbemerkung

Der Geburtenrückgang im allgemeinen wie auch in den Teilen des Bundesgebietes ist nicht zuletzt für die Ziele der Raumordnung und für den Einsatz der Mittel zur Erreichung dieser Ziele von höchster Bedeutung. Da auf Einzelheiten hier nicht eingegangen werden kann, mögen einige unvollständige Stichworte genügen:

1. Die Raumordnung ist bisher immer, wenigstens auf Bundes- und Landesebene, von weiterem Wachstum der Bevölkerung und der Zahl der Arbeitsplätze ausgegangen.

Nunmehr ist eine Lage in Betracht zu ziehen, bei der das einheimische Bevölkerungs- und Erwerbspotential (dieses etwas später) kleiner wird oder zumindest konstant bleibt.

2. Dadurch können der Ausbau und die Schaffung neuer zentraler Orte und Entwicklungsschwerpunkte gefährdet werden, weil für die Konzentration von Bevölkerung und Arbeitsplätzen möglicherweise die Menschen fehlen.
3. Zugleich kann der Fall eintreten, daß die unerwünschte Entleerung ländlicher Gebiete fortschreitet, weil die Ballungsgebiete mit besonders hohen Geburtendefiziten einen starken Sog ausüben.
4. Bezüglich der Infrastruktureinrichtungen ist insbesondere zu überdenken, welche neuen Probleme aus dem wachsenden Anteil älterer Mitbürger und aus den schwindenden Kinderzahlen entstehen werden. Vor allem ergibt sich hier die alternative Frage einer Verkleinerung der Schulen bei unveränderten Einzugsbereichen oder Beibehaltung ihrer Kapazitäten bei Vergrößerung der Einzugsbereiche. Auch die Planung von Kindergartenplätzen wird neu überdacht werden müssen.
5. Als positive Aspekte kleinerer Kinderzahlen sind vor allem die Abschwächung der Zunahme der Umweltbelastungen, die Verkleinerung der Ausbildungslasten und die Verminderung der Probleme anzusehen, die sich aus einem weiteren Wachsen der Ballungsgebiete ergeben würden.

Eine weitere in diesem Zusammenhang wichtige Frage ist die, ob es sich beim Geburtenrückgang möglicherweise um eine vorübergehende Erscheinung handelt, welche die vorgenannten Überlegungen überflüssig machen könnte. Auch darauf kann hier nicht erschöpfend eingegangen werden. Es sei daher nur nochmals darauf aufmerksam gemacht, daß die regionalen Unterschiede der Geburtenhäufigkeit immer noch beträchtlich sind, aber die Geburtenhäufigkeit bisher nirgends zugenommen hat. Da man nicht ausschließen kann, daß sich das Fortpflanzungsverhalten in den ländlichen Gebieten dem Fortpflanzungsverhalten in den verstädterten Gebieten mit viel niedrigerer Geburtenhäufigkeit mehr und mehr angleicht, besteht also Spielraum für einen weiteren Rückgang der Kinderzahlen. Dieser Angleichungsprozeß erscheint nahezu unaufhaltsam, wenn man bedenkt, daß städtische Lebensformen sich auch da ausbreiten, wo nach Siedlungsbild und Bevölkerungsdichte ein ländliches Milieu vorhanden zu sein scheint. Wie die angestrebte Konzentration von Menschen aus den Dörfern und aus den Ballungskernen in mittleren und kleinen zentralen Orten sich auf die Geburtenentwicklung auswirken wird, dürfte sehr davon abhängen, inwieweit es den Planern gelingt, familienfreundliche Wohngemeinden zu schaffen.

Tab. 1: *Lebendgeborene, Gestorbene und Saldo der Geburten und Sterbefälle im Bundesgebiet 1960—1973*

Jahr	Lebendgeborene		Gestorbene		Saldo		Nettoreproduktionsindex
	Anzahl	auf 1000 Einwohner	Anzahl	auf 1000 Einwohner	Anzahl	auf 1000 Einwohner	
1960	968 629	17,4	642 962	11,6	325 667	5,9	1,11
1961	1 012 687	18,0	627 561	11,2	385 126	6,9	1,14
1962	1 018 552	17,9	644 819	11,3	373 733	6,6	1,13
1963	1 054 123	18,3	673 069	11,7	381 054	6,6	1,17
1964	1 065 437	18,2	644 128	11,0	421 309	7,2	1,18
1965	1 044 328	17,7	677 628	11,5	366 700	6,2	1,18
1966	1 050 345	17,6	686 321	11,5	364 024	6,1	1,19
1967	1 019 459	17,0	687 349	11,5	332 110	5,5	1,17
1968	969 825	16,1	734 048	12,2	235 777	3,9	1,12
1969	903 456	14,8	744 360	12,2	159 096	2,6	1,04
1970	810 808	13,4	734 843	12,1	75 965	1,3	0,95
1971	778 526	12,7	730 670	11,9	47 856	0,8	0,90
1972	701 214	11,3	731 264	11,8	— 30 050	—0,5	0,81
1973	635 634	10,3	731 032	11,8	— 95 398	—1,5	ca. 0,74

Tab. 2: Lebendgeborene und Geburtensaldo in den Bundesländern 1964 und 1972

Land	Lebendgeborene				Saldo der Lebendgebor. (+) bzw. Gestorb. (−)			
	1964		1972[1]		1964		1972[1]	
	Anzahl	auf 1000 E.	Anzahl	auf 1000 E.	Anzahl	auf 1000 E.	Anzahl	auf 1000 E.
Schleswig-Holstein	45 226	18,9	29 354	11,5	+ 17 102	+7,1	− 3 493	− 1,4
Hamburg	27 738	14,9	15 223	8,6	+ 3 879	+2,1	−10 563	− 5,3
Niedersachsen	130 218	19,0	87 827	12,2	+ 54 422	+8,0	− 19	− 0,0
Bremen	12 407	17,0	7 569	10,2	+ 4 157	+5,7	− 2 037	− 2,8
Nordrhein-Westfalen	300 425	18,2	191 734	11,2	+125 140	+7,6	− 7 539	− 0,4
Hessen	88 176	17,4	60 521	10,9	+ 33 099	+6,5	− 3 316	− 0,6
Rheinland-Pfalz	67 323	19,0	41 035	11,1	+ 28 794	+8,1	− 2 879	− 0,8
Baden-Württemberg	160 988	19,6	112 845	12,3	+ 79 373	+9,7	+20 105	+ 2,2
Bayern	185 326	18,6	125 110	11,6	+ 76 510	+7,7	+ 2 344	+ 0,2
Saarland	20 961	18,8	11 166	9,9	+ 9 799	+8,8	− 1 831	− 1,6
Berlin (West)	26 649	12,2	18 830	9,1	− 10 957	−5,0	−20 822	−10,0
Bundesgebiet	1 065 437	18,2	701 214	11,3	+421 309	+7,2	−30 050	− 0,5

[1]) Vorläufige Ergebnisse.

Tab. 3: Geburtenhäufigkeit in den Ländern des Bundesgebietes 1964 und 1971

Land	Geburtenhäufigkeit, wenn Bundesdurchschnitt = 1			Summe der altersspezifischen Geburtenziffern (Index der Gesamtfruchtbarkeit)		Abnahme (—)		Nettoreproduktionsindex		Abnahme (—)	
	1964	1971	Zu- bzw. Abnahme absolut (—)	1964	1971	absolut	%	1964	1971	absolut	%
Schleswig-Holstein	1,06	1,06	±0,00	2,69	2,05	—0,64	—24	1,25	0,95	—0,30	—24
Hamburg	0,78	0,76	—0,02	1,98	1,47	—0,51	—26	0,92	0,68	—0,24	—26
Niedersachsen	1,08	1,12	0,04	2,74	2,16	—0,58	—21	1,27	1,01	—0,26	—20
Bremen	0,89	0,90	0,01	2,26	1,74	—0,52	—23	1,05	0,81	—0,24	—23
Nordrhein-Westfalen	0,98	0,98	±0,00	2,49	1,89	—0,60	—24	1,16	0,88	—0,28	—24
Hessen	0,96	0,95	—0,01	2,44	1,83	—0,61	—25	1,13	0,86	—0,27	—24
Rheinland-Pfalz	1,09	1,04	—0,05	2,77	2,01	—0,71	—26	1,29	0,94	—0,35	—27
Baden-Württemberg	1,04	1,03	—0,01	2,64	1,99	—0,65	—25	1,23	0,93	—0,30	—24
Bayern	1,02	1,00	—0,02	2,59	1,93	—0,66	—25	1,20	0,90	—0,30	—25
Saarland	1,03	0,91	—0,12	2,62	1,76	—0,86	—33	1,22	0,82	—0,40	—33
Berlin (West)	0,72	0,76	0,04	1,83	1,47	—0,36	—20	0,85	0,68	—0,17	—20
Bundesgebiet	1,00	1,00	±0,00	2,54	1,93	—0,61	—24	1,18	0,90	—0,28	—24

Tab. 4:
Geburtenhäufigkeit in den Gebietseinheiten des Bundesraumordnungsprogramms 1970

Gebietseinheiten	Geburtenhäufigkeit, wenn Bundesdurchschnitt = 1	Summe der altersspezifischen Geburtenziffern (Index der Gesamtfruchtbarkeit)	Nettoreproduktionsindex
1 Schleswig	1,17	2,35	1,10
2 Mittelholstein-Dithmarschen	1,06	2,13	1,00
3 Hamburg	0,87	1,75	0,82
4 Lüneburger Heide	1,19	2,39	1,12
5 Bremen	1,08	2,17	1,02
6 Osnabrück	1,35	2,71	1,27
7 Ems	1,50	3,02	1,41
8 Münster	1,25	2,51	1,18
9 Bielefeld	1,12	2,25	1,05
10 Hannover	0,97	1,95	0,91
11 Braunschweig	1,02	2,05	0,96
12 Göttingen	1,03	2,07	0,97
13 Kassel	1,09	2,19	1,03
14 Dortmund-Siegen	1,06	2,13	1,00
15 Essen	0,95	1,91	0,89
16 Düsseldorf	0,89	1,79	0,84
17 Aachen	1,01	2,03	0,95
18 Köln	0,90	1,81	0,85
19 Trier	1,23	2,47	1,16
20 Koblenz	1,09	2,19	1,03
21 Mittel-Osthessen	1,08	2,17	1,02
22 Bamberg-Hof	1,11	2,23	1,04
23 Aschaffenburg-Schweinfurt	1,11	2,23	1,04
24 Frankfurt-Darmstadt	0,88	1,77	0,83
25 Mainz-Wiesbaden	0,97	1,95	0,91
26 Saarland	0,91	1,83	0,86
27 Westpfalz	1,05	2,11	0,99
28 Rhein-Neckar-Südpfalz	0,93	1,87	0,87
29 Oberrhein-Nordschwarzw.	0,96	1,93	0,90
30 Neckar-Franken	1,02	2,05	0,96
31 Ansbach-Nürnberg	0,95	1,91	0,89
32 Regensburg-Weiden	1,21	2,43	1,14
33 Landshut-Passau	1,27	2,55	1,19
34 München-Rosenheim	0,78	1,57	0,73
35 Kempten-Ingolstadt	1,10	2,21	1,03
36 Alb-Oberschwaben	1,15	2,31	1,08
37 Oberrhein-Südschwarzwald	1,09	2,19	1,03
38 Berlin (West)	0,72	1,45	0,68

Tab. 5:
Ausgewählte Großstädte nach der Geburtenhäufigkeit 1971

Stadt	Summe der altersspezifischen Geburtenziffern (Index der Gesamtfruchtbarkeit)	Nettoreproduktionsindex
München	1,05	0,49
Düsseldorf	1,40	0,66
Nürnberg	1,40	0,66
Stuttgart	1,42	0,66
Hannover	1,44	0,66
Hamburg	1,47	0,68
Berlin (West)	1,47	0,68
Karlsruhe	1,51	0,71
Köln	1,55	0,73
Braunschweig	1,63	0,77
Kiel	1,65	0,77
Dortmund	1,74	0,82
Osnabrück	1,91	0,89
Oldenburg (Oldbg.)	1,94	0,91

Tab. 6:
Ausgewählte Landkreise nach der Geburtenhäufigkeit 1971

Landkreis	Summe der altersspezifischen Geburtenziffern (Index der Gesamtfruchtbarkeit)	Nettoreproduktionsindex
Köln	1,61	0,76
Düsseldorf-Mettmann	1,67	0,78
Hannover	1,67	0,78
Heidelberg	1,88	0,88
Braunschweig	1,96	0,92
Münster	2,24	1,05
Schleswig	2,30	1,08
Buchen	2,34	1,10
Uelzen	2,36	1,11
Oldenburg	2,40	1,13
Sigmaringen	2,40	1,13
Biberach	2,53	1,19
Lüchow-Dannenberg	2,80	1,31
Cloppenburg	3,35	1,58
Aschendorf-Hümmling	3,55	1,67
Vechta	3,68	1,73

Geburtenhäufigkeit in ausgewählten Kreisen des Bundesgebietes 1961 und 1971

Kreis (Einwohner je qkm/Katholiken in %/landw. Bevölkerung in % 1970)	Geburtenhäufigkeit, wenn Bundesdurchschnitt = 1			Summe der altersspezifischen Geburtenziffern (Index der Gesamtfruchtbarkeit)			
	1961	1971	Zu- bzw. Abnahme(—) absolut	1961	1971	Abnahme (—) absolut	%
Kiel, Stadt (2469 / 8 / 1)	0,82	0,86	0,04	2,01	1,65	—0,36	—18
Schleswig, Land (95 / 4 / 18)	1,15	1,20	0,05	2,82	2,30	—0,52	—18
Hannover, Stadt (3879 / 16 / 1)	0,76	0,75	—0,01	1,86	1,44	—0,42	—23
Hannover, Land (469 / 17 / 3)	0,97	0,87	—0,10	2,38	1,67	—0,71	—30
Braunschweig, Stadt (2909 / 15 / 0)	0,79	0,85	0,06	1,94	1,63	—0,31	—16
Braunschweig, Land (202 / 15 / 7)	1,07	1,02	—0,05	2,62	1,96	—0,66	—25
Lüchow-Dannenberg (42 / 5 / 28)	1,21	1,46	0,25	2,97	2,80	—0,17	— 6
Uelzen, Land (66 / 7 / 18)	1,11	1,23	0,12	2,72	2,36	—0,36	—13
Oldenburg, Stadt (1272 / 16 / 1)	0,96	1,01	0,05	2,35	1,94	—0,41	—18
Oldenburg, Land (95 / 12 / 19)	1,21	1,25	0,04	2,97	2,40	—0,57	—19
Ammerland (115 / 6 / 21)	1,28	1,26	—0,02	3,14	2,42	—0,72	—23
Cloppenburg, Land (76 / 84 / 28)	1,65	1,75	0,10	4,04	3,35	—0,69	—17
Vechta, Land (114 / 86 / 21)	1,51	1,92	0,41	3,70	3,68	—0,02	— 1
Aschendorf-Hümmlg. (66 / 91 / 29)	1,60	1,85	0,25	3,92	3,55	—0,37	— 9
Bersenbrück (79 / 45 / 24)	1,21	1,51	0,30	2,97	2,89	—0,08	— 3
Münster, Land (155 / 81 / 11)	1,24	1,17	—0,07	3,04	2,24	—0,80	—26
Düsseldorf, Stadt (4192 / 50 / 1)	0,81	0,73	—0,08	1,99	1,40	—0,59	—30
Düsseld.-Mettmann (889 / 40 / 2)	0,96	0,87	—0,09	2,35	1,67	—0,68	—29
Dortmund, Stadt (2356 / 37 / 1)	0,90	0,91	0,01	2,21	1,74	—0,47	—21
Köln, Stadt (3375 / 63 / 0)	0,88	0,81	—0,07	2,16	1,55	—0,61	—28
Köln, Land (851 / 68 / 2)	0,96	0,84	—0,12	2,35	1,61	—0,74	—32
Heidelberg, Land (374 / 49 / 3)	1,14	0,98	—0,16	2,79	1,88	—0,91	—33
Karlsruhe, Stadt (2111 / 44 / 1)	0,92	0,79	—0,13	2,25	1,51	—0,74	—33
Buchen, Land (82 / 77 / 21)	1,33	1,22	—0,11	3,26	2,34	—0,92	—28
Stuttgart, Stadt (3056 / 33 / 1)	0,80	0,74	—0,06	1,96	1,42	—0,54	—28
Biberach, Land (112 / 79 / 20)	1,34	1,32	—0,02	3,28	2,53	—0,75	—23
Sigmaringen, Land (78 / 82 / 16)	1,27	1,25	—0,02	3,11	2,40	—0,71	—23
München, Stadt (4165 / 67 / 1)	0,70	0,55	—0,15	1,72	1,05	—0,67	—39

Kreis (Einwohner je qkm/Katholiken in %/landw. Bevölkerung in % 1970)	Geburtenhäufigkeit, wenn Bundesdurchschnitt = 1			Summe der altersspezifischen Geburtenziffern (Index der Gesamtfruchtbarkeit)			
	1961	1971	Zu- bzw. Abnahme(—) absolut	1961	1971	Abnahme (—) absolut	%
München, Land (298 / 69 / 4)	0,89	0,79	—0,10	2,18	1,51	—0,67	—31
Nürnberg, Stadt (3452 / 37 / 1)	0,74	0,73	—0,01	1,81	1,40	—0,41	—23
Nürnberg, Land (229 / 33 / 7)	0,92	0,88	—0,04	2,25	1,69	—0,56	—25
Würzburg, Stadt (2060 / 72 / 1)	0,81	0,69	—0,12	1,99	1,32	—0,67	—34
Würzburg, Land (191 / 81 / 11)	1,22	1,08	—0,14	2,99	2,07	—0,92	—31
Regensburg, Stadt (2475 / 82 / 1)	0,80	0,66	—0,14	1,96	1,27	—0,69	—35
Regensburg, Land (90 / 91 / 21)	1,27	1,15	—0,12	3,11	2,20	—0,91	—29
Passau, Stadt (1543 / 87 / 1)	0,89	0,80	—0,09	2,18	1,53	—0,65	—30
Passau, Land (127 / 93 / 20)	1,36	1,30	—0,06	3,33	2,49	—0,84	—25
Eichstätt, Stadt (1463 / 88 / 2)	0,91	0,84	—0,07	2,23	1,61	—0,62	—28
Eichstätt, Land (52 / 94 / 29)	1,42	1,39	—0,03	3,48	2,66	—0,82	—24
Ansbach, Stadt (2391 / 32 / 1)	0,88	0,97	0,09	2,16	1,86	—0,30	—14
Ansbach, Land (86 / 18 / 29)	1,16	1,12	—0,04	2,84	2,15	—0,69	—24
Brückenau (99 / 72 / 22)	1,25	1,22	—0,03	3,06	2,34	—0,72	—24
Königshofen (60 / 74 / 34)	1,39	1,42	0,03	3,41	2,72	—0,69	—20
Roding (65 / 95 / 26)	1,50	1,50	0,00	3,68	2,88	—0,80	—22
Vilshofen (93 / 91 / 32)	1,44	1,41	—0,03	3,53	2,70	—0,83	—24
Vohenstrauß (60 / 93 / 28)	1,17	1,44	0,27	2,87	2,76	—0,11	— 4

Regionale Bevölkerungsvorausschätzungen in Baden-Württemberg

von
Gerhard Gröner, Stuttgart

I. Einleitung

In den letzten Jahren hat das Interesse an Vorausschätzungen stark zugenommen. Mit zunehmender Arbeitsteilung und Differenzierung von Verwaltung und Wirtschaft nimmt die Realisierung von Projekten längere Zeit in Anspruch. Zur Vermeidung von Fehlentwicklungen und Engpässen werden Planungen aller Art und damit Vorausschätzungen immer notwendiger. Unter den für Planungen bedeutsamen Faktoren kommt den Bevölkerungsvorausschätzungen ein besonderes Gewicht zu; einerseits bauen viele Entscheidungen direkt auf der künftigen Bevölkerungszahl auf, und andererseits gehen Annahmen über die künftige Bevölkerungszahl und -struktur mit in die Vorausschätzungen vieler anderer wirtschaftlich oder politisch bedeutsamer Daten ein. Es sei hier nur an die große Bedeutung von Vorausschätzungen der Bevölkerung oder von Teilmassen der Bevölkerung für Regional- und Stadtplanung, Raumordnung, Verkehrsplanung, Sozialplanung, Bildungsplanung, Umweltschutz — aber auch für viele Planungen der Wirtschaft — erinnert.

II. Bevölkerungsvorausschätzungen in der deutschen amtlichen Statistik

Die Bevölkerungsvorausschätzungen werden erst seit neuerer Zeit zu den anerkannten Aufgaben der deutschen amtlichen Statistik gerechnet. Viele Statistiker waren der Ansicht, daß die amtliche Statistik nur sozusagen amtliche, feststehende Zahlen veröffentlichen sollte, wogegen die Richtigkeit von Vorausschätzungen sich erst in der Zukunft erweisen könne. In der deutschen amtlichen Statistik haben vor allem die Arbeiten des Statistischen Bundesamtes den Bevölkerungsvorausschätzungen zum Durchbruch verholfen. Aufbauend auf Untersuchungen des Statistischen Reichsamts hat das Statistische Bundesamt, beginnend mit Vorausschätzungen auf der Basis 1952, 1959 und 1964, Bevölkerungsvorausschätzungen für das Bundesgebiet erstellt und veröffentlicht. Diese Vorausschätzungen wiesen keinen Wanderungsansatz auf, dagegen wurde die aus Geburten und Sterbefällen resultierende natürliche Bevölkerungsentwicklung meist in mehreren Varianten durchgerechnet.

Im Juni 1966 beschlossen die Leiter der Statistischen Landesämter des Bundesgebiets, eine koordinierte Vorausschätzung, noch ohne Wanderungsansatz, für alle Bundesländer zu erstellen. Ein Fachgremium hatte zuvor die Möglichkeiten der Vorausschätzung geprüft und ein einheitliches Minimalprogramm ausgearbeitet.

Im Mai und Oktober 1968 einigten sich die Leiter der Statistischen Landesämter auf die Erstellung einer zweiten koordinierten Vorausschätzung auf der Basis 1. 1. 1968, in die auch ein Wanderungsansatz eingebaut werden sollte. Aus dem Bemühen, zahlreichen nicht koordinierten Wünschen von Bundesressorts zu entsprechen, ergab sich jedoch ein ganzes Bündel von Wanderungsansätzen, das im Zusammenhang mit dem zwar viele Möglichkeiten bietenden, damit aber auch komplizierten Maschinenprogramm zu großen Verzögerungen in den Durchrechnungen führte. Die Ergebnisse dieser zweiten koordinierten Vorausschätzung lagen noch immer nicht vor, als man sich 1970 zur Erstellung einer einfacher und klarer konzipierten dritten koordinierten Vorausschätzung entschloß, die dann auch bald abgeschlossen und veröffentlicht werden konnte[1]).

III. Bevölkerungsvorausschätzungen in Baden-Württemberg

Als sich im Jahr 1968 das sehr langsame Vorankommen der Arbeiten an der zweiten koordinierten Vorausschätzung abzeichnete und andererseits von den Landesressorts immer dringlicher aktuelle Vorausschätzungen verlangt wurden, entschloß sich das Statistische Landesamt Baden-Württemberg zur eigenständigen Erarbeitung von Vorausschätzungen. Grundlage hierfür boten eigens erstellte Maschinenprogramme[2]), die konzipiert waren auf die spezifischen Erfordernisse regionaler Vorausschätzungen, bei denen der Untergliederung der Eingabedaten und der Ergebnisse Grenzen gesetzt sind und kurze Maschinenlaufzeiten Bedingung sind. Wegen der großen Bedeutung der Wanderungsbewegung für die Bevölkerungsentwicklung Baden-Württembergs war deren Einbeziehung in die Vorausschätzungen unumgänglich. Weiterhin wurden von Anfang an Vorausschätzungen der Erwerbspersonen, später auch der Haushalte, angeschlossen, aus denen sich interessante Rückbeziehungen zur Bevölkerungs- und insbesondere der Wanderungsentwicklung ergaben.

Bereits im Jahr 1969 wurde nach eingehender Analyse der bisherigen Bevölkerungsentwicklung und nach zahlreichen Modelluntersuchungen die erste Vorausschätzung der Bevölkerung und der Erwerbspersonen in Baden-Württemberg unter Einrechnung verschiedener Wanderungsansätze erstellt und veröffentlicht[3]). Diese Vorausschätzungen für das Land Baden-Württemberg wurden in den folgenden Jahren fortgeführt und verfeinert[4]).

Veranlaßt durch zahlreiche Wünsche nach regional tiefer untergliederten Vorausschätzungen hat das Statistische Landesamt auf der Basis 1971/1972 ein System von Bevölkerungs- und Erwerbspersonenvorausschätzungen für die Stadt- und Landkreise in der durch das Kreisreformgesetz geschaffenen Abgrenzung erarbeitet[5]). Die Erfahrungen bei der Erstellung und Auswertung dieser Regionalvorausschätzungen bilden den Hauptinhalt vorliegenden Beitrags. Lediglich zur Abrundung des Bildes der Entwicklung der Bevölkerungsvorausschätzungen in Baden-Württemberg sei noch erwähnt, daß in neuerer Zeit das besondere Interesse den gesonderten Vorausschätzungen einerseits der

---

[1]) Vergleiche hierzu K. KAMP: Probleme der koordinierten Bevölkerungsvorausschätzungen für Bund und Länder. In: Allgemeines Statistisches Archiv, 56, Band 1972, S. 303 ff.; allerdings werden die Probleme hier einseitig und nur aus der Sicht des Statistischen Bundesamtes dargestellt.

[2]) R. DEININGER: Beschreibung des FORTRAN-Programms M2VO4 zur Bevölkerungsvorausschätzung. In: Jahrbücher für Statistik und Landeskunde von Baden-Württemberg, 15. Jg., 1970, S. 113 ff.

[3]) G. GRÖNER: Voraussichtliche Entwicklung der Bevölkerung bis 1985; Bevölkerungsschätzung auf der Basis 1. 1. 1969 unter Berücksichtigung der Wanderungsbewegung. In: Statistische Monatshefte Baden-Württemberg, Heft 10/1969, S. 286 ff.

[4]) G. GRÖNER: Bevölkerungsvorausschätzungen in Baden-Württemberg; Methoden und Ergebnisse. In: Jahrbücher für Statistik und Landeskunde von Baden-Württemberg, 15. Jg., 1970, S. 89 ff.

[5]) Statistische Berichte der Serie AI8, herausgegeben vom Statistischen Landesamt Baden-Württemberg. — G. GRÖNER: Regionale Bevölkerungs- und Erwerbspersonenvorausschätzungen. In: Baden-Württemberg in Wort und Zahl, Heft 9/1972, S. 277 ff. — G. GRÖNER: Regionale Bevölkerungs- und Erwerbspersonenvorausschätzungen bis 1990. In: Baden-Württemberg in Wort und Zahl, Heft 5/1973, S. 126 ff.

deutschen und andererseits der Gesamtbevölkerung gilt. Eine erste Vorausschätzung der Entwicklung der deutschen und der Gesamtbevölkerung für das Land Baden-Württemberg wurde inzwischen veröffentlicht[6]).

IV. Methodische Vorüberlegungen zu den Regionalvorausschätzungen

Mit zunehmender Bedeutung von Raumordnung und Landesplanung war der Mangel an brauchbaren Regionalvorausschätzungen immer offenkundiger geworden. Zur Verfügung standen lediglich gebietsweise methodisch unbefriedigende und unvergleichbare Vorausschätzungen von Planungsgemeinschaften. Diese Vorausschätzungen waren meist überhöht. Oft waren ohne Beachtung der neueren Bevölkerungsentwicklung die hohen Geburtenüberschüsse und Wanderungsgewinne aus den Jahren 1960 bis 1965 einfach in die Zukunft hinein fortprojiziert worden. Das Statistische Landesamt war daher darum bemüht, methodisch einheitliche, vergleichbare Vorausschätzungen zu erstellen.

Grundsätzlich gesehen erfordert die Erarbeitung einer Vorausschätzung eine Modellvorstellung, aus der hervorgeht, welche Faktoren in welcher Art die vorauszuschätzende Größe beeinflussen. Je nach Vollständigkeit des Modells und nach Vorliegen der benötigten Daten wird die Zuverlässigkeit einer Vorausschätzung unterschiedlich hoch zu bewerten sein. Zur Erstellung regionaler Vorausschätzungen gibt es verschiedene Ansatzmöglichkeiten, von denen keine von vornherein als gut oder schlecht zu bezeichnen ist. Vielmehr müssen bei der Entscheidung für eine bestimmte Methode der Vorausschätzung der Vorausschätzungszeitraum und die benötigte Untergliederung der Vorausschätzungsdaten, Arbeitsaufwand und Menge und Güte der zur Verfügung stehenden Basisdaten berücksichtigt werden[7]).

Für die geplanten Regionalvorausschätzungen schieden lineare oder auf anderen Funktionen aufgebaute Projektionen der Gesamtbevölkerung aus, da sie eine gleichmäßige Entwicklung der Gesamtbevölkerung und interessierender Teilbevölkerungen voraussetzen. Diese Voraussetzung war jedoch allein schon wegen der unterschiedlichen Altersstrukturen der Bevölkerungen nicht gegeben.

Weiter erwies sich die Erarbeitung regionaler Vorausschätzungen durch Unterteilung von Landesvorausschätzungen als problematisch, da sich im Vorausschätzungszeitraum wegen des unterschiedlichen Wachstums in den Teilbereichen die Gewichte verschieben mußten. Außerdem sollten die Regionalvorausschätzungen auch die typischen und für Planungen aller Art relevanten Unterschiede in der Bevölkerungsstruktur zwischen den einzelnen Regionen herausarbeiten. Es mußte daher für jede Region eine eigene, eigenständige Vorausschätzung erstellt werden.

Die bisherigen Vorausschätzungen in der amtlichen Statistik der Bundesrepublik waren fast ausschließlich nach der Methode der geburtsjahrgangsweisen Fortrechnung einer Basisbevölkerung erstellt worden. Obwohl die Anwendung dieses stark differenzierenden Modells mit erheblichem Zeit- und Arbeitsaufwand verbunden ist, hat sich das Statistische Landesamt entschlossen, auch bei den Regionalvorausschätzungen mit diesem Modell zu arbeiten.

---

[6]) G. GRÖNER: Voraussichtliche Entwicklung der deutschen und der Gesamtbevölkerung. In: Baden-Württemberg in Wort und Zahl, Heft 12/1973, S. 362 ff.

[7]) K. SCHWARZ: Prognosen der amtlichen Statistik für die Raumordnung. In: Informationsbriefe für Raumordnung und Städtebau, Stuttgart/Mainz/Köln/Berlin 1965. — K. SCHWARZ: Methoden und Technik der Bevölkerungsvorausschätzung. In: Die regionale Bevölkerungsprognose, Forschungs- und Sitzungsberichte der Akademie für Raumforschung und Landesplanung, Bd. XXIX, Hannover 1965.

Nach dieser Methode werden im Rechengang die lebenden Personen Vorausschätzungsjahr für Vorausschätzungsjahr jeweils in die nächsthöhere Altersstufe übernommen und um die aus den Sterbeziffern ermittelten Sterbefälle vermindert. Gleichzeitig werden die nach den Fruchtbarkeitsziffern und den Überlebenswahrscheinlichkeiten der Neugeborenen zu erwartenden neu hinzutretenden Geburtsjahrgänge zugefügt. Außerdem wird in jedem Jahr der vorgesehene Wanderungsansatz der Bevölkerung zugeschlagen und – mit Geburten und Sterbefällen – in der Gesamtbevölkerung mit fortgerechnet. Die Erwerbspersonenvorausschätzungen schließlich werden mittels geschlechts- und altersspezifischer Erwerbsquoten an die Bevölkerungsvorausschätzungen angehängt.

Damit erfordern Bevölkerungs- und Erwerbspersonenvorausschätzungen nach diesem Verfahren Eingabewerte für eine Basisbevölkerung, Fruchtbarkeit, Sterblichkeit, Wanderungen und Erwerbsbeteiligung.

Testrechnungen hatten ergeben, daß, um den Einfluß zufälliger Schwankungen in noch vertretbarem Rahmen zu halten, eine Mindestgröße von 100 000 Einwohnern für die Anwendung dieses Modells Voraussetzung ist. Der Beschluß der Landesregierung von Baden-Württemberg, mit Wirkung vom 1. 1. 1973 durch eine Neuabgrenzung die Zahl der Stadt- und Landkreise von bisher 72 auf nunmehr 44 zu vermindern, gab die Möglichkeit, die geplanten Vorausschätzungen auf der regionalen Basis der neuen Stadt- und Landkreise aufzubauen. Lediglich die zu kleinen Kreise Hohenlohekreis und Baden-Baden mußten für die Zwecke der Vorausschätzung mit Nachbarkreisen zusammengefaßt werden.

Die Veröffentlichung der Regionalvorausschätzungen wurde in Form statistischer Berichte vorgesehen. Für jeden Kreis sollten in je einem Statistischen Bericht Bevölkerung und Erwerbspersonen nach Geschlecht und Fünfergruppen von Altersjahren untergliedert für die Jahre 1971 oder 1972, 1975, 1980, 1985 und 1990 veröffentlicht werden. Im Maschinenprogramm für die Erstellung der Vorausschätzungen gab es die Möglichkeit, die Vorausschätzungsergebnisse für zu wählende Jahre auch auf Band auszugeben. Mittels eines gesonderten Auswertungsprogramms wurde von diesem so erstellten Band der gesamte Datenteil der Statistischen Berichte mit einigen die Altersstruktur verdeutlichenden Relativzahlen und Alterspyramiden veröffentlichungsreif in einer als Druckvorlage geeigneten Form direkt maschinell ausgegeben. Die für den Druck dieser Berichte benötigte Zeit konnte dadurch außerordentlich verkürzt werden, da eine Reihe von Schreib- und Prüfarbeitsgängen mit ihren Fehlermöglichkeiten entfiel.

Anordnung und Gestaltung dieser Statistischen Berichte lassen sich aus der Teilwiedergabe eines derartigen Berichts im Anhang ersehen.

In den Statistischen Berichten wurden die errechneten, ungerundeten Zahlen veröffentlicht, um weiterführende Arbeiten nicht durch zusätzliche Rundungsfehler zu belasten. Durch Hinweis auf die Ergebnisse verschiedener alternativer Varianten der Vorausschätzung für das Land Baden-Württemberg wurde versucht, eine Größenvorstellung von der möglichen Bandbreite der Ergebnisse zu vermitteln.

Wegen des großen Arbeitsaufwandes war es nicht möglich, auch die Regionalvorausschätzungen in mehreren Varianten durchzurechnen. In den Textteil der Statistischen Berichte wurden jedoch Angaben aufgenommen über die Zahl der Lebendgeborenen und Gestorbenen und den Wanderungssaldo und seine Gliederung in Deutsche und Ausländer im Basisjahr der Vorausschätzung und über die Zahl der Ausländer in der Basisbevölkerung. Diese Angaben erlauben Rückschlüsse auf das Gewicht der natürlichen Bevölkerungsbewegung und der Wanderungsbewegung, der Deutschen und der Ausländer für die Bevölkerungsentwicklung und auf das Ausmaß, in dem eine Veränderung dieser Komponenten die Vorausschätzung beeinflussen könnte.

V. Das System der Eingabedaten für die Regionalvorausschätzungen

Wegen des Arbeitsaufwandes mußten die Regionalvorausschätzungen nacheinander, sukzessive, durchgerechnet werden. Die ersten Vorausschätzungen konnten Mitte 1972, die letzten im Frühjahr 1973 erstellt werden. Soweit möglich wurden bei den später erstellten Vorausschätzungen die jeweils neuesten verfügbaren Daten herangezogen, so daß ein Teil der Vorausschätzungen auf der Basis 1. 1. 1971, der Rest dagegen auf der Basis 1. 1. 1972 steht.

Die Regionalvorausschätzungen wurden auf folgenden Eingabedaten aufgebaut:

Als *Basisbevölkerung* diente die zum 1. 1. 1971, bei den später erstellten Vorausschätzungen die zum 1. 1. 1972 fortgeschriebene Wohnbevölkerung in der Gliederung nach Altersjahren und Geschlecht. Eine Trennung nach Deutschen und Ausländern konnte noch nicht ins Auge gefaßt werden.

Die *Sterbeziffern* wurden in der Gliederung nach Alter und Geschlecht in allen Kreisen mit dem Durchschnitt für das Land Baden-Württemberg in den Jahren 1968/70 eingesetzt. Für 1971, bei den auf der Basis 1. 1. 1972 stehenden Vorausschätzungen soweit möglich für 1972, wurde die Zahl der Gestorbenen an die tatsächliche Zahl angepaßt.

Für eine regionale Differenzierung der Sterblichkeit standen keine hinreichend exakten Unterlagen zur Verfügung, auch sind nach Untersuchungen die regionalen Unterschiede in der Sterblichkeit unbedeutend. Aus gleichen Gründen wurde auf eine Veränderung der Sterbeziffern im Vorausschätzungszeitraum verzichtet. Zudem hatten Modellrechnungen gezeigt, daß Veränderungen der Sterblichkeit sich nur in einer vergleichsweise geringen Veränderung der Lebensdauer alter Personen auswirken, die weder weitere Kinder noch stärkere Erwerbstätigkeit erwarten lassen und die Bevölkerungsentwicklung nur mehr wenig beeinflussen.

Die Überlebenswahrscheinlichkeit der Neugeborenen wurde zwar ebenfalls in allen Vorausschätzungen mit dem Landesdurchschnitt 1968/70 eingesetzt, wurde jedoch im Vorausschätzungszeitraum bis 1976 leicht erhöht und dann auf diesem Stand für den weiteren Vorausschätzungszeitraum belassen. Die Entwicklung der Säuglingssterblichkeit in Skandinavien, den Niederlanden oder England ließ eine weitere Verbesserung der Säuglingssterblichkeit als möglich erscheinen.

Als Basis der *Fruchtbarkeitsziffern* dienten die altersspezifischen Fruchtbarkeitsziffern für das Land Baden-Württemberg im Jahr 1970. Die Niveauunterschiede in der Fruchtbarkeit zwischen den einzelnen Kreisen wurden durch Anpassung an die tatsächliche Zahl der Lebendgeborenen im Kreis 1971 oder, soweit bereits möglich, 1972 erreicht. Bis 1973 wurde eine leichte Verminderung der Fruchtbarkeit um 2 bis 3 % eingesetzt, von da an wurden die Ziffern konstant gehalten.

Damit wurde grundsätzlich in allen Kreisen die gleiche Fruchtbarkeitsstruktur eingegeben; die Unterschiede im Niveau der Fruchtbarkeit dagegen wurden durch Anpassung an die jeweiligen tatsächlichen Geborenenzahlen im Basisjahr erreicht. Zwar bestehen zwischen den Kreisen durchaus auch Unterschiede in der Fruchtbarkeitsstruktur — Kreise mit im Durchschnitt höherem oder niedererem Heiratsalter und mit späterem oder frühe-

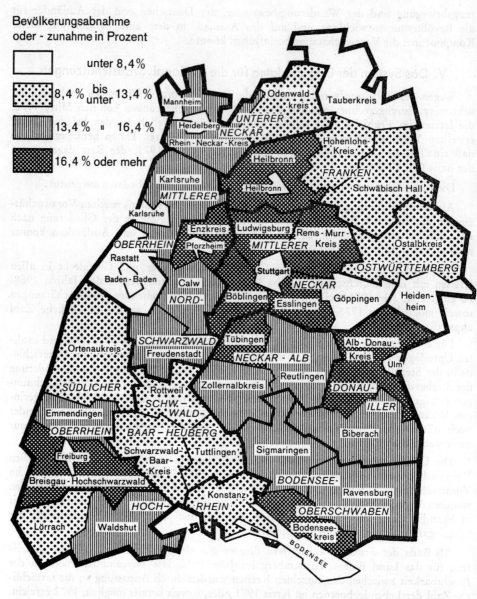

Abb. 1: Voraussichtliche Bevölkerungsveränderungen von 1972 bis 1990

rem Höhepunkt der altersspezifischen Fruchtbarkeitskurve —, doch haben Testrechnungen erwiesen, daß diese gemessen an der allgemeinen Unsicherheit einer Vorausschätzung vernachlässigt werden können.

Angesichts der Bedeutung der *Wanderungsbewegung* für die Bevölkerungsentwicklung in den Kreisen Baden-Württembergs wäre es nicht vertretbar gewesen, die regionalen Vorausschätzungen ohne Wanderungsansatz durchzurechnen. Dabei kann jedoch nicht verkannt werden, daß gerade die Wanderungsbewegung stark von der politischen und konjunkturellen Situation beeinflußt wird. Dazu kommt, daß auf regionaler Ebene oft örtliche Gegebenheiten zu starken, zufällig erscheinenden Schwankungen führen können. Bei den Wanderungsansätzen in Vorausschätzungen dieser Art kann es sich daher nur um den Versuch handeln, die schwer prognostizierbaren Wanderungsbewegungen in Form eines nur langfristig zu verstehenden Durchschnitts in die Vorausschätzungen einzubeziehen.

In die Vorausschätzungen für die Stadt- und Landkreise Baden-Württembergs wurden die nach Alter und Geschlecht untergliederten Wanderungssalden — und damit die Wanderungsstruktur — des jeweiligen Kreises im Jahr 1971 eingesetzt; wegen der noch zu erörternden großen Unterschiede in der Wanderungsstruktur zwischen den einzelnen Stadt- und Landkreisen hätte hier nicht mit einer landeseinheitlichen Wanderungsstruktur gearbeitet werden können. Durch die Eingabe der Wanderungssalden 1971 in die Regionalvorausschätzungen waren damit die Wanderungen 1971 mit ihrem tatsächlichen Wert eingesetzt. Für die Jahre 1972 bis 1977 wurden für Männer wie Frauen durch pauschale Multiplikation die Wanderungssalden auf 50 % des durchschnittlichen jährlichen Wanderungssaldos der Jahre 1964/71 festgelegt. Ab 1978/80 wurden die Salden auf 40 % des Mittels 1964/71 vermindert und laufen dann in dieser Höhe bis zum Ende des Vorausschätzungszeitraums weiter[8]).

Die Verminderung der Wanderungssalden auf 50 % des Mittels 1964/71 und ab 1978/80 auf 40 % dieses Mittels erschien geboten wegen des künftig höheren Anteils von Erwerbspersonen aus heimischer Bevölkerung, der nicht ohne Einfluß auf den für die Wanderungsbewegung Baden-Württembergs sehr maßgebenden Ausländerzustrom bleiben kann.

Die Erwerbspersonenzahlen wurden durch Multiplikation der aus den Bevölkerungsvorausschätzungen zu erwartenden Bevölkerungszahlen mit *Erwerbsquoten* ermittelt. Der Versuch, in einem arbeitsparenden Verfahren, wie etwa beim Ansatz der Fruchtbarkeit, hier landeseinheitliche alters- und geschlechtsspezifische Erwerbsquoten einzusetzen und diese pauschal entsprechend dem Niveau der Erwerbsbeteiligung im Kreis zu modifizieren, erwies sich als nicht praktikabel. Testrechnungen an Hand des Materials aus der Volkszählung 1961 für den Stadtkreis Freiburg und den Landkreis Münsingen — Universitäts-Großstadt gegen einen noch stark agrarisch orientierten Landkreis — ergaben, daß die Unterschiede in der Erwerbsstruktur zu bedeutungsvoll waren. Daher wurden als Basis der Erwerbsquoten die jeweils aus dem Material der Volkszählung 1970 durch

---

[8]) Die Festlegung der Wanderungsansätze in den Regionalvorausschätzungen auf 50 %, ab 1978/80 auf 40 % der entsprechenden mittleren Salden 1964/71 wurde nach eingehenden Gesprächen mit Sachverständigen der berührten Landesressorts, insbesondere der Abteilung Landesplanung beim Innenministerium Baden-Württemberg, und des Landesarbeitsamts Baden-Württemberg getroffen. Dabei wurden die Erfahrungen aus Testrechnungen für ausgewählte Kreise und die aus früheren Vorausschätzungen für das Land und die Regierungsbezirke gewonnenen Erkenntnisse über die Auswirkungen der Wanderungsansätze und die voraussichtliche Erwerbspersonenentwicklung berücksichtigt.

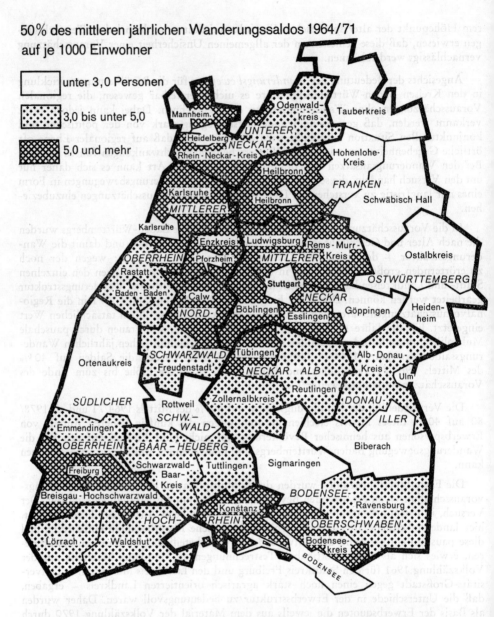

Abb. 2: Komponenten der voraussichtlichen Bevölkerungsentwicklung —
a) 50 % des mittleren jährlichen Wanderungssaldos 1964/71 auf je 1000 Einwohner

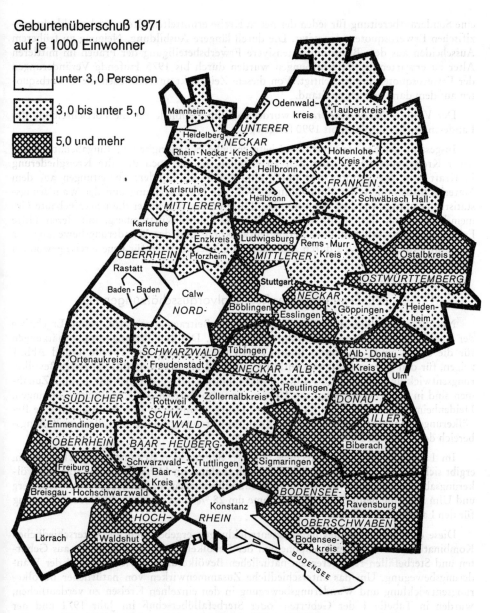

*Abb. 2: Komponenten der voraussichtlichen Bevölkerungsentwicklung —
b) Geburtenüberschuß 1971 auf je 1000 Einwohner*

eine Sonderaufbereitung für jeden der neuen Kreise ermittelten alters- und geschlechtsspezifischen Erwerbsquoten eingesetzt. Die durch längere Ausbildung, Neigung zu früherem Ausscheiden aus dem Beruf und intensivere Erwerbsbeteiligung der Frauen im mittleren Alter zu erwartenden Verschiebungen wurden durch bis 1975 laufende Veränderungen der Erwerbsquoten berücksichtigt. Von diesem Zeitpunkt an verblieben die Erwerbsquoten auf dem dann erreichten Stand.

Der *Vorausschätzungszeitraum* wurde, auch im Hinblick auf die Fortschreibung des Landesentwicklungsplans, bis 1990 festgelegt.

Insgesamt gesehen verursachte es beträchtliche Schwierigkeiten, Eingabedaten nach neuer Kreisgliederung in einer Zeit zu erstellen, in der noch die alte Kreisgliederung in Kraft war. Sie konnten nur durch eine Reihe von Sonderaufbereitungen aus dem Material insbesondere der Volkszählung 1970, der Fortschreibung und der Wanderungsstatistik bewältigt werden. Als besondere Hilfe erwies sich dabei die neuaufgebaute Gemeindedatenbank des Statistischen Landesamtes Baden-Württemberg, mit deren Hilfe Eckdaten der natürlichen Bevölkerungsentwicklung und der Wanderungsbewegung für die Jahre 1964 bis 1971/72 durch Addition aus Gemeindedaten für neue Kreise gewonnen werden konnten.

VI. Ergebnisse der Regionalvorausschätzungen

Nachfolgend sollen, soweit im Rahmen dieses Beitrags angebracht, einige Ergebnisse der Regionalvorausschätzungen dargestellt werden. Die Bevölkerungsvorausschätzungen für die Stadt- und Landkreise Baden-Württembergs lassen, wie Tabelle 1 und Abb. 1 zeigen, für den Vorausschätzungszeitraum von 1972 bis 1990 eine differenzierte Bevölkerungsentwicklung erwarten. Bevölkerungsabnahmen oder vergleichsweise geringe Zunahmen sind in allen Stadtkreisen des Landes sowie im Bereich der Landkreise Göppingen, Heidenheim und Tauberkreis zu erwarten. Dagegen sind weit überdurchschnittliche Bevölkerungszunahmen häufig im Umland der Stadtkreise und dabei vor allem im Ballungsbereich des Mittleren Neckarraums zu erwarten.

Im Landesdurchschnitt, errechnet aus der Summe der Regionalvorausschätzungen, ergibt sich eine voraussichtliche Bevölkerungszunahme um 11 %. Besonders starke Bevölkerungsabnahmen um 11 % weisen die Vorausschätzungen für die Stadtkreise Heidelberg und Ulm aus, eine besonders hohe Zunahme um 28 % zeigt dagegen die Vorausschätzung für den Landkreis Böblingen.

Diese differenzierten Bevölkerungsentwicklungen ergeben sich aus unterschiedlichen Kombinationen der beiden Komponenten der Bevölkerungsentwicklung: der aus Geburten und Sterbefällen resultierenden natürlichen Bevölkerungsentwicklung und der Wanderungsbewegung. Um das unterschiedliche Zusammenwirken von natürlicher Bevölkerungsentwicklung und Wanderungsbewegung in den einzelnen Kreisen zu verdeutlichen, wurden in Tabelle 1 der Geburten- oder Sterbefallüberschuß im Jahr 1971 und der in die Vorausschätzungen eingehende halbe durchschnittliche jährliche Wanderungssaldo 1964/71, jeweils bezogen und 1000 Einwohner im Jahr 1971, ausgewiesen und in Abb. 2 dargestellt.

Tabelle und Abb. erweisen eine bemerkenswerte Vielgestaltigkeit. Besonders hohe Geburtenüberschüsse, die bei weitgehend ausgeglichener Sterblichkeit vor allem durch die Fruchtbarkeit bestimmt werden, ergeben sich im Ostalbkreis, im oberschwäbischen Raum vom Alb-Donau-Kreis bis an den Bodensee, in den Kreisen Breisgau-Hochschwarz-

Tab. 1: *Daten zu den regionalen Bevölkerungs- und Erwerbspersonenvorausschätzungen Basis 1971/1972*

Kreis Regionalverband (RV) Land	Bevölkerung[2]			Geburtenüberschuß 1971	50 % des Wanderungssaldos 1964/71[1]	Erwerbspersonen[2]			Gesamterwerbsquote		Ausländer am 31. 12. 1971[2]
	1. 1. 1972	1. 1. 1990	Veränderung			1. 1. 1972	1. 1. 1990	Veränderung	1972	1990	
	1000 Personen		%	auf 1000 Einwohner		1000 Personen		%	%		1000 Pers.
Stadtkreis											
Stuttgart	633,0	597,0	— 5,7	0,8	— 1,7	326,9	324,8	— 0,6	52	54	87,7
Landkreise											
Böblingen	289,3	369,5	27,7	7,3	11,5	137,4	191,3	39,2	47	52	34,0
Esslingen	419,9	488,9	16,4	5,4	6,6	203,5	253,5	24,6	48	52	52,5
Göppingen	229,4	246,0	7,3	4,0	2,6	108,3	120,9	11,6	47	49	22,0
Ludwigsburg	408,6	488,4	19,5	5,5	7,9	195,5	251,6	28,7	48	52	51,8
Rems-Murr-Kreis	340,1	396,6	16,6	4,6	6,5	158,3	199,3	25,9	47	50	32,6
RV Mittlerer Neckar	2320,2	2586,4	11,5	4,1	4,7	1129,8	1341,4	18,7	49	52	280,6
Stadtkreis											
Heilbronn	102,1	103,6	1,5	1,5	2,6	47,4	51,5	8,5	46	50	10,5
Landkreise											
Heilbronn	241,1	284,2	17,9	4,6	5,9	109,4	138,9	26,9	45	49	18,1
Hohenlohekreis Schwäbisch Hall	232,6	257,9	10,9	3,0	1,7	109,5	129,6	18,4	47	50	11,5
Tauberkreis	128,7	138,6	7,7	3,1	0,3	58,5	67,3	15,1	45	49	3,6
RV Franken	704,5	784,3	11,3	3,3	3,0	324,8	387,3	19,2	46	49	43,7
Landkreise											
Heidenheim	126,5	132,6	4,8	4,0	0,3	58,7	65,4	11,4	46	49	9,5
Ostalbkreis	273,5	306,6	12,1	5,6	1,6	124,2	148,6	19,7	45	48	15,2
RV Ostwürttemberg	399,9	439,2	9,8	5,1	1,2	182,9	214,0	17,0	46	49	24,7
Stadtkreise											
Karlsruhe	258,4	246,7	— 4,5	—1,7	0,8	114,7	116,1	1,2	44	47	18,5
Baden-Baden											
Landkreise Rastatt	238,6	253,0	6,0	1,0	3,3	105,6	121,4	15,0	44	48	13,5
Karlsruhe	368,7	423,5	14,9	3,9	5,8	164,5	204,2	24,1	45	48	23,4
RV Mittlerer Oberrhein	865,7	923,3	6,6	1,4	3,6	384,8	441,7	14,8	44	48	55,4
Stadtkreise											
Heidelberg	122,1	109,2	—10,6	—3,2	— 0,9	53,0	52,7	— 0,6	43	48	8,6
Mannheim	330,6	320,0	— 3,2	—1,0	0,9	158,6	166,2	4,8	48	52	34,8
Landkreise											
Odenwaldkreis	131,0	147,3	12,5	2,4	3,9	56,0	68,3	22,1	43	46	5,3
Rhein-Neckar-Kreis	436,9	507,5	16,2	3,1	8,0	193,1	242,6	25,6	44	48	31,0
RV Unterer Neckar	1020,7	1084,0	6,2	1,0	4,1	460,7	529,8	15,0	45	49	79,6
Stadtkreis											
Pforzheim	93,1	92,2	— 0,9	0,6	3,1	46,2	49,6	7,3	50	54	9,4
Landkreise											
Calw	120,1	139,7	16,3	2,5	7,6	57,3	72,2	26,0	48	52	11,5
Enzkreis	165,5	193,1	16,7	4,2	5,7	80,7	100,1	24,0	49	52	14,8
Freudenstadt	102,1	117,1	14,7	3,9	4,0	46,0	56,7	23,1	45	48	5,5
RV Nordschwarzwald	480,7	542,2	12,8	3,2	3,8	230,2	278,5	21,0	48	51	41,1
Stadtkreis											
Freiburg im Breisgau	168,2	177,3	5,4	1,2	5,7	71,4	85,3	19,3	42	48	9,9
Landkreise											
Breisgau-Hochschwarzwald	180,3	216,1	19,8	5,5	6,9	84,1	109,7	30,4	47	51	8,1
Emmendingen	122,9	142,8	16,3	4,5	4,8	55,5	70,4	26,8	45	49	4,8
Ortenaukreis	351,8	395,2	12,3	3,8	2,6	157,7	192,5	22,1	45	49	15,1
RV Südlicher Oberrhein	823,2	931,4	13,1	3,7	4,5	368,8	457,9	24,2	45	49	38,0
Landkreise											
Rottweil	127,8	139,3	8,9	4,4	1,5	59,9	70,6	17,7	47	51	8,5
Schwarzwald-Baar-Kreis	199,1	223,6	12,3	4,3	4,2	97,9	119,3	21,8	49	53	19,7
Tuttlingen	109,5	124,0	13,3	3,8	4,1	52,3	64,1	22,5	48	52	8,1
RV Schwarzwald-Baar-Heuberg	436,4	486,9	11,6	4,2	3,4	210,2	253,9	20,8	48	52	36,4
Landkreise											
Konstanz	226,0	253,4	12,1	2,6	6,3	103,6	127,8	23,4	46	50	22,3
Lörrach	193,8	212,2	9,5	2,7	3,8	88,8	107,0	20,6	46	50	16,7
Waldshut	139,9	160,7	14,9	5,2	3,0	63,9	79,1	23,8	46	49	11,2
RV Hochrhein	559,7	626,3	11,9	3,3	4,6	256,2	313,9	22,5	46	50	50,1

[1] 50 % des durchschnittlichen jährlichen Wanderungssaldos der Jahre 1964—1971.
[2] Differenzen in den Summen durch Runden der Zahlen.

Noch Tab. 1:

Kreis Regionalverband (RV) Land	Bevölkerung[2]			Geburten- überschuß 1971	50 %/o des Wande- rungssaldos 1964/71[1])	Erwerbspersonen[2]			Gesamt- erwerbsquote		Ausländer am 31. 12. 1971[2])
	1. 1. 1972	1. 1. 1990	Verän- derung			1. 1. 1972	1. 1. 1990	Verän- derung	1972	1990	
	1000 Personen		%	auf 1000 Einwohner		1000 Personen		%	%		1000 Pers.
Landkreise											
Reutlingen	231,7	265,0	14,4	4,7	4,8	109,1	134,3	23,1	47	51	21,1
Tübingen	154,3	183,2	18,8	5,7	6,7	68,4	88,0	28,8	44	48	14,0
Zollernalbkreis	171,8	195,8	14,0	4,8	3,7	87,8	106,3	21,0	51	54	12,3
RV Neckar-Alb	557,7	644,0	15,5	5,0	5,0	265,2	328,6	23,9	48	51	47,3
Stadtkreis											
Ulm	93,8	83,8	—10,6	—0,1	—2,6	44,6	42,9	— 3,8	48	51	7,9
Landkreise											
Alb-Donau-Kreis	158,0	186,4	18,0	5,2	3,3	74,7	94,8	26,9	47	51	10,4
Biberach	148,4	172,5	16,3	5,8	1,6	67,7	83,8	23,8	46	49	6,0
RV Donau-Iller	400,1	442,8	10,7	4,4	1,4	187,0	221,5	18,5	47	50	24,4
Landkreise											
Bodenseekreis	157,0	189,0	20,3	5,5	8,1	70,8	93,0	31,4	45	49	12,3
Ravensburg	217,8	253,1	16,2	5,0	3,8	97,0	121,4	25,2	45	48	12,0
Sigmaringen	111,4	129,0	15,8	5,0	2,0	52,3	65,7	25,7	47	51	5,3
RV Bodensee-Oberschwaben	486,2	571,0	17,4	5,2	4,7	220,0	280,1	27,3	45	49	29,6
Baden-Württemberg	9055,2	10061,8	11,1	3,5	4,1	4220,6	5048,6	19,6	47	50	750,9

[1]) 50 % des durchschnittlichen jährlichen Wanderungssaldos der Jahre 1964—1971.
[2]) Differenzen in den Summen durch Runden der Zahlen.

wald und Waldshut sowie — hier vor allem bedingt durch den relativ hohen Anteil junger Personen im besonders fruchtbaren Alter — in den Kreisen Ludwigsburg, Böblingen, Esslingen und Tübingen. Sterbefallüberschüsse oder nur geringe Geburtenüberschüsse wiesen im Jahr 1971 vor allem die Stadtkreise des Landes sowie Kreise wie der Odenwaldkreis auf, in denen, mit bedingt durch den Fortzug von Personen im jüngeren Erwerbsalter und damit auch im fruchtbaren Alter, die Altersgliederung der Bevölkerung besonders ungünstig ist.

Auf der anderen Seite sind hohe Wanderungsgewinne in den Landkreisen um die Städte Stuttgart, Heilbronn, Heidelberg, Mannheim, Karlsruhe und Pforzheim, im Bodenseegebiet und im Raum Freiburg zu konstatieren. Wanderungsverluste oder nur geringe Wanderungsgewinne dagegen ergeben sich in den meisten Stadtkreisen, im gesamten Ostteil des Landes und in einem vom Ortenaukreis bis zum Kreis Biberach reichenden Gürtel.

Die unterschiedlichen Kombinationen von natürlicher Bevölkerungsentwicklung und Wanderungsbewegung führen nun zu dem differenzierten Bild der Bevölkerungsentwicklung in Baden-Württemberg. Es ist verständlich, daß die extreme Kombination von hohem Geburtenüberschuß und Wanderungsgewinn, wie sie etwa im Landkreis Böblingen realisiert ist, zu einem besonders starken Bevölkerungswachstum führt, wogegen umgekehrt ein Sterbefallüberschuß und ein Wanderungsdefizit, wie etwa bei den Stadtkreisen Heidelberg und Ulm, eine beachtliche Bevölkerungsabnahme ergeben muß.

Es ist interessant zu sehen, daß etwa für die drei Landkreise Calw, Emmendingen und Biberach im Vorausschätzungszeitraum die gleiche Bevölkerungszunahme um 16 % zu erwarten ist. Diese ergibt sich jedoch im Landkreis Calw aus niederem Geburtenüberschuß und hohem Wanderungsgewinn, im Landkreis Emmendingen aus mittlerem Geburtenüberschuß und mittlerem Wanderungsgewinn und im Landkreis Biberach aus hohem Geburtenüberschuß und niederem Wanderungsgewinn.

Es sei jedoch nochmals klargestellt, daß in den Vorausschätzungen nicht etwa der Geburtenüberschuß des Jahres 1971 extrapoliert wurde; vielmehr wurde das durch die Geburten dieses Jahres gegebene Niveau der Fruchtbarkeit im betreffenden Kreis bei landeseinheitlich angesetzter Sterblichkeit unter Berücksichtigung der Altersgliederung der Bevölkerung fortgerechnet.

Die Vorausschätzungen weisen ein auch künftig unterschiedliches Niveau der Erwerbsbeteiligung der Bevölkerung in den einzelnen Kreisen aus. Dies hängt einerseits mit Unterschieden in der Altersgliederung der Bevölkerung und andererseits mit Besonderheiten der Wirtschaftsstruktur, und hier speziell dem Anteil der Land- und Forstwirtschaft, zusammen.

Nach den Regionalvorausschätzungen wird, wie Tabelle 1 zeigt, die Zahl der Erwerbspersonen bis 1990 in allen Kreisen stärker zunehmen beziehungsweise schwächer abnehmen als die Bevölkerungszahl. Vorangegangene Untersuchungen über die voraussichtliche Entwicklung im Land Baden-Württemberg hatten bereits ergeben, daß wegen des Aufrückens schwach besetzter Jahrgänge in das Erwerbsalter und wegen des Ausscheidens schwach besetzter Jahrgänge aus diesem Alter etwa ab 1978/80 die Erwerbspersonenzahl rascher als die Bevölkerungszahl anwachsen wird. Die Regionalvorausschätzungen zeigen, daß diese grundlegende Tendenz, die auch Basis für die generelle Verminderung der Wanderungssalden ab 1978/80 war, trotz regionaler Besonderheiten in allen Kreisen zum Ausdruck kommt.

Im Rahmen dieser Darstellung konnten lediglich beispielgebend einige Entwicklungen herausgegriffen werden; weitere und differenziertere Ergebnisse können der Tabelle, den Abbildungen und den zitierten Veröffentlichungen entnommen werden.

Insgesamt gesehen haben diese auf der Basis 1971/72 veröffentlichten Regionalvorausschätzungen große Anerkennung gefunden. Neben zahlreichen Planungen auf Kreisebene wurden die Neufassung des Landesentwicklungsplans Baden-Württemberg sowie die Kindergarten-, Schul-, Altenheim- und Krankenhausplanung in Baden-Württemberg auf die Grundlage dieser Vorausschätzungen gestellt.

VII. Ansatzpunkte zum weiteren Ausbau der Regionalvorausschätzungen

Seit der Erstellung und Veröffentlichung der Regionalvorausschätzungen sind knapp zwei Jahre verstrichen. Dieser Zeitraum ist sicher für eine endgültige Bewertung noch zu kurz. Andererseits sind jedoch bereits einige Gesichtspunkte zu erkennen, die Denkanstöße und Anregungen zum weiteren Ausbau der Regionalvorausschätzungen geben können.

So hat sich, um zunächst einen mehr formalen Punkt zu erwähnen, gezeigt, daß das nach Fünfergruppen von Altersjahren untergliederte *Veröffentlichungsprogramm* der Vorausschätzungen noch nicht ausreichend ist. Das Statistische Landesamt hat daher sein Ausdruck- und Veröffentlichungsprogramm erweitert. Zusätzlich zum bisherigen Ausdruck werden die für die Bildungsplanung wichtigen Altersgruppen von 0 bis unter 3 Jahren, 3 bis unter 6 Jahren, 6 bis unter 10 Jahren, 15 bis unter 18 Jahren, 18 bis unter 25 Jahren und die für die Abgrenzung der Erwerbspersonen bedeutsamen Altersgruppen von 60 bis unter 63 Jahren sowie von 65 bis unter 67 Jahren in den Veröffentlichungstabellen ausgegeben.

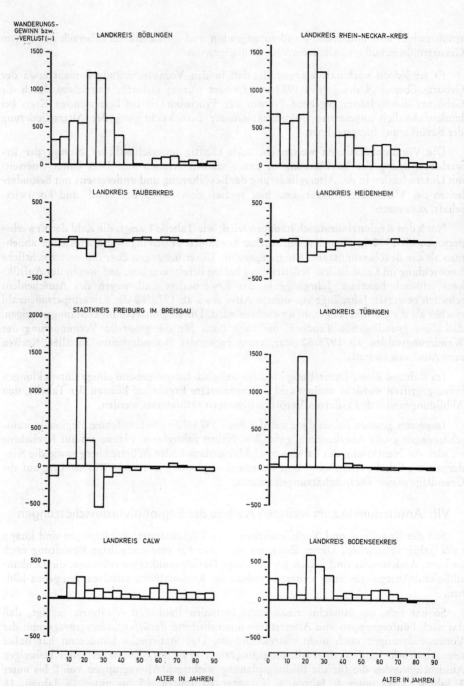

Abb. 3: Wanderungssaldo nach Fünfergruppen von Altersjahren in ausgewählten Kreisen Baden-Württembergs im Jahre 1971
(Wanderungssalden umgerechnet auf Kreise in dem ab 1973 gültigen Gebietsstand)

Die *Ergebnisse* der Regionalvorausschätzungen stimmen in dem bisher zu übersehenden, allerdings recht kurzen Zeitraum befriedigend mit der tatsächlichen Bevölkerungsentwicklung überein. Allerdings wird der Vergleich dadurch erschwert, daß die meisten Vorausschätzungen auf der Basis 1971, einige aber — mit neuerem Informationsstand, insbesondere bezüglich der Fruchtbarkeit — auf der Basis 1972 erstellt wurden. Für künftige Berechnungen, die hoffentlich nicht mehr durch Gebietstandsveränderungen erschwert werden, ist unbedingt eine einheitliche Vorausschätzungsbasis anzustreben.

Obwohl der Vorausschätzungsansatz grundsätzlich einen bis 1973 reichenden leichten Rückgang der Fruchtbarkeit vorsah, hat sich gezeigt, daß der tatsächliche Rückgang der Fruchtbarkeit in den beiden letzten Jahren stärker war als erwartet. Hierdurch wurden — bei annähernd richtiger Einschätzung der Sterblichkeit — die Geburtenzahlen und der Geburtenüberschuß im allgemeinen etwas überschätzt. Dagegen lag 1972/73 der Wanderungsgewinn meist über dem Wanderungsansatz in den Vorausschätzungen. Als Saldo zwischen leicht überschätztem Geburtenüberschuß und leicht unterschätztem Wanderungsgewinn ergibt sich bis jetzt eine gute Übereinstimmung der Gesamtbevölkerungszahlen.

Nur in sehr wenigen Kreisen, für die die Bevölkerungszunahme aus Wanderungsgewinn besonders bedeutsam ist, überstieg der tatsächliche Wanderungsgewinn 1972/73 den Vorausschätzungsansatz so beträchtlich, daß die für Anfang 1975 erwartete Bevölkerungszahl bereits Ende 1973 erreicht war. Das Statistische Landesamt hat in diesen Fällen darauf hingewiesen, daß der Wanderungsansatz einer Vorausschätzung nur als langfristiger Durchschnitt verstanden werden kann. Nach den relativ hohen Wanderungsgewinnen der Jahre 1972/73 ist es als Folge des Anwerbestopps für Gastarbeiter aus Nicht-EG-Ländern, der Energiekrise und des weniger stark forcierten Wirtschaftswachstums möglich, daß die nächsten Jahre schwächere Wanderungsgewinne oder sogar — wie 1967 — Wanderungsverluste bringen.

Insgesamt gesehen hat sich gezeigt, daß die Einrechnung der *Wanderungsbewegung* in die Regionalvorausschätzungen einerseits unabdingbar ist, andererseits aber eine Fülle von Problemen mit sich bringt, die noch nicht alle als befriedigend gelöst gelten können. Da wegen der weiter abgesunkenen Fruchtbarkeit in vielen Kreisen aus natürlicher Bevölkerungsentwicklung kein Überschuß mehr zu erwarten ist, richtet sich nun besondere Aufmerksamkeit auf die Wanderungsbewegung, die jetzt dafür ausschlaggebend ist, ob die Bevölkerung einer Region noch zu- oder abnimmt. Diese Frage aber, ob in der Region oder im Kreis noch ein Bevölkerungswachstum zu erwarten ist, wird häufig unter Prestigegesichtspunkten und unter dem Blickwinkel erstrebter möglichst hoher Zuschüsse zu Projekten aller Art und des erstrebten Ausbaus zu Zentren oder Oberzentren gesehen und nicht mit der an sich erforderlichen, von Emotionen freien Sachlichkeit.

Bei der Erstellung einer Bevölkerungsvorausschätzung für ein Bundesland in der Größe Baden-Württembergs kann man davon ausgehen, daß sich manche divergierenden Tendenzen der Wanderungsbewegung innerhalb des Landes zu einem hinreichend genau prognostizierbaren Durchschnitt ausgleichen. Dies gilt jedoch nicht mehr unbedingt für kleinere regionale Räume.

So kommt auf der Ebene von Kreisen deutlicher als bei einer Vorausschätzung für das Land Baden-Württemberg zum Ausdruck, daß die Gesamtwanderung aus mehreren, in Motivation, Struktur und Entwicklung unterschiedlichen Wanderungsströmen besteht. Als Beispiele für derartige Ströme seien Wanderungen aus ökonomischen Gründen, Wanderungen aus Ausbildungsgründen oder die Wanderungen zu einem Altersruhesitz nach Beendigung der Erwerbstätigkeit erwähnt.

Die Verschiedenartigkeit der Altersstrukturen der Wanderungssalden — und die unterschiedliche Altersstruktur steht hier stellvertretend für weitergehende Strukturunterschiede — verdeutlicht für ausgewählte Kreise und das Jahr 1971 Abb. 3. So ergibt sich im Landkreis Böblingen ein hoher Wanderungsgewinn an Personen vor allem im Alter zwischen 15 und 35 Jahren. Der Wanderungsgewinn an älteren Personen ist demgegenüber unbedeutend. Die Wanderungsbewegung dieses Kreises wird demnach geprägt durch Personen im jüngeren Erwerbsalter, die aus Gründen der beruflichen Fortentwicklung an diesen Standort aufstrebender Industrien zuziehen oder weil vielleicht die Wohnungssituation eine Familiengründung oder eine Familienvergrößerung hier eher als im benachbarten Stuttgart ermöglicht.

Für den Landkreis Calw dagegen ist der Wanderungsgewinn an Personen im Alter von über 55 Jahren nahezu so bedeutend wie der Wanderungsgewinn an Personen im Erwerbsalter. Die Zuzüge von Personen, die nach Beendigung ihrer Erwerbstätigkeit einen Altersruhesitz in landschaftlich schöner Lage suchen, spielen für diesen Kreis eine bedeutende Rolle.

Eine Mischung aus ökonomisch bestimmter Zuwanderung und der Zuwanderung zu einem Altersruhesitz spiegeln die Salden für den Bodenseekreis und für den Rhein-Neckar-Kreis, wobei für letzteren die Zuwanderung von Personen im jüngeren Erwerbsalter etwas ausschlaggebender ist.

In den Landkreisen Heidenheim und Tauberkreis dagegen ist bei insgesamt negativer Wanderungsbilanz vor allem ein Abströmen der Erwerbspersonen im sogenannten mobilen Alter zwischen 18 und 30 Jahren zu beobachten, die offenbar im Kreis keine zusagenden Arbeitsplätze finden.

In den in Abb. 3 wiedergegebenen Wanderungsstrukturen des Stadtkreises Freiburg im Breisgau und des Landkreises Tübingen schließlich fällt vor allem der Zuzug von Schülern und Studenten im Alter von 15 bis 25 Jahren an die Universität und die weiteren Ausbildungsstätten und deren Fortzug nach Beendigung der Ausbildung, nun aber im Alter zwischen 25 und 35 Jahren, ins Auge. Aus der Tatsache, daß diese Fortzüge in Freiburg viel kleiner erscheinen und in Tübingen überhaupt nicht sichtbar werden, läßt sich, auch wenn die Studentenzahlen insgesamt zugenommen haben, schließen, daß sich hier zwei Wanderungsströme saldieren: ein Zuzug von Erwerbspersonen und ein Zuzug und dann ein Fortzug aus Ausbildungsgründen.

Aus diesen in den einzelnen Kreisen sehr unterschiedlichen Wanderungsstrukturen ergibt sich klar die Notwendigkeit zu einer exakten, altersspezifischen Einrechnung der Wanderungen in die Vorausschätzungen, denn je nach Wanderungsstruktur müssen die aus der sogenannten Wanderungsbevölkerung zu erwartenden Geburten, Sterbefälle und Erwerbspersonenzahlen sehr unterschiedlich ausfallen. Diese exakte Einrechnung war bei den vom Statistischen Landesamt erstellten Regionalvorausschätzungen gewährleistet, wogegen alle Verfahren, bei denen die Wanderungen lediglich pauschal der Bevölkerungsvorausschätzung zugeschlagen werden, hier scheitern müssen.

Als bisher nicht befriedigend gelöstes Problem verbleibt aber, daß in Kreisen, bei denen sich die Wanderungen aus zwei oder mehr bestimmenden Wanderungsströmen zusammensetzen, für diese verschiedenen Wanderungsströme unterschiedliche Entwicklungstendenzen gelten können. So kann, um dies am Beispiel der Wanderungen Freiburgs zu verdeutlichen, für den Zustrom an Ausländern eine Verringerung zu erwarten sein, wogegen der Wanderungsstrom des Zuzugs und Fortzugs von Studenten voraussichtlich anwachsen wird. Bei der pauschalen Verminderung der Wanderungssalden bleibt aber, bildlich gesprochen, von den in der Basisbevölkerung bereits enthaltenen Studenten ein unangemessen großer Teil in der Bevölkerung zurück und führt hier zu einer im Verlauf des Vorausschätzungszeitraums nach oben wachsenden Ausbuchtung in der Altersgliederung. Ähnliche Probleme ergaben sich bei der Vorausschätzung für den Stadtkreis Heidelberg.

Erforderlich wären demnach eine Separierung und getrennte Fortrechnung der verschiedenen Wanderungsströme zumindest in den Fällen, in denen diese für die Bevölkerungsentwicklung von Bedeutung sind. Für eine Trennung der Wanderungsströme nach Motiven und ihre gesonderte Fortrechnung in den Vorausschätzungen fehlen aber bisher sowohl von der Seite der Basisdaten als auch vom Maschinenprogramm her die Voraussetzungen.

Die Höhe des Wanderungsansatzes wurde in den Regionalvorausschätzungen grundsätzlich auf 50 % des mittleren jährlichen Wanderungssaldos der Jahre 1964/71 festgelegt. Dieser Zeitraum umfaßt sowohl Perioden einer Rezession als auch einer Hochkonjunktur und kann insofern als ausgewogen gelten. Wie bereits erwähnt, wurde dieser Ansatz in allen Kreisen ab 1978/80 um 20 % reduziert, da ab diesen Jahren ein relativ höheres Erwerbspersonenangebot aus heimischer Bevölkerung und damit eine Verminderung des Ausländerzustroms zu erwarten ist. Die schematische Einrechnung des Wanderungssaldos von 50 % beziehungsweise ab 1978/80 von 40 % der mittleren jährlichen Wanderungssalden 1964/71 war eine der Voraussetzungen für die Einheitlichkeit und Vergleichbarkeit der Vorausschätzungen und ermöglichte es, vor allem die langfristig laufenden Wanderungstendenzen zu berücksichtigen. Dagegen können kürzerfristige oder in Wellen verlaufende Wanderungsbewegungen ohne differenziertes Modell nur unvollkommen wiedergegeben werden.

So war in den Jahren 1964/71 in vielen Stadtkreisen des Landes der Umzug von Deutschen aus dem Zentrum in das Umland der Großstädte sehr ausgeprägt. Diese seit Jahren zu beobachtende Tendenz wird sicher nicht abrupt abbrechen, weshalb sie mit Recht, wie in den Basiszahlen enthalten, in den Vorausschätzungen Berücksichtigung fand. Andererseits kann sich aber diese Tendenz, oft verstärkt durch einen gleichzeitigen Sterbefallüberschuß der Stadtbevölkerung, auch nicht ad infinitum bis zur Entvölkerung der Stadt fortsetzen. Entsprechendes gilt — mit umgekehrtem Vorzeichen — für die in den letzten Jahren sehr hohen Wanderungsgewinne im Umland der Großstädte.

Das Problem wird weiter kompliziert durch die vom Ausgangsmaterial her unumgängliche Bindung der Vorausschätzungen an die administrativen Einheiten. Manchem Stadtkreis war es gelungen, die ehemals selbständigen Gemeinden, in die ihre deutschen Stadtbewohner hinauszogen, einzugemeinden und auf diese Weise einen positiven Wanderungssaldo zu behalten. Anderen Stadtkreisen gelang das nicht, und sie weisen nun ein hohes Wanderungsdefizit auf.

Weiterhin wurde gegen die in den Vorausschätzungen angewandte pauschale Reduktion der Wanderungssalden ab 1978/80 geltend gemacht, daß eine Verminderung der Zuwanderung zwar in Kreisen mit bisher hohem Wanderungsgewinn zu dessen Verminderung, in Kreisen mit Wanderungsverlusten aber zu höheren Wanderungsverlusten und in Kreisen mit bisher kleinem Wanderungsgewinn zu einem Umkippen in eine negative Wanderungsbilanz führen müßte. Dies würde jedoch bei den Vorausschätzungen eine Eingabe von Zu- und Fortzügen und nicht von Wanderungssalden erfordern. Außerdem wäre dann eine sorgfältige Abstimmung der Wanderungsdaten der Kreise auf das Landesergebnis erforderlich, wogegen bei der pauschalen Verminderung der Salden der Gleichklang zwischen Summe der Kreissalden und dem Landessaldo automatisch gewahrt bleibt.

Alle diese Probleme erweisen die Notwendigkeit, in Zusammenarbeit insbesondere mit den für die Landesplanung zuständigen Stellen Überlegungen zur Erarbeitung differenzierter, für das ganze Land abgestimmter Wanderungsmodelle anzustellen.

Ähnliches gilt, wie abschließend erwähnt sei, für die Vorausschätzung der *Erwerbsquoten* und damit der Erwerbspersonen. Die schematische Veränderung der Erwerbsquoten bis 1975 konnte zwar landeseinheitliche Tendenzen wie die Verlängerung der Ausbildungszeit oder die Neigung zu früherem Ruhestand berücksichtigen. In die Vorausschätzungen gingen jedoch keine Annahmen über eine regional differenzierte Fortentwicklung der Wirtschaftsstruktur ein. Auch dies ist ein Punkt, der in Zusammenarbeit mit dafür kompetenten Stellen aufgegriffen und weiterverfolgt werden sollte.

Damit haben die vorliegenden Regionalvorausschätzungen im wesentlichen die im Basiszeitpunkt der Vorausschätzung erkennbaren Tendenzen weitergerechnet. Entwicklungen, die in den Basiszahlen noch nicht zum Ausdruck kommen, konnten in den Vorausschätzungen ebensowenig berücksichtigt werden wie planerische oder politische Entscheidungen. Diese Vorausschätzungen sollten vielmehr für die planerischen oder politischen Entscheidungen eine Grundlage bilden, indem sie aufzeigten, wie die künftige Bevölkerungsentwicklung verlaufen würde, wenn die jetzt zu beobachtenden demographischen Tendenzen im Vorausschätzungszeitraum unverändert weiterlaufen würden.

Anhang: *Teilwiedergabe eines Statistischen Berichts für die Veröffentlichung regionaler Bevölkerungs- und Erwerbspersonenvorausschätzungen*
(Grundzahlen für 1971 und 1990, Relativzahlen und Alterspyramiden der Vorausschätzung für den Landkreis Reutlingen)

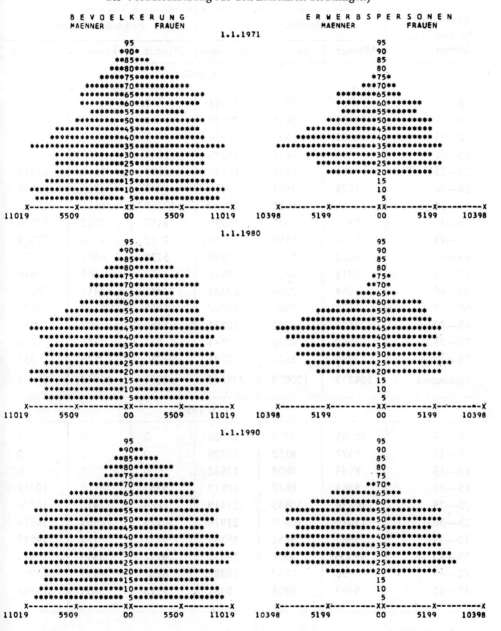

IN DER MITTE DER PYRAMIDEN STEHENDEN ZAHLEN BEZEICHNEN JEWEILS DIE ALTERSGRUPPE.
EI BEDEUTET Z.B. 15 DIE ALTERSGRUPPE VON 10 BIS UNTER 15 JAHREN.

Abbildung 4

Bevölkerungs- und Erwerbspersonenvorausschätzung auf der Basis 1. 1. 1971
Gebiet (in der ab 1. 1. 1973 gültigen Abgrenzung) — Landkreis Reutlingen

Alter von ... bis unter ... Jahren	Bevölkerung			Erwerbspersonen		
	Männer	Frauen	zusammen	Männer	Frauen	zusammen
	1. 1. 1971					
0— 5	9751	9260	19011	0	0	0
5—10	10421	9804	20225	0	0	0
10—15	8832	8542	17374	0	0	0
15—20	7736	7649	15385	5020	4676	9696
20—25	7662	7780	15442	6392	5560	11952
25—30	7928	7691	15619	7473	4723	12196
30—35	10483	9687	20170	10267	5566	15833
35—40	8356	7643	15999	8197	4602	12799
40—45	7475	7389	14864	7312	4556	11868
45—50	5460	7439	12899	5238	4691	9929
50—55	3711	5434	9145	3477	3139	6616
55—60	4854	7369	12223	4345	3418	7763
60—65	5170	7507	12677	3958	1763	5721
65—70	4503	6320	10823	1460	807	2267
70—75	2992	4753	7745	532	346	878
75 u. älter	2899	5822	8721	210	125	335
zusammen	108233	120089	228322	63881	43972	107853
	1. 1. 1990					
0— 5	10161	9745	19906	0	0	0
5—10	9577	9152	18729	0	0	0
10—15	8945	8607	17552	0	0	0
15—20	8865	8647	17512	5350	4967	10317
20—25	10836	10583	21419	8666	7410	16076
25—30	11019	10897	21916	10149	6665	16814
30—35	9682	9681	19363	9471	5474	14945
35—40	9306	9326	18632	9127	5543	14670
40—45	8450	7832	16282	8267	4825	13092
45—50	9499	8968	18467	9113	5654	14767

Fortsetzung

Alter von ... bis unter ... Jahren	Bevölkerung			Erwerbspersonen		
	Männer	Frauen	zusammen	Männer	Frauen	zusammen
50—55	10165	9405	19570	9448	5547	14995
55—60	7457	7095	14552	6627	3420	10047
60—65	5908	6651	12559	4515	1502	6017
65—70	3744	6463	10207	1132	725	1857
70—75	1966	3677	5643	245	208	453
75 u. älter	3805	8872	12677	124	100	224
zusammen	129385	135601	264986	82234	52040	134274
	\multicolumn{6}{c}{In Prozent}					
	\multicolumn{6}{c}{1. 1. 1971}					
0—15	26,8	23,0	24,8	0,0	0,0	0,0
15—45	45,9	39,8	42,7	69,9	67,5	68,9
45—65	17,7	23,1	20,6	26,6	29,6	27,8
65 u. älter	9,6	14,1	12,0	3,4	2,9	3,2
zusammen[1])	100.	100.	100.	100.	100.	100.
	\multicolumn{6}{c}{1. 1. 1980}					
0—15	23,6	20,7	22,1	0,0	0,0	0,0
15—45	47,7	42,7	45,1	68,6	69,4	68,9
45—65	19,3	20,7	20,0	29,0	28,1	28,6
65 u. älter	9,4	15,9	12,8	2,4	2,5	2,5
zusammen[1])	100.	100.	100.	100.	100.	100.
	\multicolumn{6}{c}{1. 1. 1990}					
0—15	22,2	20,3	21,2	0,0	0,0	0,0
15—45	44,9	42,0	43,4	62,1	67,0	64,0
45—65	25,5	23,7	24,6	36,1	31,0	34,1
65 u. älter	7,4	14,0	10,8	1,8	2,0	1,9
zusammen[1])	100.	100.	100.	100.	100.	100.

[1]) Die Zahlen sind maschinell gerechnet und maschinell gerundet; damit kann die jeweilige Summe auch 99,9 oder 100,1 sein.

Taschenbücher zur Raumplanung (TzR)
der Akademie für Raumforschung und Landesplanung

Band 3 (Karl Schwarz):
Methoden der Bevölkerungsvorausschätzung unter Berücksichtigung regionaler Gesichtspunkte

Aus dem Inhalt:

		Seite
1.	Vorbemerkungen	1
1.1.	Allgemeines	1
1.2.	Grundsätze für Bevölkerungsvorausschätzungen	3
1.3.	Zu den Beispielen	7
2.	Extrapolationsmethoden	8
2.1.	Rechnerische Verfahren	8
2.2.	Grafische Verfahren	30
3.	Vorausschätzung der Gesamtbevölkerung	34
3.1.	Autonome Extrapolation der Gesamtbevölkerung	34
3.2.	Vorausschätzung von Teilbevölkerungen bei vorgegebener Gesamtbevölkerung	46
3.3.	Globale Vorausschätzung der natürlichen Bevölkerungsentwicklung	59
4.	Vorausschätzung der Bevölkerung nach dem Alter	74
4.1.	Näherungsverfahren zur Bestimmung der Altersgliederung	74
4.2.	Methoden der geburtsjahrgangsweisen Vorausschätzung	79
5.	Vorausschätzung der Wanderungen	130
5.1.	Allgemeines	130
5.2.	Extrapolation der Wanderungen	132
5.3.	Wanderungsmatrix	137
5.4.	Indirekte Vorausschätzung der Wanderungen	141
5.5.	Technik zur Vorausschätzung der Wanderungen nach Geschlecht und Alter	166
6.	Vorausschätzung der Erwerbspersonen	170
6.1.	Allgemeines	170
6.2.	Quotenverfahren	171
6.3.	Übergangsquotenverfahren	175
6.4.	Annahmen über den Umfang der Erwerbsbeteiligung	178
7.	Vorausschätzung der Schüler	182
7.1.	Allgemeines	182
7.2.	Quotenverfahren	182
7.3.	Übergangsquotenverfahren	185
8.	Vorausschätzung der Haushalte	199
Anhang: Verwendung von Sterbetafeln für Vorausschätzungen nach dem Alter		205
Ausgewählte Literaturangaben		213
Stichwortverzeichnis		215

Der gesamte Band umfaßt 216 Seiten; Taschenbuchformat; 1975; Preis 16,— DM

Auslieferung

HERMANN SCHROEDEL VERLAG KG · HANNOVER

Abhandlungen
der Akademie für Raumforschung und Landesplanung

Band 64 (Karl Schwarz):

Demographische Grundlagen der Raumforschung und Landesplanung

Aus dem Inhalt:

	Seite
Vorbemerkung	1
1. Techniken zur Analyse bevölkerungsstatistischer Daten	3
2. Beurteilung des Aussagewertes statistischer Ergebnisse	38
3. Bevölkerungsstand	44
4. Bevölkerungsentwicklung	53
5. Verteilung der Bevölkerung im Raum	87
6. Bevölkerungsstruktur	127
7. Natürliche Bevölkerungsbewegung	194
8. Räumliche Bevölkerungsbewegung	224
9. Bevölkerung und Wirtschaft	271
10. Bevölkerungspolitik	276
Literaturhinweise	279

Mit 36 Abbildungen und 47 Tabellen.

Der gesamte Band umfaßt 279 Seiten; Format DIN B 5; 1972, Preis 45,— DM

Auslieferung
HERMANN SCHROEDEL VERLAG KG · HANNOVER